U0799070

PPP 项目九大核心文本编制指南

基于法律视角与实战应用

郑春贤◎编著

中信出版集团 · 北京

图书在版编目（CIP）数据

PPP项目九大核心文本编制指南：基于法律视角与实战应用/郑春贤编著 .-- 北京：中信出版社，2018.6

ISBN 978-7-5086-8773-5

Ⅰ.①P… Ⅱ.①郑… Ⅲ.①政府投资—合作—社会资本—文件—编制—中国—指南 Ⅳ.①F832.48-62 ②F124.7-62

中国版本图书馆CIP数据核字（2018）第052244号

PPP项目九大核心文本编制指南——基于法律视角与实战应用

编　著：郑春贤

出版发行：中信出版集团股份有限公司

（北京市朝阳区惠新东街甲4号富盛大厦2座　邮编　100029）

承 印 者：北京通州皇家印刷厂

开　本：787mm×1092mm　1/16　　印　张：31.5　　字　数：361千字

版　次：2018年6月第1版　　印　次：2018年6月第1次印刷

广告经营许可证：京朝工商广字第8087号

书　号：ISBN 978-7-5086-8773-5

定　价：76.00元

版权所有·侵权必究

如有印刷、装订问题，本公司负责调换。

服务热线：400-600-8099

投稿邮箱：author@citicpub.com

前言 PREFACE

政府和社会资本合作（PPP）模式，于20世纪90年代起源于英国，泛指在基础设施和公共服务领域，对符合条件的项目采取政府与社会资本合作经营的模式。该模式在国际上得到了广泛运用，其优势在于使合作各方达到比单独行动更为有利的结果：政府的财政支出更少，企业的投资风险更小。

为加快转变政府职能，完善城镇化健康发展体制机制，推进城市建设管理创新，党的十八届三中全会审议通过的《中共中央关于全面深化改革若干重大问题的决定》明确提出：允许社会资本通过特许经营等方式参与城市基础设施投资和运营；凡属事务性管理服务，原则上都要引入竞争机制，通过合同、委托等方式向社会购买。这为PPP模式在我国的运用和推广提供了广阔的发展前景。之后，中央各部委出台了一系列文件鼓励推广PPP模式。我国的PPP模式迅速铺开，PPP项目遍地开花，其发展规模与速度均创全球新高。

从国外经验来看，PPP项目的良好发展需要法律体系健全、管理体系有效、评估体系完善、风险分担机制合理、利益分配机制动态等必备要素。因此，PPP项目的有效持续运作，有赖于一套透明、清晰、完整和一致性的法规政策体系，保障相关方诚信履约，规范企业有序竞争，防止恶意低价中选造成项目建成后难以持续运营，约束政府履责，保护企业合法权益，构造有利于PPP项目持续运营的法制化营商环境。

为此，中央和地方出台了一系列法律法规和相关政策。据不完全统计，国家发改委、财政部、国务院办公厅等行政主管部门陆续制定并发布了超过300部部门规章和部门规范性文件，且文件数量仍在持续增长。国务院《基础设施和公共服务领域政府和社会资本合作条例（征求意见稿）》已在2017年完成首次对外征求意见，预计会在不久的将来出台。

根据主管部门出台的文件规定，PPP项目在操作全流程过程中的不同阶段需要编制不同类型的法律文本，诸如物有所值评价报告、财政承受能力论证报告、项目实施方案、项目合同的法律文本等。这些文本在PPP项目的开展中不可缺少，构成了PPP项目运作实施的法律文本体系。在正确把握各个文件的概念、内容和格式的基础上，能科学合理地编制并运用相关文本对于确保项目的规范运作及成功实施具有重要意义。

鉴于我国已进入大PPP时代，中央与地方的空前关注，巨大的投资规模，加上项目本身系统性强、操作流程长、涉及法律法规多，国内市场上大量的投资机构、咨询公司、律师事务所、会计师事务所等主体纷纷翘首企盼，以期进入或深耕PPP领域。如何才能最大限度地分享PPP这块巨大的蛋糕？根据笔者多年从事PPP咨询及培训工作的经验来看，熟悉PPP项目的法律法规，了解PPP项目的操作流程，掌握PPP法律文本的编制无疑是打开PPP大门的最好“敲门砖”。而目前市面上关于PPP的图书主要只有四类：第一类是国外的译著，主要是原理和模式介绍，以世界银行和亚洲开发银行的案例为主，不能从中国的实际出发，存在着落地难的问题；第二类是各种法律与法规汇编，纯粹是一种简单的组装工作，技术含量低；第三类是高校学者的理论研究，由于缺少项目实践，对于现实的指导性不足；第四类是从事PPP项目服务的专业律师出版的一些PPP法律实务用书，缺乏从PPP项目法律法规与核心文本这个极为重要却无人涉足（专业机构往往将之视为赚钱的法宝，不轻易示人）的角度切入讨论PPP项目。市场上迫切需要一本全面实用的操作用书，指导从业人员深入了解PPP项目的法律法规，掌握PPP法律文本的编制，合法、规范、熟练地从事PPP项目实战工作，以保证项目依法合规开展，避免留下各种隐患。

鉴于此，本书以PPP项目流程为线索，以PPP项目实施的核心法规政策为依据，对PPP实操过程中的核心法律文本进行阐述。本书着重对PPP项目中涉及的PPP项目建议书、可行性研究报告、物有所值评价报告、财政承受能力论证报告、实施方案、资格预审文件、采购文件、响应文件、PPP项目合同共九大重要文件的编制进行详细讲解，同时指出每一个文本所适用的法律法规、在项目中的作用以及编制注意事项，并提供实战文本以供参考，为PPP项目参与方提供全方位的实务指引。

目录 CONTENTS

第三章

PPP项目可行性研究报告法律法规与文本编制

第四章

PPP项目物有所值评价报告法律法规与文本编制

第五章

PPP项目财政承受能力论证报告法律法规与文本编制

第六章

PPP项目实施方案法律法规与文本编制

第七章

PPP项目资格预审文件法律法规与文本编制

第十章

PPP 项目合同法律法规与文本编制

参考文献

第一章

PPP 项目全过程所涉主要法律文本

政府和社会资本合作（PPP）模式，于20世纪90年代起源于英国，泛指在基础设施和公共服务领域，对符合条件的项目采取政府与社会资本合作经营的模式。这种模式是对传统意义上应由政府负责并主导的社会服务体系的补充或替代，如果项目的投入及产出规划、设计合理，项目管理规范，运行良好，这种模式既能在一定程度上解决政府的财政困境，也能提高政府提供社会服务的效率及效益，还能为公众创造福祉。

为加大城市基础设施的投资建设，实现新型城镇化的政策目标，转变政府职能，党的十八届三中全会明确提出"允许社会资本通过特许经营等方式参与城市基础设施投资和运营"，随后国务院、财政部和国家发改委密集发文，积极推动PPP项目的实施。PPP模式在中国迎来新的发展浪潮已是大势所趋。

由于PPP项目的参与主体众多，法律关系、交易结构复杂，涉及投融资、特许经营、招投标、政府采购、公司、预算等众多的法律门类，如何实现PPP项目全流程规范运作，如何明确并具体地规范各方权利与义务、合理分担风险，需要法律工作者予以认真的研究。

根据财政部《关于印发政府和社会资本合作模式操作指南（试行）的通知》（财金〔2014〕113号）的规定，PPP项目的操作流程包括项目识别、项目准备、项目采购、项目执行、项目移交五个阶段，PPP项目所涉的全套法律文件也分别体现在这五个阶段。

一、项目识别阶段

所谓项目识别，是指政府在确定一个基础设施及公共服务类项目是否采用PPP模式时，需综合评价该项目是否符合“投资规模较大、需求长期稳定、价格调整机制灵活、市场化程度较高的基础设施及公共服务类项目”等条件，从而最终决定是否采用PPP模式。

（一）项目发起

根据PPP项目发起方式的不同，PPP项目可分为政府发起、社会资本发起两种方式，其中以政府发起为主。

在政府发起方式中，财政部门（PPP中心）应负责向交通、住建、环保、能源、教育、医疗、体育健身和文化设施等行业主管部门征集潜在的PPP项目。行业主管部门可从国民经济和社会发展规划及行业专项规划中的新建、改建项目或存量公共资产中遴选潜在的项目。

在社会资本发起方式中，社会资本应以项目建议书的方式向财政部门推荐潜在的PPP项目。

在以上两种方式中，涉及PPP项目中的第一个重要的法律性文件——项目建议书。项目建议书的主要内容一般包括：项目概况、项目必要性、项目规划、项目建设条件分析、项目投融资方案。

（二）项目筛选

财政部门会同行业主管部门，对潜在的PPP项目进行评估筛选，确定备选项目。财政部门应根据筛选结果制订项目年度和中期开发计划。

对于列入年度开发计划的项目，项目发起方应按财政部门的要求提交相关资料。新建、改建项目应提交可行性研究报告、项目产出说明[①]和项目初步实施方案；存量项目应提交存量公共资产的历史资料、项目产出说明和项目初步实施方案。

（三）物有所值评价

物有所值（VFM），是指一个组织运用其可利用资源所能获得的长期最大利益。物有所值评价是国际上普遍采用的一种由政府提供的公共产品或服务是否可运用PPP模式的评估体系，旨在实现公共资源配置利用效率最优化。

1.物有所值评价方法

物有所值评价包括定性评价和定量评价。定性评价重点关注项目采用PPP模式与采用政府传统投资方式相比能否增加供给、优化风险分配、提高运营效率、促进创新和公平竞争等。定量评价主要通过对PPP项目全生命周期[②]内政府支出成本现值与公共部门比较值[③]的比较，计算项目的物有所值量值，判断PPP模式是否能够降低项目全生命周期成本。

---

① 项目产出说明，主要内容包括项目建成后项目资产所应达到的经济、技术标准，以及公共产品或服务的交付范围、标准和绩效水平等。

② 项目全生命周期是指项目从设计、融资、建造、运营、维护至终止移交的完整周期。

③ 公共部门比较值（PSC）是指在全生命周期内，政府采用传统投资方式提供公共产品或服务的全部成本的现值，主要包括建设运营净成本、可转移风险承担成本、自留风险承担成本和竞争性中立调整成本等。

现阶段以定性评价为主，鼓励开展定量评价。开展物有所值定性评价时，项目本级财政部门（或PPP中心）应会同行业主管部门，明确是否开展定量评价，并明确定性评价程序、指标及其权重、评分标准等基本要求。开展物有所值定量评价时，项目本级财政部门（或PPP中心）应会同行业主管部门，明确定量评价内容、测算指标和方法，以及定量评价结论是否作为采用PPP模式的决策依据。相关部门应统筹定性评价和定量评价结论，做出物有所值评价结论。物有所值评价结论分为“通过”和“未通过”。“通过”的项目，可进行财政承受能力论证；“未通过”的项目，可在调整实施方案后重新评价，仍未通过的不宜采用PPP模式。

2.定性评价指标

定性评价指标包括全生命周期整合程度、风险识别与分配、绩效导向与鼓励创新、潜在竞争程度、政府机构能力、可融资性共六项基本评价指标。可根据具体情况设置补充评价指标。补充评价指标主要是六项基本评价指标未涵盖的其他影响因素，包括项目规模大小、预期使用寿命、主要固定资产种类、全生命周期成本测算准确性、运营收入增长潜力、行业示范性等。

在项目全生命周期内，全生命周期整合程度指标主要考核项目设计、投融资、建造、运营和维护等环节能否实现长期、充分整合。

风险识别与分配指标主要考核各风险因素是否得到充分识别并在政府和社会资本之间进行合理分配。

绩效导向与鼓励创新指标主要考核是否建立以基础设施及公共服务供给数量、质量和效率为导向的绩效标准和监管机制，是否落实节能环保、支持本国产业等政府采购政策，能否鼓励社会资本创新。

潜在竞争程度指标主要考核项目内容对社会资本参与竞争的吸引力。

政府机构能力指标主要考核政府转变职能、优化服务、依法履约、行政监管和项目执行管理等能力。

可融资性指标主要考核项目的市场融资能力。

在各项评价指标中，六项基本评价指标权重为80%，其中任一指标权重一般不超过20%；补充评价指标权重为20%，其中任一指标权重一般不超过10%。

每项指标评分分为五个等级，即有利、较有利、一般、较不利、不利，对应分值分别为100~81、80~61、60~41、40~21、20~0分。项目本级财政部门（或PPP中心）应会同行业主管部门，按照评分等级对每项指标制定清晰准确的评分标准。

定性评价专家组包括财政、资产评估、会计、金融等经济方面的专家，以及行业、工程技术、项目管理和法律方面的专家等。专家在充分讨论后按评价指标逐项打分，按照指标权重计算加权平均分，得出评分结果，形成专家组意见。

项目本级财政部门（或PPP中心）会同行业主管部门根据专家组的意见，做出定性评价结论。原则上，评分结果在60分（含）以上的，通过定性评价；否则，未通过定性评价。

3.定量评价指标

定量评价是在假定采用PPP模式与政府传统投资方式产出绩效相同的前提下，通过对PPP项目全生命周期内政府方净成本的现值（PPP值）与公共部门比较值（PSC值）的比较，判断PPP模式能否降低项目全生命周期成本。定量评价可作为项目全生命周期内风险分配、成本测算和数据收集的重要手段，以及项目决策和绩效评价的参考依据。

PPP值可等同于PPP项目全生命周期内股权投资、运营补贴、风险承担和配套投入等各项财政支出责任的现值，参照《政府和社会资本合作项目财政承受能力论证指引》及有关规定测算。

PSC值是以下三项成本的全生命周期现值之和：参照项目的建设净成本和运营维护净成本、竞争性中立调整值、项目全部风险成本。

参照项目可根据具体情况确定为：假设政府采用现实可行的、最有效的传统投资方式实施的、与PPP项目产出相同的虚拟项目；最近五年内，相同或相似地区采用政府传统投资方式实施的、与PPP项目产出相同或非常相似的项目。

建设净成本主要包括参照项目设计、建造、升级、改造、大修等方面投入的现金，以及固定资产、土地使用权等实物和无形资产的价值，并扣除参照项目全生命周期内产生的转让、租赁或处置资产所获得的收益。

运营维护净成本主要包括参照项目全生命周期内运营维护所需的原材料、设备、人工等成本，以及管理费用、销售费用和运营期财务费用等，并扣除假设参照项目与PPP项目付费机制相同情况下能够获得的使用者付费收入等。

竞争性中立调整值主要是采用政府传统投资方式比采用PPP模式的项目少支出的费用，通常包括少支出的土地费用、行政审批费用、有关税费等。

项目全部风险成本包括可转移给社会资本的风险承担成本和政府自留风险的承担成本，参照《政府和社会资本合作项目财政承受能力论证指引》第二十一条及有关规定测算。

政府自留风险承担成本等同于PPP值中的全生命周期风险承担支出责任，两者在PSC值与PPP值比较时可对等扣除。

用于测算PSC值的折现率应与用于测算PPP值的折现率相同，参照《政府和社会资本合作项目财政承受能力论证指引》第十七条及有关规定测算。

PPP值小于或等于PSC值的，认定为通过定量评价；PPP值大于PSC值的，认定为未通过定量评价。

4.物有所值评价报告内容

在物有所值评价过程中，涉及的法律文件主要是项目物有所值评价报告。项目本级财政部门（或PPP中心）应会同行业主管部门，在物有所值评价结论形成后，完成物有所值评价报告编制工作，报省级财政部门备案，并将报告电子版上传至PPP综合信息平台。物有所值评价报告主要包括以下内容。

- 项目基础信息：主要包括项目概况、项目产出说明和绩效标准、PPP运作模式、风险分配框架和付费机制等。
- 评价方法：主要包括定性评价程序、指标及权重、评分标准、评分结果、专家组意见，以及定量评价的PSC值、PPP值的测算依据、测算过程和结果等。
- 评价结论：分为“通过”和“未通过”。
- 附件：通常包括（初步）实施方案、项目产出说明、可行性研究报告、设计文件、存量公共资产的历史资料、PPP项目合同、绩效监测报告和中期评估报告等。

（四）财政承受能力论证

财政承受能力论证是指识别、测算PPP项目的各项财政支出责任，科学评估项目实施对当前及今后年度财政支出的影响，为PPP项目财政管理提供依据。开展PPP项目财政承受能力论证，是政府履行合同义务的重要保障，有利于规范PPP项目财政支出管理，有序推进项目实施，有效防范和控制财政风险，实现PPP可持续发展。

财政承受能力论证采用定量和定性分析方法，坚持合理预测、公开透明、从严把关，统筹处理好当期与长远关系，严格控制PPP项目财政支出规模。

财政承受能力论证的结论分为通过论证和未通过论证。通过论证的项目，各级财政部门应当在编制年度预算和中期财政规划时，将项目财政支出责任纳入预算统筹安排。未通过论证的项目，则不宜采用PPP模式。

通过论证且经同级人民政府审核同意实施的PPP项目，各级财政部门应当将其列入PPP项目目录，并在编制中期财政规划时，将项目财政支出纳入预算，统筹安排。

在PPP项目正式签订合同时，财政部门（或PPP中心）应当对合同进行审核，确保合同内容与财政承受能力论证保持一致，防止因合同内容调整导致财政支出责任出现重大变化。财政部门要严格按照合同执行，及时办理支付手续，切实维护地方政府信用，保障公共服务有效供给。

在上述过程中，涉及的法律性文件是项目财政承受能力论证报告。该文件主要包括：①项目基础信息；②项目投资估算及资金筹措；③项目产出说明；④项目回报机制；⑤政府运营补贴支出；⑥风险承担支出。

二、项目准备阶段

（一）管理架构构成

通过物有所值评价和财政承受能力论证的项目，可进行项目准备。县级（含）以上地方人民政府可建立专门的协调机制，主要负责项目评审、组织协调和检查督导等工作，实现简化审批流程、提高工作效率的目的。政府及其指定的有关职能部门或事业单位可作为项目实施机构，负责项目准备、采购、监管和移交等工作。

项目管理架构形成后，通常应当委托中介机构开展法律尽职调查。

一是项目内部调查。项目实施机构拟定调研提纲，应至少从法律和政策、经济和财务、项目自身三个方面把握。项目内部调查的内容主要包括：政府项目的批文和授权书，国家、省和地方对项目的关于土地、税收等方面的优惠政策、特许经营和收费的相关规定等；社会经济发展现状及总体发展规划，与项目有关的市政基础设施建设情况、建设规划、现有管理体制、现有收费情况及结算和调整机制等；项目可行性研究报告、环境影响评价报告、初步设计、已形成的相关资产、配套设施的建设情况、项目用地的征地情况等。

二是外部投资人调查。根据项目基本情况、行业现状、发展规划等，与潜在投资人进行联系沟通，获得潜在投资人的投资意愿信息，并对各类投资人的投资偏好、资金实力、运营能力、项目诉求等因素进行分析研究；与潜在合适的投资人进行沟通，组织调研及考察其相关信息。

（二）项目实施方案编制

项目实施机构应组织编制项目实施方案，该文件主要包括以下内容。

1.项目概况

项目概况主要包括基本情况、经济技术指标和项目公司股权情况等。基本情况主要明确项目提供的公共产品或服务内容、项目采用PPP模式运作的必要性和可行性，以及项目运作的目标和意义。经济技术指标主要明确项目区位、占地面积、建设内容或资产范围、投资规模或资产价值、主要产出说明和资金来源等。项目公司股权情况主要明确是否要设立项目公司，如果设立项目公司，应明确项目公司的股权结构。

2.风险分配基本框架

按照风险分配优化、风险收益对等和风险可控等原则，综合考虑政府风险管理能力、项目回报机制和市场风险管理能力等要素，在政府和社会资本间合理分配项目风险。

3.项目运作模式

项目运作模式主要包括委托运营、管理合同、建设—运营—移交、建设—拥有—运营、转让—运营—移交和改建—运营—移交等。具体运作模式的选择主要由收费定价机制、项目投资收益水平、风险分配基本框架、融资需求、改扩建需求和期满处置等因素决定。

委托运营（O&M），是指政府将存量公共资产的运营维护职责委托给社会资本或项目公司，社会资本或项目公司不负责用户服务的PPP项目运作模式。政府保留资产所有权，只向社会资本或项目公司支付委托运营费。合同期限一般不超过8年。

管理合同（MC），是指政府将存量公共资产的运营、维护及用户服务职责授权给社会资本或项目公司的项目运作模式。政府保留资产所有权，只向社会资本或项目公司支付管理费。管理合同通常作为转让—运营—移交的过渡模式，合同期限一般不超过3年。

建设—运营—移交（BOT），是指由社会资本或项目公司承担新建项目设计、融资、建造、运营、维护和用户服务职责，合同期满后项目资产及所有权等移交给政府的项目运作模式。合同期限一般为20~30年。

建设—拥有—运营（BOO），由BOT模式演变而来，二者的区别主要是BOO模式下的社会资本或项目公司拥有项目所有权，合同期满后，项目资产及所有权移交给政府，而BOO方式必须在合同中注明保证公益性的约束条款，一般不涉及项目期满移交。

转让—运营—移交（TOT），是指政府将存量资产所有权有偿转让给社会资本或项目公司，并由其负责运营、维护和用户服务，合同期满后资产及所有权等移交给政府的项目运作模式。合同期限一般为20~30年。

改建—运营—移交（ROT），是指政府在TOT模式的基础上，增加改扩建内容的项目运作模式。合同期限一般为20~30年。

4.交易结构

PPP项目的交易结构主要由四个因素决定，分别是项目参与者、项目投融资结构、回报机制和相关配套安排。项目参与者是指参与项目的各个主体，包括授权政府机构、项目实施机构、监管机构、出资机构等；项目投融资结构是指项目资本性支出的资金来源、性质和用途，项目资产的形成和转移等；回报机制主要包括使用者付费、可行性缺口补助、政府付费三种方式；相关配套安排是指项目以外相关机构提供的土地、水、电、气等配套设施和项目所需的上下游服务。

政府或其委托的咨询机构需要通过综合考虑这四个方面的因素，制定合理的交易结构。这里简单介绍三种项目回报机制。

使用者付费是指由最终消费用户直接付费购买公共产品或服务。像高速公路、自来水公司、停车场等经营性项目比较适合采用使用者付费模式。

可行性缺口补助是指使用者付费不足以满足社会资本或项目公司成本回收和合理回报，而由政府以财政补贴、股本投入、优惠贷款和其他优惠政策的形式，给予社会资本或项目公司的经济补助。例如，轨道交通类PPP项目就是典型的采用可行性缺口补助的项目。

政府付费是指政府直接付费购买公共产品或服务。这种模式又可以分为三种情况：一是可用性付费，比如社会资本为政府提供了一条满足通行标准的道路，政府购买道路可用性付费给社会资本；二是使用量付费，比如免费的公园，政府可以根据入园量来进行付费；三是按照绩效付费，比如社会资本为政府提供基层的医疗服务，政府按照服务的绩效设立相关的指标来进行付费。

三种项目回报机制的模式见图1–1 。

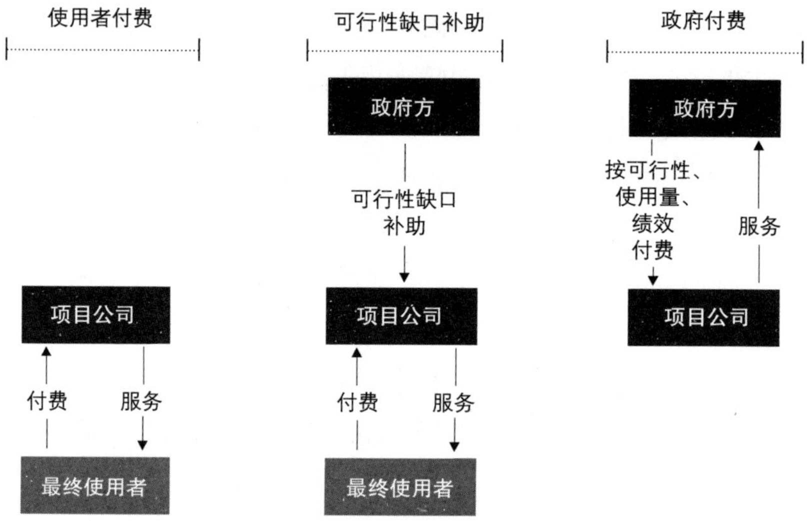

图1–1　PPP三种项目回报机制的模式

5.合同体系

合同体系主要包括项目合同、股东合同、融资合同、工程承包合同、运营服务合同、原料供应合同、产品采购合同和保险合同等。项目合同是其中最核心的法律文件。

6.监管架构

监管架构主要包括授权关系和监管方式。授权关系主要是政府对项目实施机构的授权，以及政府直接或通过项目实施机构对社会资本的授权；监管方式主要包括履约管理、行政监管和公众监督等。

7.采购方式选择

项目采购应根据《中华人民共和国政府采购法》及相关规章制度

执行，采购方式包括公开招标、竞争性谈判、邀请招标、竞争性磋商和单一来源采购。项目实施机构应根据项目采购需求特点，依法选择适当的采购方式。其中，公开招标是一种常用的采购方式，主要适用于核心边界条件和技术经济参数明确、完整、符合国家法律法规和政府采购政策，且采购中不做更改的项目。

（三）物有所值、财政承受能力验证

财政部门应对项目实施方案进行物有所值和财政承受能力验证。通过验证的，由项目实施机构报政府审核；未通过验证的，可在实施方案调整后重新验证；经重新验证仍不能通过的，不再采用PPP模式。

三、项目采购阶段

（一）资格预审

项目实施机构应根据项目需要准备资格预审文件，发布资格预审公告，邀请社会资本和与其合作的金融机构参与资格预审，验证项目能否获得社会资本响应和实现充分竞争，并将资格预审的评审报告提交财政部门备案。项目有三家以上社会资本通过资格预审的，项目实施机构可以继续开展采购文件准备工作；项目通过资格预审的社会资本不足三家的，项目实施机构应在实施方案调整后重新组织资格预审；项目经重新资格预审合格的社会资本仍不足三家的，可依法调整实施方案选择的采购方式。资格预审公告应在省级以上人民政府财政部门指定的媒体上

发布。资格预审合格的社会资本在签订项目合同前资格发生变化的，应及时通知项目实施机构。

在上述过程中，涉及的法律性文件主要有以下几种。

1.资格预审公告

该文件应包括项目授权主体、项目实施机构、项目名称、采购需求、对社会资本的资格要求、是否允许联合体参与采购活动、拟确定参与竞争的合格社会资本的数量和确定方法，以及社会资本提交资格预审申请文件的时间和地点。提交资格预审申请文件的时间自公告发布之日起不得少于15个工作日。

2.资格预审申请文件

资格预审申请文件包含的主要内容有：①资格预审申请函；②法定代表人身份证明或附有法定代表人身份证明的授权委托书；③联合体协议书；④申请人基本情况表；⑤近年财务状况表；⑥近年完成的类似项目情况表；⑦正在施工和新承接的项目情况表；⑧近年发生的诉讼及仲裁情况；⑨其他材料。

3.资格预审评审报告

资格预审评审委员会应对评审结果出具书面报告，报告的主要内容包括项目概要、资格预审简介、资格预审评审标准、资格预审评审程序、资格预审评审结果、资格预审评审委员会名单及附件、资格预审评分汇总表、资格预审分项评分表、资格预审详细评审标准等。

（二）项目采购文件的编制

项目有三家以上社会资本通过资格预审的，项目实施机构可以继续开展采购文件准备工作。项目采购文件应包括采购邀请、竞争者须知（包括密封、签署、盖章要求等），竞争者应提供的资格、资信及业绩证明文件，采购方式、政府对项目实施机构的授权、实施方案的批复和项目相关审批文件、采购程序、响应文件编制要求、提交响应文件截止时间、开启时间及地点、强制担保的保证金交纳数额和形式、评审方法、评审标准、政府采购政策要求、项目合同草案、其他法律文本等。采用竞争性谈判或竞争性磋商采购方式的，项目采购文件除上述规定的内容外，还应明确评审小组根据与社会资本谈判情况可能实质性变动的内容，包括采购需求中的技术、服务要求以及合同草案等。

（三）项目采购邀请及响应文件评审

1.组建评审小组

评审小组由项目实施机构代表和评审专家共5人以上单数组成，其中评审专家人数不得少于评审小组成员总数的2/3。评审专家可以由项目实施机构自行选定，但评审专家中应至少包含1名财务专家和1名法律专家。项目实施机构代表不得以评审专家身份参加项目的评审。

2.政府采购程序

项目采用公开招标、邀请招标、竞争性谈判、单一来源采购方式开展采购的，按照政府采购法律法规及有关规定执行。

3.竞争性磋商程序

项目采用竞争性磋商采购方式开展采购的，按照下列基本程序进行。

- 采购公告发布及报名。竞争性磋商公告应在省级以上人民政府财政部门指定的媒体上发布。提交响应文件的时间自公告发布之日起不得少于10日。
- 资格审查。已进行资格预审的，评审小组在评审阶段不再对社会资本资格进行审查。允许进行资格后审的，由评审小组在响应文件评审环节对社会资本进行资格审查。项目实施机构可以视项目的具体情况，对符合条件的社会资本的资格条件，进行考察核实。
- 采购文件的澄清或修改。提交首次响应文件截止之日前，项目实施机构可以对已发出的采购文件进行必要的澄清或修改，澄清或修改的内容应作为采购文件的组成部分。
- 响应文件评审。项目实施机构应按照采购文件规定组织响应文件的接收和开启。评审小组对响应文件进行两阶段评审。第一阶段，确定最终采购需求方案。评审小组可以与社会资本进行多轮谈判，谈判过程中可实质性地修订采购文件的技术、服务要求以及合同草案条款，但不得修订采购文件中规定的不可谈判的核心条件。第二阶段，综合评分。最终采购需求方案确定后，由评审小组对社会资本提交的最终响应文件进行综合评分，编写评审报告并向项目实施机构提交候选社会资本的排序名单。

在上述过程中，主要涉及以下法律性文件。

（1）竞争性磋商公告。该文件应包括项目实施机构和项目名称、项目结构和核心边界条件、是否允许未进行资格预审的社会资本参与采购活动，以及审查原则、项目产出说明、对社会资本提供的响应文件要求，获取采购文件的时间、地点、方式及采购文件的售价，提交响应文件截止时间、开启时间及地点等内容。

（2）补遗书。采购人向公众发布采购文件后，采购人对采购文件发出补遗书。补遗书是对采购文件的进一步补充和说明，是采购文件的组成部分，如果补遗书与采购文件有不一致之处，以补遗书为准。

（3）竞争性磋商响应文件。该文件是参与政府采购活动的社会资本方按照竞争性磋商公告等要求编制的文件。竞争性磋商响应文件应对采购文件提出的要求和条件做出实质性的响应，并对其提交的响应文件的真实性、合法性承担法律责任。响应文件通常有标准的文本内容，根据不同的项目内容和需求，响应文件的结构会有所不同，但是通常都包含如下内容：资格性、符合性自查表，资格性文件，商务标部分，技术标部分，价格部分。

（四）采购谈判及项目合同签订

项目实施机构应成立专门的采购结果确认谈判工作组。按照候选社会资本的排名，依次与候选社会资本就合同中可变的细节问题进行合同签署前的确认谈判，率先达成一致的即为中选者。确认谈判不得涉及合同中不可谈判的核心条款，不得与排序在前但已终止谈判的社会资本进行再次谈判。

确认谈判完成后，项目实施机构应与中选社会资本签署确认谈判备忘录，并将采购结果和根据采购文件、响应文件、补遗文件和确认谈判备忘录拟定的合同文本进行公示，公示期不得少于5个工作日。合同文本应将中选社会资本响应文件中的重要承诺和技术文件等作为附件。合同文本中涉及国家机密、商业机密的内容可以不公示。公示期满无异议的项目合同，应在政府审核同意后，由项目实施机构与中选社会资本签署。

需要为项目设立专门项目公司的，待项目公司成立后，由项目公司与项目实施机构重新签署项目合同，或签署关于承继项目合同的补充协议。

在上述过程中，主要涉及以下法律性文件。

1.确认谈判备忘录

确认谈判备忘录具有阶段性框架协议的法律效力。政府和社会资本就采购谈判中的重要条款以备忘录的形式确定下来，作为成交（中标）公告发布后双方签订PPP项目合同的依据。备忘录内容一般包括谈判时间、谈判地点、双方谈判代表、谈判的主要内容和谈判结果。

2.PPP项目合同

该合同是PPP项目的核心，综合、全面地体现各方的权利与义务。内容包括：定义及解释，项目的范围和期限，前提条件，项目的融资，项目用地，项目的建设，项目的运营，项目的维护，股权变更限制，付费机制，履约担保，政府承诺，保险，守法义务及法律变更，不可抗力，政府方的监督和介入，违约、提起终止和终止后的处理机制，项目的移交，适用法律及争议解决办法，合同附件，其他。

3.项目合同补充协议

在项目公司成立之后，项目实施机构与项目公司签署项目合同补充协议，项目实施机构与项目公司之间也可以重新签署PPP项目合同，代替项目实施机构与中选社会资本在先签署的合同。

四、项目执行阶段

（一）项目公司设立

社会资本可依法设立项目公司。政府可指定相关机构依法参股项目公司。项目实施机构和财政部门应监督社会资本按照采购文件和项目合同的约定，按时足额出资设立项目公司。

（二）融资管理

项目融资由社会资本或项目公司负责。社会资本或项目公司应及时开展融资方案设计、机构接洽、合同签订和融资交割等工作。财政部门和项目实施机构应做好监督管理工作，防止企业债务向政府转移。

（三）政府支付及绩效监测

项目合同中涉及的政府支付义务，财政部门应结合中长期财政规划统筹考虑，纳入同级政府预算，按照预算管理相关规定执行。财政部门和项目实施机构应建立PPP项目政府支付台账，严格控制政府财政风险。在政府综合财务报告制度建立后，PPP项目中的政府支付义务应纳入政府综合财务报告。

项目实施机构应根据项目合同约定，监督社会资本或项目公司履行合同义务，定期监测项目产出绩效指标，编制季报和年报，并报财政部门备案。

政府有支付义务的，项目实施机构应根据项目合同约定的产出说明，按照实际绩效直接或通知财政部门向社会资本或项目公司及时足额支付。设置超额收益分享机制的，社会资本或项目公司应根据项目合同约定向政府及时足额支付应享有的超额收益。

社会资本或项目公司违反项目合同约定，威胁公共产品或服务持续稳定安全供给的，或危及国家安全和重大公共利益的，政府有权临时接管项目，甚至启动项目提前终止程序。

在项目合同执行和管理过程中，项目实施机构应重点关注合同修订、违约责任和争议解决等工作。

1.合同修订

按照项目合同约定的条件和程序，项目实施机构和社会资本或项目公司可根据社会经济环境、公共产品或服务的需求量及结构等条件的变化，提出修订项目合同申请，待政府审核同意后执行。

2.违约责任

项目实施机构、社会资本或项目公司未履行项目合同约定义务的，应承担相应的违约责任，包括停止侵害、消除影响、支付违约金、赔偿损失以及解除项目合同等。

3.争议解决

在项目实施过程中，按照项目合同约定，项目实施机构、社会资本或项目公司可就发生争议且无法协商达成一致的事项，依法申请仲裁或提起民事诉讼。

（四）中期评估

项目实施机构应每3~5年对项目进行中期评估，重点分析项目运行状况和项目合同的合规性、适应性和合理性；及时评估已发现问题的风险，制定应对措施，并报财政部门备案。政府相关职能部门应根据国家相关法律法规对项目履行行政监管职责，重点关注公共产品或服务质量、价格和收费机制、安全生产、环境保护和劳动者权益等。社会公众及项目利益相关方发现项目存在违法、违约情形以及公共产品或服务不达标准的，可向政府职能部门提请监督检查。

在上述过程中，涉及的法律性文件包括融资方案、履约保函、项目产出绩效指标季/年报、项目产出说明、修订项目合同申请等。

五、项目移交阶段

项目移交通常是指在项目合作期满或者项目合同提前终止后，项目公司将全部项目设施及相关权益以合同约定的条件和程序移交给政府或者政府指定的其他机构。PPP项目经营期满后，项目公司便需要将项目的经营权向政府移交，或者将项目的所有权与经营权同时向政府移交。项目移交一般包括移交准备、性能测试、资产交割和绩效评价四个阶段。

（一）移交准备

项目移交时，项目实施机构或政府指定的其他机构代表政府收回项目合同约定的项目资产。项目合同中应明确约定移交形式、补偿方式、移交内容和移交标准。移交形式包括期满终止移交和提前终止移交；补偿方式包括无偿移交和有偿移交；移交内容包括项目资产、人员、文档和知识产权等；移交标准包括设备完好率和最短可使用年限等指标。采用有偿移交的，项目合同中应明确约定补偿方案；没有约定或约定不明的，项目实施机构应按照“恢复相同经济地位”原则拟订补偿方案，报政府审核同意后实施。

根据对PPP项目运作理解程度的不同，业界对于“移交”形式定义的理解还存在一定的差异，字面上容易将其理解为PPP项目执行完毕（特许经营期满）后项目资产的移交。

财政部《关于印发政府和社会资本合作模式操作指南（试行）的通知》（财金〔2014〕113号）中明确指出，移交形式包括期满终止移交和提前终止移交两种形式。此外，若PPP项目采取TOT运作模式，项目开始前的第一天也应属于移交阶段的范围，即PPP项目移交阶段的移交范围包括“期前启动移交”、“提前终止移交”和“期满终止移交”。而从移交方式上看，其又包括“无偿移交”和“有偿移交”两种。

（二）性能测试

在PPP项目移交前，通常需要对项目的资产状况进行评估，并对项目状况能否达到合同约定的移交条件和标准进行测试。评估和测试工作通常由政府方委托的独立专家或者由政府方和项目公司共同组成的移交工作组负责。项目移交工作组应严格按照性能测试方案和移交标准对移交资产进行性能测试。

在性能测试中，政府和项目实施机构需要做好以下相关工作。

项目实施机构或政府指定的其他机构应组建项目移交工作组，根据项目合同约定与社会资本或项目公司确认移交情形和补偿方式，制订资产评估和性能测试方案。项目移交工作组应委托具有相关资质的资产评估机构，按照项目合同约定的评估方式，对移交资产进行资产评估，作为确定补偿金额的依据。

项目移交工作组应严格按照性能测试方案和移交标准对移交资产进行性能测试。性能测试结果不达标的，移交工作组应要求社会资本或项目公司进行恢复性修理、更新重置或提取移交维修保函。

（三）资产交割

社会资本或项目公司应将满足性能测试要求的项目资产、知识产权和技术法律文件，连同资产清单移交给项目实施机构或政府指定的其他机构，办妥法律过户和管理权移交手续。 社会资本或项目公司应配合做好项目运营平稳过渡的相关工作。PPP项目的资产交割主要包括项目相关合同的转让和技术转让两大部分。

（四）绩效评价

项目移交完成后，财政部门应组织有关部门对项目产出、成本效益、监管成效、可持续性、PPP模式应用等进行绩效评价，并按相关规定公开评价结果。评价结果作为政府开展PPP管理工作及决策的参考依据。

在上述四个阶段中，移交准备阶段涉及的法律性文件主要有项目移交清单和移交补偿方案；性能测试阶段涉及的法律性文件主要有移交资产评估报告和资产性能测试报告；资产交割阶段涉及的法律性文件主要有法律过户和管理权移交书；绩效评价阶段涉及的法律性文件主要有项目绩效评估报告。

××××自治区公共资源交易平台系统PPP项目产出说明

编制日期：2017年10月

一、项目需求

近年来，××××自治区（以下简称自治区）政府积极推进工程建设项目招投标、土地使用权和矿业权出让、国有产权交易、政府采购等公共资源交易市场建设。但由于公共资源交易市场总体上仍处于发展初期，各类交易市场分散设立、重复建设，市场资源不共享；有些交易市场职能定位不准，运行不规范，公开性和透明度不够，违法干预交易主体自主权；有些交易市场存在乱收费现象，市场主体负担较重；公共资源交易服务、管理和监督职责不清，监管缺位等现象不同程度存在。这些问题严重制约了公共资源交易市场的健康有序发展，不利于激发市场活力。

自治区统一的公共资源交易平台系统需要能够支撑承载工程建设招投标、政府采购、土地使用权和矿业权出让、国有产权交易四大类业务，整合交易市场，防止公共资源交易碎片化，加快形成统一开放、竞争有序的现代市场体系；推动政府职能转变，提高行政监管和公共服务水平；促进公共资源交易阳光操作，强化对行政权力的监督制约，推进预防和惩治腐败体系建设。

自治区公共资源交易平台系统的需求用户主要包括社会公众、交易主体、监管部门、系统维护管理人员等，详细如下。

（一）社会公众

社会公众可登录自治区公共资源交易平台系统的展示网站，浏览自治区公共资源交易信息、行业新闻信息等，及时了解国家及区域内公共资源交易动态；同时可以对公共资源交易活动起到积极的社会监督作用。

（二）交易主体

自治区公共资源交易平台系统为自治区、市、区县三级交易甲方（招标人、采购人、出让人等）、代理机构、投标人（供应商、竞买人等）等交易主体提供地图式导航，使其可以快捷链接至其需要注册登录的交易平台上，达到“一处注册、处处登录”。

（三）监管部门

监管部门主要包括自治区、市两级监管部门用户，通过使用平台系统对招标人、评标专家、投标人、招标代理机构对公共资源交易进行监管，根据项目动态实施监管，并监督投诉处理事项，确保公共资源交易公开、公平、公正。

（四）系统维护管理人员

自治区公共资源交易平台系统提供平台管理端功能，平台维护管理人员可以通过它对公共资源进行管理和维护。

二、项目作用

（一）有利于转变政府职能，减轻财政负担

党的十八届三中全会强调，要进一步简政放权，建设统一开放、竞争有序的市场体系。国务院明确要求，要转变政府职能，处理好政府与市场的关系。采用PPP模式建设公共资源交易平台可以使政府从过去的公共资源交易服务的提供者变成一个纯粹的监管者，抽身于交易之外，有利于交易监控的实施。平台化运营可以保障服务质量，同时减轻财政支出压力；在加强监督的同时，降低直接和间接的监督成本，并实

现利益相关方的多赢。

（二）有利于规范公共资源交易平台服务行为

将纯官办转化为“公私合营”，符合“政府主导、市场驱动”和“政府主导、共建共享、公益服务”的原则，能有效地破除公共资源交易市场定位不清晰、“管办不分”、同体监督、违规干预市场主体的行为和乱收费问题。

（三）有利于行政监管和防止腐败

建设公共资源交易平台能够规范公共资源交易过程不够公开透明，规范行政监管与市场操作边界不清晰，防止监管缺位、越位和错位问题，防止滥用权力、以权谋私和权钱交易等腐败现象。

（四）有利于增加公共基础设施供给

采用PPP模式，政府仅需一小部分资金，剩余资金可用于其他公共设施项目建设，在拓展项目建设的融资渠道的同时，有利于整合社会资源，盘活社会存量资本，增加公共设施供给。

（五）有利于推动公共资源交易信息化，并通过信息化手段整合建立统一规范的公共资源交易平台

国家鼓励电子招投标交易平台进行平等竞争。电子招投标发展方向是市场化、专业化、集约化。“三化”的核心是市场化，专业化是平台的技术属性，集约化是平台市场竞争的结果。

（六）有利于技术创新和避免低水平重复建设造成的资源浪费

在互联网、大数据、云计算、云平台的时代，在政府主导下，把公共资源交易平台服务由市场主体参与共建共享，政府制定制度规则，转变为制度规则执行落实于市场主体，这样不仅可以减轻政府的财政负担，又可以促进技术创新并将市场资源引入公共服务的进程当中，提高资源使用效能和建设、运营效率。

（七）有利于消除费用的超支

采用PPP模式时，只有当项目已经完成并得到政府批准使用后，市场主体才能开始获得收益，因此这有利于提高效率和降低成本投入。政府部门和市场主体结合形成优势互补。政府可专注于交易规则的制定和监管，公共资源交易平台项目公司专注于市场运营，以最有效的成本为公众提供高质量的服务。研究表明，与传统的投资模式相比，PPP模式能够为政府节约财政资金20%，并且建设周期较短。

（八）有利于促进公共资源交易平台建设运营的市场化

市场主体提供的资产和服务能为公共资源交易平台提供更多的资金和技能，促进了公共项目投资机制的优化，推动了在公共资源交易平台建设管理等方面的创新。

三、主要建设内容及技术经济指标

（一）主要建设内容

自治区公共资源交易平台系统的建设内容主要包含以下几个部分。

- 公共资源电子服务系统建设：公共资源交易服务门户网站群、

信息发布服务子系统、专家信息管理子系统、主体信息管理子系统、信用信息管理子系统和监管信息管理子系统等。

- 公共资源电子交易系统建设：工程建设项目（住建、水利、交通、铁路等）招投标子系统、政府采购交易子系统、权益类交易子系统、药品和医疗器械采购子系统等。
- 公共资源电子监管系统建设：事中综合监管系统、事前权力运行监管系统和事后权力运行监管系统。
- 应用支撑平台建设：为系统的运行提供应用服务器中间件、数据库软件等基础软件。
- 基础设施平台建设：根据系统建设需求，向自治区电子政务外网机房申请满足系统运行所需的服务器、存储器、网络、安全等基础设施。

（二）技术经济指标

1. 项目区位

自治区公共资源交易平台系统部署于自治区电子政务云平台，涵盖14个地市级交易中心和19个县级交易中心。

2. 项目建设规模

- 项目建设内容包括四个部分：公共资源电子服务系统、公共资源电子交易系统、公共资源电子监管系统和应用支撑平台。
- 系统用户主要为社会公众、交易主体、监管部门和系统维护管理人员。
- 系统覆盖自治区、市、县三级监管部门用户，以及自治区、市、区县三级交易甲方（招标人、采购人、出让人等）、代理机构、投标人（供应商、竞买人等）等交易主体和社会公众。

- 系统主要通过政务外网为平台机构、监管部门提供服务，最高并发量为150，预计占用带宽为16.74M；系统通过互联网为社会公众、交易主体、行业协会提供服务，最高并发量为1 000，预计占用带宽为111.61M。

3.项目投资规模

本项目总投资3 686.54万元，其中硬件设备购置费0元，软件购置费3 195.00万元，系统集成费191.70万元，其他工程和费用192.47万元，项目预备费107.37万元。

4.项目产出说明

本项目将各级各部门分散设立的工程建设项目招投标、土地使用权和矿业权出让、国有产权交易、政府采购、药品和医疗器械采购等交易市场，整合建立统一的公共资源交易平台，实现信息资源共享和规范交易；建立自治区、市联网的电子交易公共服务系统，统一规范公共资源电子化交易规则和程序，实现公共资源交易的标准化、电子化与网络化；全面整合各行业、各部门正在使用的电子化交易系统，统一纳入公共资源电子化交易系统，实现各部门的电子化交易系统与公共资源交易平台的交易信息共享；充分利用“互联网+”电子政务创新，建立统一的公共资源电子化权力运行监管系统，规范公共资源交易事前、事中、事后全过程的权力运行，推动公共资源交易权力运行监管模式由现场监督转变为线上线下监督相结合。

项目建成以后，将在全区范围内形成监管方式、交易平台、信息系统和规则统一，公开透明、服务高效、监督规范的公共资源交易平台体系，基本实现公共资源交易电子化、网络化、标准化；纵向实现国家、自治区、市三级联网，横向实现公共资源交易平台与交易综合监管平台联网。在此基础上，逐步推动其他公共资源进入统一平台进行交易，实现公共资源交易平台从依托有形场所向电子化平台的转变。

5.项目资金来源

项目拟采用PPP模式，资金使用按照自治区政府财政投资信息化项目的有关规定执行。

四、自治区公共资源交易平台项目采用PPP模式在全生命周期建设中的优势

自治区公共资源交易平台项目采用PPP模式中的BOT模式进行项目建设，政府与社会资本方签订项目合同，将项目的建设、融资、运营、维护、管理等全生命周期环节整合起来，实现物有所值。

自治区人民政府要以竞争性磋商方式选择富有建造、运营、维护、管理经验，并且具有足够融资能力的社会资本方作为合作方。选定的社会资本方独自出资建立特殊目的的公司（SPV）实施该项目的建设，合作期限11年（含建设期1年）。双方签订约定双方权利、义务及风险分配的PPP项目合同、特许经营协议。项目公司负责跟进该项目的全部流程，即资金筹措、优化设计、建设实施、运营管理、用户服务等。特许经营期期满时，项目公司应在约定移交日向自治区人民政府或政府指定的机构在无偿、完好、能正常运营、无债务、无设定抵押担保的条件下移交项目设施的所有权及其他权益。

该项目建立政府、公众共同参与的综合性评价体系。根据考核目标建立事前设定绩效目标、事中进行绩效跟踪、事后进行绩效评价的全生命周期绩效管理机制，将政府付费、可行性缺口补助及使用者付费与绩效评价挂钩，考核结果作为监督考核和支付托管费用的依据，确保实现公共利益最大化。

该项目采用BOT模式，将融资、建造、运营、维护整合到一个合同中，在全生命周期建设过程中进行建设、运营、维护，依托于社会资本方深厚的资金实力，引进社会资本方先进的管理和技术，可以保证项目建设资金供应，整合项目全生命周期的管理，实现管理成本的最优化，在全生命周期过程中对于政府、社会资本方和社会公众都有较大的益处。

对于政府方来说，可以拓宽资金来源，减小财政压力。社会资本方负责项目的全生命周期建设，承担建设、投资、融资、运营、维护等责任，而政府作为监督者和合作者，减少了对微观事务的直接参与，可有更多的精力投入更多公共基础设施建设中。所以采用BOT模式有利于促进经济结构调整和转型升级，有利于提升国家治理能力、深化财税体制改革。

对于社会资本方来说，该项目采用BOT模式，允许社会资本方参与公共基础设施、公共服务设施建设，创造了更多的投资机会。该项目采用竞争性磋商方式选用社会资本方，选择在专业资质、技术能力、管理经验和融资能力方面有优势的社会资本方参与项目建设、运营，给社会资本方提供公平竞争的机会。在运营期，为了实现设定的绩效目标，更快地获得合理收益，社会资本方必将整合全生命周期的人力、物力、财力资源，节约成本，减少变更，缩短建设期；使用者付费与绩效考核相结合，必定激发社会资本方创新经营，提高技术和管理能力，确保项目高效运营，实现管理成本的最优化。

对于社会公众来说，实行自治区公共资源交易平台PPP项目，可以有效改善公共资源交易条件，全面提高公共资源交易效率，提升社会满意度；同时项目建设、运营、维护、管理及用户服务必定需要一定人力，所以能够给周边群众带来更多的就业发展机会，能够促进相关行业的发展。该项目是一项“德政工程”“民心工程”，因此本项目能得到广大群众的支持和配合，具有相当高的可接受性。

总之，采用PPP模式，政府部门和社会资本方在初始阶段就共同参与论证，项目参与各方整合组成战略联盟，有利于确定项目融资可行性，缩短前期工作周期，使项目费用降低；有利于社会资本方一开始就引入先进的技术和管理经验；可以合理利用资源，可行性论证较严谨，避免了无效益项目开工或重复建设，有利于降低项目全生命周期成本。

第二章

PPP项目建议书法律法规与文本编制

PPP项目的操作流程一般包括项目识别、项目准备、项目采购、项目执行、项目移交五个阶段，其中项目识别又包括项目发起、项目筛选、物有所值评价和财政承受能力论证四个步骤。第一个步骤项目发起是PPP从无到有的过程，相比传统的政府提供方式而言，采用PPP模式运作的基础设施和市政公用建设项目增加了社会资本主动参与的因素，即有社会资本发起的方式。社会资本在发起PPP项目的时候，应以项目建议书的方式向相关部门推荐潜在的项目。

一、PPP项目建议书概述

（一）PPP项目的发起方式

PPP项目有两种常见的发起方式：应标式和自提式。

1.应标式

应标式即政府发起方式，是指在传统的“政府规划—可行性研究—批准立项”流程结束后，政府发布公告，通过竞争性方式公开招选PPP项目特许经营商，有意向参与且符合资格条件的社会资本方可以报名和参加投资竞争。所有参与投资竞争的社会资本方必须严格按照政府发布的投资人甄选文件（通常为招标文件）中设定的交易结构和核心边界条件，在不对项目协议不可谈判条款提出调整建议的前提下，提交技术方案、财务方案、管理方案和法律方案，通过各方案的综合打分比较和后续谈判获得项目的特许经营权。

2. 自提式

自提式又称民间自提，即社会资本发起方式。根据世界银行下属的公私基础设施咨询基金（PPIAF）的专题报告，民间自提是基础设施PPP项目初始发起的一种方式。民间自提一般包括三种情形：没有被邀请投标的提议，可能不在政府预算或政策框架范围内的项目，项目需求及目标尚未被有效识别。

在民间自提项目中，社会资本方以自提的方式发起PPP项目主要出于以下考虑：避免激烈的竞争过程，顺利获取项目；社会资本方拥有项目所需关键技术的知识产权；由于项目规模小、位置偏远等问题，导致缺少感兴趣的社会资本方；组织公开招标的费用较大，对政府和社会资本方的经济性均较差；通过民间自提的形式可以加快未纳入规划项目的开发速度。

（二）项目建议书的定义

项目建议书是由项目投资方向其主管部门上报的文件，目前广泛应用于项目的国家立项审批工作中。它又被称为项目立项申请书或立项申请报告，是由项目筹建单位或项目法人根据国民经济的发展、国家和地方中长期规划、产业政策、生产力布局、国内外市场、所在地的内外部条件，就某一具体新建、扩建项目提出的项目建议文件，是对拟建项目提出的框架性的总体设想。

一般项目在早期时，由于条件还不够成熟，仅有规划意见书，对项目的具体建设方案还不明晰，市政、环保、交通等专业咨询意见尚未办理。项目建议书要从宏观上论述项目设立的必要性和可能性，把项目投资的设想变为概略的投资建议，主要论证项目建设的必要性，其建设方案和投资估算比较粗糙。

另外，对于大中型项目和一些工艺技术复杂、涉及面广、协调量大的项目，还要编制可行性研究报告，将其作为项目建议书的主要附件之一；另外，涉及利用外资的项目，只有在项目建议书批准后，才可以开展对外工作。

项目建议书的呈报可以供项目审批机关做出初步决策，它可以减少项目选择的盲目性，为下一步可行性研究打下基础。

（三）项目建议书的作用

项目建议书的提出和编制是建设程序的第一个阶段，它为建设项目提出一个轮廓和设想，为下一阶段的可行性研究工作提供前提条件。项目建议书主要由项目的投资者提出，某些项目也可由行业的主管部门、各地区的有关部门提出，比如一些社会公益性项目或对国计民生有重大影响的项目，包括医院、体育场馆、展览馆、博物馆、跨地区大型农业项目等。

项目建议书是国家、企业选择建设项目，选择对项目进行可行性研究的依据。项目建议书获批后，就可进行详细的可行性研究工作，但此时并不表明该建设项目非上不可，因此项目建议书还不是项目的最终决策文件。一般来说，项目建议书阶段的工作比较粗糙，对量化的精度要求不太高，但从定性的角度来看，这一阶段的工作是十分重要的，它是从总体上、宏观上选择建设项目的依据。

在我国现行的建设程序中，项目建议书的提出和编制工作实质上也可以看成是投资机会研究，这一阶段的主要任务是提出工程项目投资方向的建议，即在一个确定的地区和部门，根据对自然资源的了解以及对市场情况的调查和预测，选择建议项目，寻找最有利的投资机会。

投资机会的研究，通常是一系列与投资有关的活动的起点，也有可能成为项目建设资金筹措的开始。在我国现实情况下，投资机会研究的工作一般由政府的各行业主管部门（或综合部门）或生产单位（企业）来完成。

政府的行业主管部门（或综合部门）应该经常收集各自联系的地区、工业部门的经济状况、面临的各种问题（如结构性问题）等资料和有关信息，收集当地自然资源的有关研究资料，并将这些资料和信息与当地的行业规划或总体规划联系在一起。政府的行业主管部门，还要经常分析和掌握有关部门（国家、行业、组织、金融机构……）的投资意向和兴趣，将已掌握的信息与这些投资意向联系起来，就可能找到合适的投资机会。

（四）PPP项目建议书

PPP项目建议书是为PPP项目建设筹建单位或PPP项目法人，根据国民经济的发展、国家和地方中长期规划、产业政策、生产力布局、国内外市场、所在地的内外部条件，提出的具体项目的建议文件，是专门对拟建PPP项目提出的框架性的总体设想。

PPP项目建议书的核心价值是：作为PPP项目拟建主体上报审批部门审批决策的依据，作为PPP项目批复后编制项目可行性研究报告的依据，作为PPP项目的投资设想变为现实的投资建议的依据，作为PPP项目发展周期初始阶段基本情况汇总的依据。

PPP项目建议书主要从宏观上论述项目设立的必要性和可能性，从项目的市场和销售、规模、选址、物料供应、工艺、组织和定员、投资、效益、风险等进行深入阐述，消除主体项目决策选择的盲目性，着力阐述项目的规划设想，极力突显项目的社会效益和经济效益，达到立项报批的目的。

二、PPP项目建议书的法律依据

（一）《政府和社会资本合作模式操作指南（试行）》

2014年11月29日，财政部印发《关于印发政府和社会资本合作模式操作指南（试行）的通知》（财金〔2014〕113号，以下简称《指南》）。《指南》分总则、项目识别、项目准备、项目采购、项目执行、项目移交、附则，共7章37条，由财政部负责解释。

《指南》第六条规定：政府和社会资本合作项目由政府或社会资本发起，以政府发起为主；社会资本应以项目建议书的方式向财政部门（政府和社会资本合作中心）推荐潜在政府和社会资本合作项目。这就明确了社会资本在发起PPP项目时，发起人应以项目建议书的方式向财政部门推荐潜在的PPP项目。

（二）《政府和社会资本合作项目财政管理暂行办法》

2016年9月24日，财政部印发《政府和社会资本合作项目财政管理暂行办法》（以下简称《办法》）。《办法》共7章40条，涉及PPP项目识别论证、项目政府采购管理、项目财政预算管理、项目资产负债管理、监督管理等方面。《办法》进一步规定了政府和社会资本发起的PPP项目流程，明确了项目建议书在PPP项目发起过程中的展现方式和作用。

《办法》第四条规定：各级财政部门应当加强与行业主管部门的协同配合，共同做好项目前期的识别论证工作。政府发起PPP项目的，应当由行业主管部门提出项目建议，由县级以上人民政府授权的项目实施机构编制项目实施方案，提请同级财政部门开展物有所值评价和财政承受能力论证。社会资本发起PPP项目的，应当由社会资本向行业主管部门提交项目建议书，经行业主管部门审核同意后，由社会资本编制项目实施方案，由县级以上人民政府授权的项目实施机构提请同级财政部门开展物有所值评价和财政承受能力论证。

《办法》第五条规定：新建、改扩建项目的项目实施方案应当依据项目建议书、项目可行性研究报告等前期论证文件编制；存量项目实施方案的编制依据还应包括存量公共资产建设、运营维护的历史资料以及第三方出具的资产评估报告等。

三、PPP项目建议书的编制

（一）项目建议书的编制要求

项目建议书应根据国民经济和社会发展规划与地区经济发展规划的总要求，在经批准（审查）的产业发展规划的基础上提出开发目标和任务，对项目的建设条件进行调查和必要的勘测工作，并在对资金筹措进行分析后，择优选定建设项目和项目的建设规模、建设地点和建设时间，论证项目建设的必要性，初步分析项目建设的可行性和合理性。

项目建议书的编制，应贯彻国家有关基本建设的方针政策和产业及相关行业的法规，并应符合有关技术标准。

（二）项目建议书的内容

项目建议书的内容一般包括项目概况，对项目建设的必要性和可行性进行研究，对项目产品的市场、项目建设内容、生产技术和设备及重要技术经济指标等分析，并对主要原材料的需求量、投资估算、投资方式、资金来源、经济效益等进行初步估算。

1.项目概况

- 介绍项目名称、项目由来及背景。
- 项目建设拟选地址的地理位置、占地范围（四周范围）、占用土地类别（国有、集体所有）和数量、拟占土地的现状及现有使用者的基本情况。如果不指定建设地点，就要提出对占地的基本要求。
- 建设规模和建设内容：生产性项目要提出主要产品品种、生产工艺及生产能力；非生产性项目要根据项目的不同性质说明其规模，比如旅馆、宾馆项目要说明有多少客房、多少床位；房地产开发项目要说明拟建的建筑物类别及数量；成片开发建设的小区要说明小区的主要功能、建筑容积率等。

2.项目建设的必要性和任务

- 项目建设的依据：概述项目所在地的行政区划和自然、地理、资源情况，社会经济现状以及地区国民经济与社会发展规划对项目建设的要求；概述项目所在地区建设现状及其近、远期发展规划对项目建设的要求，说明项目所依据的产业发展规划和各项专业规划。
- 项目建设的必要性：阐明项目在地区国民经济和社会发展规划及区域规划中的地位与作用，论证项目建设的必要性；根据地区国民经济发展规划和建设项目任务要达到的目标，在产业发展规划和相关规划的基础上，进行必要的补充调查研究工作，对所在地区功能基本相同的项目方案进行综合分析比较，阐明各项目方案的优缺点，论述推荐本项目的理由。
- 项目建设的任务：阐述本项目的建设任务，按照国家政策和总体效益优化原则，分析研究有关部门对本项目的要求，结合工程条件，考虑本项目在区域规划中的作用，提出项目的开发目标和任务的主次顺序；对分期开发的项目分别拟定近期和远期开发目标与任务。

3.项目建设条件

- 水文、气候条件：简述工程所在区域自然地理、水系概况等；简述工程地点的气候特性和主要气象要素的统计特征值。
- 地质条件：简述工程区域地形地貌、地层岩性、地质构造、构造稳定性，并初步确定工程场区地震基本烈度；对工程地质环境及主要工程地质问题，提出初步评价意见。
- 其他外部条件：简述能源供应条件、主要原材料供应条件、交通运输条件、市政公用设施配套条件及实现上述条件的初步设想；需进行地上建筑物拆迁的项目，要提出拆迁安置初步方案；分析项目所在地区和附近有关地区的生态、社会、人文环境等外部条件及其对本项目的相互影响；说明有关部门和地区对项目建设的意见、协作关系以及有关协议；说明其他部门、地区影响该工程立项的相关因素。

4.项目初步建设方案

- 项目目标及功能定位：对项目目标及功能的定位，是项目投资、策划咨询和开发建设的一项重要工作。
- 项目方案构思：对未来投资项目的目标、功能、范围以及项目涉及的各主要因素和大体轮廓的设想与初步界定。
- 项目方案初步论证：是指本项目的构成，包括估算建设内容及规模，提出选址初步意见和初步的土建、公用、辅助工程方案，估算总建筑面积及主要单项工程的建筑面积。

5.环境影响初步评价

说明项目所在地区的环境质量、环境功能等环境特征。根据工程影响区的环境状况，结合工程开发规模、运作模式、施工组织方式等特性，简要分析工程建设对环境的有利与不利影响。有环境保护规划的，应说明工程开发是否与这些规划的目标相协调。从环境保护角度分析是否存在工程开发的重大制约因素。

对环境的主要不利影响，应初步提出减免的对策和措施。

6.项目管理实施方案

- 进度计划：包括项目立项、规划方案送审、可行性研究报告的报批、征地拆迁、勘察、设计及相关审查、招投标等；建设工期基本合理科学，符合相关部门对建设工期的要求。
- 招标方案：在招标方案中，对项目的招标事项包括招标范围、招标组织形式、招标方式等进行论述，符合国家有关政策及法律法规，符合项目特点和实际需求，具备可操作性和对后期工作的指导性。

7.投资估算及资金筹措

- 投资估算：简述投资估算的编制原则、依据及采用的价格水平年；初拟主要基础单价及主要工程单价；提出投资主要指标，包括主要单项工程投资、工程静态总投资及动态总投资；估算分年度投资。对主体建筑工程应进行单价分析，按工程量估算投资；其他建筑工程、临时工程投资，可按类比法估算；设备及安装工程投资，可采用扩大指标估算；其他费用可根据工程规模逐项分别估算或综合估算。
- 资金筹措设想：提出项目投资主体的组成以及对投资承诺的初步意见和资金来源的设想。

8.经济初步评价

- 经济评价依据：说明经济评价的基本依据。
- 财务初步评价：说明财务评价的价格水平、主要参数及评价准则，项目总投资、资金来源和条件；说明各项财务支出、构成项目成本的各项费用、初估项目收入；简述项目利润分配原则；

提出财务初步评价指标；若需要融资，还需简述还贷资金来源，预测满足贷款偿还条件的物品价格；对项目的财务可行性进行初步评价。

9.社会初步评价

- 社会影响初步分析：说明项目的社会影响分析，旨在分析预测项目可能产生的正面影响和负面影响，包括项目对所在地区居民收入的影响、居民生活水平和生活质量的影响、居民就业的影响，以及项目对所在地区不同利益群体的影响和教育卫生的影响。
- 社会互适性初步分析：初步分析预测项目能否为当地的社会环境、人文环境所接纳以及当地政府、居民支持项目存在与发展的程度，考察项目与当地社会环境的相互适应关系。
- 项目的初步社会风险分析：对可能影响项目的各种社会因素进行识别并提出防范措施，对项目的社会可行性进行初步评价。

10.结论与建议

综述项目建设的必要性、任务、规模、建设条件、建设方案、环境影响、建设工期、投资估算和经济评价等主要成果；简述项目建设的主要问题以及地方政府与各部门、有关方面的意见和要求；提出综合评价结论，并提出今后工作的建议。

四、编制PPP项目建议书应注意的问题

（一）认真调查研究，广泛收集资料

用完整的资料数据作为依据，是写好项目建议书的基本要求。编制项目建议书之前必须深入实际，围绕拟建项目展开调查研究，尽可能多地了解、掌握项目的基本情况，收集项目涉及的各方面资料、信息、数据，求证资料、数据的真实性、准确性，做到资料翔实、数据准确、全面系统、融会贯通，为编写项目建议书做好充分的准备。一般应收集的资料范围包括：相关的国家标准、行业标准、规范、国家产业政策；同类产品的结构、性能、工艺、技术指标、成本、价格、生产厂家、市场销售情况等；国内外同类技术工艺的应用情况及技术水平；建厂地区的自然情况、辅助协作条件、政府的税收、土地政策等；涉及合作方的还应收集合作企业的基本情况、经营实力等。

（二）注意分析方法

项目建议书的写作，是以数量方面所表现出的规律性为依据的，要求对未来的发展趋势进行科学、严密的推断分析。例如，投资估算、厂址选择、产品市场需求预测分析、经济效益评价分析等项目需要通过一系列的分析计算才能得出结论。如果分析方法不当或计算出现偏差，那么得出的结论就会和实际有出入，所以分析方法的选定十分重要。例如，选址经济评价中有分级评分法、重心法、线性规划法三种，经济效

益评价又有时间指标、数量指标、利润指标等，其他项也有多种分析评价方法。针对条件不同，各种分析评价方法各有侧重，难免有片面性，而实际情况又千差万别。在实际操作中，如何选定分析方法，是单选一种，还是多种方法综合运用，参数如何确定等，都是需要认真研究的问题，这就要求我们在编制PPP项目建议书的过程中，一定要从实际出发，具体问题具体分析，认真研究，反复比较，确定最符合实际、最科学合理的分析方法，以获得真实、最有价值的结论，为科学决策提供正确的依据。

（三）注意项目建议书与可行性研究报告的区别与联系

项目建议书和可行性研究报告是项目开发决策阶段的两项工作。项目建议书不同于可行性研究报告，二者有密切的联系，但也有区别。

第一，含义不同。项目建议书又称立项申请书，是项目单位就新建、扩建事项向项目管理部门申报的书面材料。项目建议书的主要作用是决策者可以通过项目建议书中的内容进行综合评估后，做出对项目批准与否的决定。可行性研究报告同样是在开发决策之前，是对拟建项目进行全面技术经济分析的科学论证，是对拟建项目有关的自然、社会、经济、技术条件等进行调研、分析比较以及预测建成后的社会效益与经济效益，在此基础上，综合论证项目建设的必要性、财务的盈利性、经济上的合理性、技术上的先进性和适应性以及建设条件的可能性和可行性，从而为投资决策提供科学依据。

第二，研究的内容不同。项目建议书是初步选择项目，其决定是否需要进行下一步工作，主要考查建议的必要性和可行性。可行性研究则需进行全面深入的技术经济分析论证，做多方案比较，推荐最佳方案，或者否定该项目并提出充分理由，为最终决策提供可靠依据。

第三，基础资料依据不同。项目建议书是依据国家的长远规划和行业、地区规划以及产业政策，拟建项目的有关自然资源条件和生产布局状况，以及项目主管部门的相关批文。可行性研究报告除把已批准的项目建议书作为研究依据外，还需把文件详细的设计资料和其他数据资料作为编制依据。

第四，内容繁简和深度不同。两个阶段的基本内容大体相似，但项目建议书要求略简单，属于定性性质。可行性研究报告则是在这个基础上进行充实补充，使其更完善，具有更多的定量论证。

第五，投资估算的精度要求不同。项目建议书的投资估算一般根据国内外类似已建工程进行测算或对比推算，误差准许控制在20%左右。可行性研究报告必须对项目所需的各项费用进行比较详尽的计算，误差要求不应超过10%。

（四）语言表达清楚，事实陈述准确

编写项目建议书主要用叙述和说明的方法，把项目表达清楚，把建议陈述完整。叙述时必须反映客观事实，切忌浮泛描写；说明中不能掺杂想象、主观因素。图表、计算与叙述说明相互补充；专业描述尽量使用专业术语；计算方法选用正确，结果准确，结论明确；推理分析要有高度的科学性和严密的逻辑性；数据、引用的内容核实无误，论述的部分要做到理由充分，论述严密；项目编排条理清楚，内容翔实；语言文字简洁凝练，准确明了。

五、结语

项目建议书是针对某一具体项目的建设性文件，是投资决策前对拟建项目的轮廓设想，影响项目的全过程和各个方面，是项目建设程序中的一个重要环节。项目建议书要结合实践，针对具体的项目进行编制。

×××文化小镇PPP项目建议书

编制单位：××××有限公司

2017年×月

第一章　总论

一、项目名称

××× 文化小镇项目

二、承办单位概况

承办单位：××× 旅游发展有限公司

承办单位基本情况（略）。

三、建设地点

××× 市 ×× 区 ××× 乡，一期规划占地面积4 210亩。

四、建设内容与建设规模

项目建设规模及建设内容为三大板块。

第一大板块——××× 文化产业园区，占地1 700亩，包括：

（1）根亲文化园占地400亩，主要建筑物有根亲博物馆、华夏根亲坛、姓氏纪念馆等，建筑面积36 000平方米；

（2）民俗名人文化园占地100亩，主要建筑物有名人塑像、名人纪念馆（二层）、茶社等，建筑面积18 000平方米；

（3）万国植物博览园占地500亩，栽植各类植物50 000株；

（4）骑猎园占地300亩；

（5）水上乐园占地400亩，主要安置水上乐园设施。

第二大板块——休闲商业区，占地1 200亩，包括：

（1）餐饮文化园占地200亩，主要建筑以仿古式和现代建筑相结合，建筑面积300 000平方米；

（2）漫步风情街占地600亩，建筑物以商店、古玩店、餐饮店为主，建筑面积400 000平方米；

（3）历史文化长廊占地100亩，主要建筑以壁画形式展现古文化、传说文化及近代文化等独特的民俗风情等，建筑面积30 000平方米；

（4）休闲度假村、民宿酒店占地300亩，单体以二层建筑为主，设游泳池、商店、古玩店、餐饮店等，建筑面积100 000平方米。

第三大板块——养生、养老公寓区、旅游度假酒店、民宿，占地1 310亩，主要包括：

（1）港湾社区占地400亩，建筑物以一至二层为主，建筑面积150 000平方米，入住人员以建设区原有住户为主；

（2）医疗康复中心占地200亩，主要建筑物有门诊楼（三层）、住院部（三层）、康复综合楼（三层）等，建筑面积68 600平方米；

（3）养老社区占地200亩，主要建筑物有老年公寓楼（三层）、综合楼（三层）、医疗保健中心（三层）、娱乐中心（三层）、餐厅等，建筑面积58 000平方米；

（4）旅游度假公寓510亩。

五、建设年限

建设年限为5年，其中，建设期3年，完善期2年。

六、总投资及资金筹措

本项目一期计划投资200 018.0万元，其中，工程费用179 466.0万元，其他费用6 756.0万元，预备费用9 300.0万元，铺底流动资金4 496.0万元。

项目所需资金全部由项目单位自筹解决。

七、结论和建议

1. 结论

（1）本项目建设符合国家及地方的有关政策，对于提高×××文化小镇的整体功能、优化投资环境、提高居民生活水平、全面建成小康社会，将起到极大的促进作用。因此，该项目建设是必要的。

（2）该区域环境优美，是人们旅游、休闲居住的绝佳场所。该项目的建设可以有效地提升×××市××区景区品位和改善游乐条件，为×××文化小镇发展谋求更广阔的发展空间。

（3）本项目社会效益和经济效益均比较好，项目所需的各项建设条件均已具备。本项目可以顺利实施和达到预期投资建设目标，应积极开展实施。

经以上分析论证，本项目选址得当，规模合理，规划科学，建设方案可行，建设条件具备，资金来源可靠，具有较强的可操作性。因此，项目建设具有必要性，技术上具有可行性，经济上具有合理性，同时具有一定的社会效益和经济效益。

2. 建议

（1）与本工程相关的工程设施的建设应有计划地组织实施，以保证本工程建设后的正常运行。

（2）建议大力推广新材料、新技术、新产品在工程建设中的应用，做到功能适用、流程科学、经济合理。

（3）要在确保工程质量的前提下，精心组织，科学施工，规范管理，加快进度，力争建成优质工程、精品工程、社会满意的工程。

第二章　项目建设的必要性和条件

一、项目的背景

（一）项目区域概况

×××项目坐落于×××市××区×××乡。××区在2016年被评为国家级生态区，××区被定位为生态旅游功能区。

×××乡是××区重点旅游乡镇，市、区、乡三级政府旨在×××乡打造幸福健康小镇，把城市建在山水间，落实城乡一体化大概念。

×××乡支柱产业包括：花卉苗木基地，生态旅游景点，高效观光农业（万亩草莓种植和5 000亩黄金甲鱼养殖等重点项目），特色小镇生态旅游。

（二）项目建设背景

1.特色小镇的内涵、特征与发展理念

特色小镇并不是一个行政意义上的城镇，而是一个大城市内部或周边的，在空间上相对独立发展的，具有特色产业导向、景观旅游和居住生活功能的项目集合体。特色小镇既可以是大都市周边的小城镇，又可以是较大的村庄，还可以是城市内部相对独立的区块和街区，其中部分服务功能可以和城市共享。

特色小镇的核心是特色产业，一般是新兴产业，如私募基金、互联网金融、创意设计、大数据和云计算、健康服务业，或其他智力密集

型产业。特色小镇也是一个宜居宜业的大社区，既有现代化的办公环境、宜人的自然生态环境，又有丰富的人性化交流空间和高品质的公共服务设施。

特色小镇建设将秉持“政府引导、企业主体、市场化运作”的原则，将占地面积控制在4 500亩以内，打造一个高度融合的空间，并体现其特有的地域文化。

同时，特色小镇建设要达到AAA级以上景区标准，休闲旅游类小镇须以AAAAA级景区标准作为建设硬指标。总之，特色小镇是按创新、协调、绿色、开放、共享的五大发展理念，结合自身特质，找准产业定位，科学规划，挖掘产业特色、人文底蕴和生态禀赋，“产、城、人、文”四位一体、有机结合的重要功能平台。

打造特色小镇，重要的是文化找“魂”，找到特色小镇的文化特色、主题特色。找到文化之“魂”后，将其梳理转化为体验产品，转化成可互动的模式，将游憩方式的独特设计与特色小镇效益优化相结合，并运用互联网+思维，达到特色小镇设计的最优化。特色小镇应遵循六大理念：景观主题化、景观游乐化、景观生态化、景观情境化、景观本土化与景观动感化。

2.旅游扶贫开发的重要意义

（1）利于调整产业结构，深化旅游体制改革。在贫困地区发展旅游业，不仅要讲求旅游业本身的效益，还要因地制宜，充分发挥旅游业的带动功能，使更多的地区、更广大的人民群众脱贫致富。因此，为配合旅游业的发展，要对当地的产业结构进行调整，比如围绕景区旅游的客观需要发展以种植、养殖为主的农业，发展以茶园、药材园为主的观赏性农业。而且，由于资金、人才不足等问题，贫困地区发展旅游业一般起步水平较低，农民自发创办的家庭旅游、餐馆、购物摊点，难以上档次，形不成规模，适应不了日益发展的市场经济需求。

旅游扶贫要有所突破，必须深化体制改革，政府要引导农民由分散的个体经营向规模经营转变，建立跨地区、跨行业、跨所有制的旅游集团公司或选择有经济规模的企业来经营贫困地区的旅游业。

（2）利于贫困地区脱贫。在我国，贫困地区面积很大，且这些地区自然条件恶劣，经济发展水平较低。但是这些地区也有自己的优势，比如旅游资源丰富，发展旅游业的自然环境条件较好，非常适合发展旅游业。在以往的扶贫活动中，因多局限于救济性扶贫的形式，扶贫效果很差；后来也曾尝试过交通扶贫、教育扶贫的形式，但短时间内难以见效；还采取过工程项目扶贫、对口扶贫（针对贫困户）等形式，尽管都收到一些成效，但脱贫不彻底，甚至脱贫后又返贫。而旅游扶贫具有目标明确、项目清晰、脱贫见效快、受益面广、受益期长的特点，可以说是最有效的扶贫措施之一。

（3）利于地域经济结构优化调整。改革开放以来，我国的旅游业得到突飞猛进的发展，并且今后仍将大力发展。旅游扶贫开发实际上是通过在贫困地区发展旅游业的形式，达到脱贫致富的目的，这与我国大力发展旅游、大力发展地区经济的要求是相符的。另外，随着我国经济进一步发展，地域经济结构优化调整将成为必然，尤其是那些经济严重封闭、经济发展水平很低的地区将成为经济结构优化调整的对象。那种对资源掠夺性、破坏性地利用的粗放式经营，以自给自足为主的地区经济发展道路越来越行不通。因此，在有条件的贫困地区发展旅游业，本质上符合我国地域经济结构优化调整的客观要求，是在贫困地区进行经济开发形式转型的新探索。

3. 乡村旅游发展迅速

乡村旅游是以旅游度假为宗旨，以村庄野外为空间，以人文无干扰、生态无破坏为基础，以游居和野行为特色的旅游形式。随着乡村旅游的迅速发展，近几年围绕乡村旅游提出很多新概念和新理论，如游居、野行、居游、诗意栖居、第二居所、轻建设、场景时代等。新概念和新理论的提出使乡村旅游内容丰富化、形式多元化，有效地缓解了乡村旅游同质化日益严重的问题。

我们要让“美丽乡村”建设有持续发展的生命力，把文化融合进来，把城市周边游融合进来，把生态农业融合进来，让农民、新村民、游客共建共享与共荣，把真正有当地特色的乡村核心优势挖掘、展示出来，推广宣传出去，形成乡村旅游的良性发展循环。

目前，乡村旅游作为旅游行为和旅游开发的重要内容，成为旅游经济发展新的增长点。在国家、省市高度重视、积极鼓励和大力扶持下，乡村旅游得到了快速发展。

4.民俗旅游

民俗旅游是指人们离开常住地，去体验异地民俗的文化旅游行程。民俗文化作为一个地区、一个民族悠久历史文化发展的结晶，蕴含着极其丰富的社会内容。由于地方特色和民俗特色是旅游资源开发的灵魂，具有独特性与不可替代性，从某种意义上来讲，民俗旅游属于高层次的旅游。

目前，民俗旅游作为旅游行为和旅游开发的重要内容，也成为旅游经济发展新的增长点。在国家、省市高度重视、积极鼓励和大力扶持下，民俗旅游也得到了快速发展。

（三）PPP模式建设特色小镇

1.PPP模式建设特色小镇的优势

PPP模式建设特色小镇是我国城镇化的一种重要形式，具有以下优势。

（1）缓解地方政府债务压力，产生补短板、调结构效应。当前，我国以需求拉动经济增长的空间有限，推动以政府引导、社会资本广泛参与的特色小镇建设，在建设形态上不搞“大而广”，而是坚持“一镇一风格”，从而以较少的财政资金撬动庞大的社会资金。少花钱、多办事、办好事，推动经济新旧动力切换，既可以达到稳增长的目的，促进投资与消费并举，也可以起到补短板、调结构，助推经济去杠杆的独特效应。

（2）发挥要素集聚和扩散作用，降低和分散投资风险。我国未来经济增长的两大引擎：一是创新，二是公共产品或服务。PPP模式是两者的混合动力。政府可以通过公开招标的方式引进综合实力较强的企业参与特色小镇建设，对投资、建设过程中相关责任边界进行明确划分。基于当前PPP模式的推广与成熟，社会资本可用自身先进的技术和灵活的管理经验，通过集约、节约、绿色的发展模式，提高特色小镇建设的效率和效益，扭转各类资源过度向行政等级高的城市中心区集中的局面，从而提高小镇的凝聚力，吸引更多的人才参与区域经济发展。

（3）扩大社会资本的投资领域。在经济新常态下，民间投资增速明显下滑。社会资本通过投资特色小镇，除了可以获得直接的经济利益，还可获得其他衍生利益。例如，参与特色小镇的商业设施和公共服务设施的日常经营与管理，获得较为合理的经营性收入。

2.PPP模式建设特色小镇的具体路径

（1）打造“产、城、人、文”一体化的运营平台。特色小镇不同于以往行政区划单元上的乡镇建设，也不是工业园区、经济开发区、旅游区等功能的简单叠加。它在保留区域自然禀赋、特定人文底蕴等作为项目标的的基础上，联合规划设计部门，通过对不同专业机构的导入，以缔约形式破除原有模式的各种利益壁垒，形成“产、城、人、文”一体化的运营平台。

（2）构建灵活的体制机制，培育较强的市场竞争力。特色小镇要充分发挥市场主体的作用，在产业谋划与定位上突出自己的优势，打造一种“小而精、小而美、小而优、小而特、小而强”的旅游业，与养老产业、手工艺产业等形成产业生态圈，实现城镇化与服务“三农”的产业化融合。

二、项目建设的可行性

1.对×××市的旅游发展有重要意义

×××市的旅游业在产业化、规模化、市场化进程中，仍有很多工作要做，需要有一系列强有力的旅游品牌来支撑旅游产品线的完善与发展。×××文化小镇的定位，在于提供集吃、住、行、游、购、娱、泡浴、度假、养生、寻根、商业往来于一体的综合服务平台，对于×××市旅游结构和旅游品质的完善与提升有着重要的战略意义。

2.是拉动×××市旅游业飞速发展的一支重要的新生力量

×××市旅游业的发展存在着不少亟待解决的深层次问题，同时也面临着不少困难和严峻的挑战。一方面，×××旅游资源、旅游项目开发深度不够，很多景点开发处于粗放状态，旅游景点面临老化问题，新景点开发不够、知名度不高、竞争力不强，市场化、专业化水平低，对高端市场过分依赖，旅游管理经营人才缺乏，旅游产业链短、综合效益不高；另一方面，周边城市旅游业的快速发展，既与×××市旅游业形成优势互补，又给×××市旅游业带来巨大的冲击和严峻的挑战。×××市必须发扬自身旅游资源的特色，另辟蹊径，突破负面影响。

拥有优美的环境，得天独厚的自然地理优势，×××文化小镇完全可以建设一个集客属交流、休闲、娱乐、度假观光为一体的旅游服务设施，以亮丽的景观、高档次的服务、淳朴的乡情来吸引众多的游客，还可以弥补×××市大型旅游胜地的欠缺，提高旅游资源的质量。

3.是弘扬客家文化的一面亮丽旗帜

由于历史问题，客家人分布于世界各地，所谓“有阳光的地方就有华人，有华人的地方就有客家人”。为了有助于乡谊的沟通、乡亲的互助，特别是为了客家文化的延续和发展，从20世纪初，不少客属有识之士就积极地探索和实践以适应于这种要求和目的的载体，所以，世界各地都成立了各种血缘、地缘、族缘和业缘的客属社团与组织。世界客属恳亲大会缘起于1971年9月28日中国香港崇正总会举办的第一届世界客属恳亲大会，至今已在亚洲、美洲、非洲等多个国家和地区成功举办了29届。其规模逐渐扩大，由单纯的恳亲联谊，发展为融经济合作、文化交流和学术研讨于一体的活动载体。世界客属恳亲大会以“弘扬客家精神，增进海内外客家人的团结，促进经济合作与文化交流，推进祖国和平统一”为最基本的指导思想。目前，世界客属恳亲大会已成为弘扬民族精神、传播中华文化、联络客属乡谊的知名盛会，是海内外客属乡亲联络乡谊和进行跨国跨地区交往的重要载体，也是各国各地区客家人开展经济合作和文化交流的重要舞台，为促进祖国和平统一大业和中华民族伟大复兴做出了重要贡献。

4.项目区自然环境及发展的必然结果

×××市被誉为山水茶都，楚文化与中原文化在这里交融，×××市还荣获过中国十佳宜居城市、中国优秀旅游城市、国家园林城市、中国最具幸福感城市、中国最美城市等称号，这些形成了×××市独特的人文环境。

2015年6月5日，涉及鄂豫皖三省、×××市全境，规划区域总面积达10.86万平方千米的“×××革命老区振兴发展规划”正式获批实施。×××市是此次规划的核心区域和明确支持发展的重点区。

×××市近年来经济取得了较大的发展，国民经济实力明显增强。然而，对比研究发现，×××市在地方品类辨识度、旅游项目开发等地标性名片建设，在全国尚无×××市特质的作品。×××市需要一个经典的作品来成为×××市特质的符号，成为全国以及全球品类需求的首选目的地。×××市文化小镇项目，对于提升×××市旅游形象、完善旅游结构、优化旅游品质等方面都具有极为重要的战略意义。

三、项目建设的必要性

1.项目建设符合国家产业政策

本项目属于旅游基础设施项目，因此，本项目建设符合国家发改委《产业结构调整指导目录（2011年本）》（2013年修正版）中第一类“鼓励类”，第34条第3项（旅游基础设施建设及旅游信息服务）的范畴，为国家鼓励发展的产业。

2.项目建设符合《中共中央 国务院关于深入推进农业供给侧结构性改革 加快培育农业农村发展新动能的若干意见》的要求

《中共中央、国务院关于深入推进农业供给侧结构性改革加快培育农业农村发展新动能的若干意见》（中发〔2017〕1号）提出，大力培育宜居宜业特色村镇，围绕有基础、有特色、有潜力的产业，建设一批农业文化旅游“三位一体”、生产生活生态同步改善、一产二产三产深度融合的特色村镇。打造“一村一品”升级版，发展各具特色的专业村。支持有条件的乡村建设以农民合作社为主要载体，让农民充分参与和受益，集循环农业、创意农业、农事体验于一体的田园综合体，通过农业综合开发、农村综合改革转移支付等渠道开展试点示范。深入实施农村产业融合发展试点示范工程，支持建设一批农村产业融合发展示范园。做大做强优势特色产业，实施优势特色农业提质增效行动计划，把地方土特产和小品种做成带动农民增收的大产业。建设一批地理标志农产品和原产地保护基地，支持地方以优势企业和行业协会为依托打造区域特色品牌，引入现代要素改造提升传统名优品牌。充分发挥乡村各类物质与非物质资源富集的独特优势，利用“旅游+”“生态+”等模式，推进农业、林业与旅游、教育、文化、康养等产业深度融合。丰富乡村旅游业态和产品，打造各类主题乡村旅游目的地和精品线路，发展富有乡村特色的民宿和养生养老基地。支持各地加强特色村镇产业支撑、基础设施、公共服务、环境风貌等建设。将深入开展农村人居环境治理和美丽宜居乡村建设。

3.项目建设符合《中华人民共和国国民经济和社会发展第十三个五年规划纲要》的要求

《中华人民共和国国民经济和社会发展第十三个五年规划纲要》指出：开展加快发展现代服务业行动，扩大服务业对外开放，优化服务业发展环境，推动生产性服务业向专业化和价值链高端延伸、生活性服务业向精细和高品质转变。大力发展旅游业，深入实施旅游业提质增效工程，加快海南国际旅游岛建设，支持发展生态旅游、文化旅游、休闲旅游、山地旅游等。积极发展家庭服务业，促进专业化、规模化和网络化发展。推动生活性服务业融合发展，鼓励发展针对个性化需求的定制服务。促进“互联网+”新业态创新，鼓励搭建资源开放共享平台，探索建立国家信息经济试点示范区，积极发展分享经济；推动互联网医疗、互联网教育、线上线下结合等新兴业态快速发展。

4.项目建设符合《××省国民经济和社会发展第十三个五年规划纲要》的要求

《××省国民经济和社会发展第十三个五年规划纲要》提出：坚持市场需求引领、重点产业带动、服务能力提升，开展加快发展现代服务业行动，以现代物流和现代金融引领生产性服务业跨越发展，以精细化、品质提升为导向促进生活性服务业提速发展，突出新业态发展、新热点培育、新技术应用，促进服务业比重提高、结构优化、竞争力增强；建设国际文化旅游名城，打造一批文化旅游、乡村旅游、生态旅游、红色旅游、特色旅游精品线路和品牌景区，塑造国际国内旅游形象品牌；实施乡村旅游富民工程，完善旅游公路、旅游厕所、游客服务中心等基础设施，打造一批智慧旅游酒店、旅游景区、旅游城市；积极创建国家公园，培育2~3个国家级旅游度假区，新增5~8个国家生态旅游示范区；支持有条件的省辖市、县（区）发展全域旅游，强化体验活动创意、农事景观设计、乡土文化开发，大力拓展农业的生态美化、旅游休闲、文化传承、健康养老、科普教育等功能，提高农业综合效益；实施农村精品旅游线路和休闲观光农业品牌培育计划，建设一批特色旅游村镇。

5.项目建设符合《×××市国民经济和社会发展第十三个五年规划纲要》的要求

《×××市国民经济和社会发展第十三个五年规划纲要》指出：鼓励探索创新，营造包容氛围，推动生活性服务业在融合中发展、在发展中规范，增加服务供给，丰富服务种类，提高发展水平，重点发展旅游、健康养生、教育培训、餐饮住宿、房地产等服务业，建设大别山区域特色消费中心；围绕“大别山、淮河水、毛尖茶、南湾鱼”四大品牌，树立全域旅游理念，高起点规划发展旅游业，推动建设大别山无障碍旅游区，推进实施旅游景点一证游、联票游，打造智慧旅游景区。以生态旅游观光、休闲度假、宗教文化和红色教育为支撑，大力培育城市旅游、低空旅游、徒步旅游、自驾车房车休闲旅游、体育康体旅游等新业态；积极构建“一核三带”总体空间布局，塑造“山水茶乡”总体旅游形象，打造精品景区，开发特色旅游商品和线路，着力打造国际山地休闲度假目的地、全国知名的红色旅游胜地；实施农村精品旅游线路和休闲观光农业品牌培育，突出茶乡游、山水乡村游、农事景观游，建设一批特色旅游乡镇。

6.项目建设符合国内外旅游业发展方向

随着国内外旅游业的蓬勃兴起，人们开始追求更高品位的休闲旅游，返璞归真、崇尚自然、回归自然已成为一种时尚，以文化、生态内涵为主题的休闲旅游，已成为现代城市居民普遍的热切期望，将是旅游业今后发展的主流和方向。×××文化小镇将文化旅游、观光旅游和体验度假旅游有机地紧密地结合在一起，以×××市××区×××乡的生态资源为依托，以客家文化为背景，融人文、自然风光和体验活动为一体的修学度假旅游区，以此吸引国内外旅游者，满足人们对生态旅游、修学旅游以及观光度假旅游的需求。同时以此带动其他相关产业的发展，特别是带动周边地区经济的发展，提高广大人民的生活水平。

7.项目建设是解决当地“三农”问题最有效的手段

游客“吃、住、行、游、购、娱”的客观要求推动了乡村交通、通信、电力等基础设施硬环境的建设，加快了人流、物流、信息流、观念流等软环境的建设，加快了服务业的发展和地区资本积累，也促进了第一产业的发展。旅游需求还会直接增加农产品的需求量，推动农村产业结构调整，也为农业产业化经营提供了发展机会。同时，旅游区建设可为当地居民创造更多的就业机会，当地居民也可以自主经营，从发展旅游所带来的商机中直接受益。

农村贫困人口存在的根本原因在于其劳动技能水平低。发展旅游的重要意义在于不仅可以帮助当地农民提高经济收入，更在于为贫困人口创造提高文化、科技素质的机会和条件，通过旅游脱贫的人口，不仅返贫率低，而且能够较快地走上致富路。因此，旅游扶贫是非常成功有效的开发式扶贫，其功能是综合的，效果也会非常明显。

×××文化小镇将是农村第二、第三产业发展的载体，将推动农产品加工、商贸物流等产业的发展，将推进农业与旅游、教育、文化、健康养老等产业深度融合。

本项目实施后，将提升×××市××区×××乡的品位和形象，促进当地社会和经济发展，尤其是对外向型经济的发展具有重要作用和积极意义，社会效益、经济效益显著。

四、建设条件分析

（一）×××市概况

×××市位于鄂豫皖三省交界处，是长江、淮河、黄河、汉水之间的战略要地。全市总面积约1.89万平方千米，总人口约858.96万，辖八县二区。

1.旅游资源

×××市自然生态环境良好，气候宜人，雨量丰沛，植被茂密，山清水秀，是国家级生态示范区建设试点市。×××市地处亚热带向暖温带过渡地带，有山有树，有水有城，山水相映。×××市有多处融山水风光与人文景观为一体的旅游胜地。

2.交通区位

×××市南距武汉200千米，北距郑州333千米，东距合肥340千米，西距西安590千米，是××省重要的交通通信枢纽。

×××市区位优越。处于武汉经济圈、皖江城市带、中原经济区的结合部和京广、京九“两纵”经济带的腹地。

×××市交通便利。京广、京九、宁西铁路，京港澳高速、沪陕高速、大广高速、106国道、107国道、312国道等在境内形成多个黄金十字交叉，淮河航运使×××市拥有××省最大的内陆出海口，另外还有正在建设中和规划中的机场，发达的立体交通使×××市成为名副其实的全国性综合交通和现代物流枢纽。这些都为广大游客来×××市旅游观光提供了方便条件。

3.社会经济条件

2015年全市生产总值1 878亿元，是2010年的1.6倍，总量居全省第9位，比2010年上升两个位次；一般公共预算收入91亿元、支出374亿元，分别是2010年的2.7倍和2.2倍；固定资产投资2 024亿元，是2010年的2.6倍，投资规模居全省第4位；社会消费品零售总额880亿元，较2010年翻一番，总量居全省第5位；全市金融机构存款余额2 375.4亿元、贷款余额1 290.9亿元，均是2010年的2.3倍，总量分别上升到全省第4位和第6位。

（二）自然条件

1.地形、地貌

×××市地势南高北低，是山川相间、形态多样的阶梯地貌。西部和南部是由桐柏山、大别山构成的豫南山地，面积近7 000平方千米，占全市总面积的36.9%。两山首尾相接，连成一体，蜿蜒于豫鄂边界，是江淮两大流域的分水岭。大别山在×××市境内长约200千米，东段山脊高峻雄伟，海拔在千米以上，西段宽阔低缓，以千米以下低山为主，间有丘陵分布。桐柏山在×××市境内长约69千米，山势高峻陡峭。

中部是丘陵岗地，位于豫南山地以北，明港、寨河、固始连线以南，海拔50~100米，面积7 000多平方千米，占全市总面积的38.5%。由于受淮南水系的强烈切割和冲积，形成高差20~40米的丘陵起伏。中部梯田层层，河渠纵横，塘堰密布，水田如网，酷似江南风光，是×××市的粮食生产基地。

北部是平原和洼地，面积4 000多平方千米，占全市总面积的24.6%。其中平原海拔30~59米，面积占全市总面积的17%；洼地海拔22~35米，主要分布在淮河两岸，面积占全市总面积的7.6%。

2. 气候

×××市地跨淮河，位于中国亚热带和暖温带的地理分界线（秦岭—淮河）上，属亚热带向暖温带过渡区。这种过渡气候造成淮河南北自然景观的差异：淮南山清水秀，水田交错，稻香鱼跃，犹如江南风光；淮北平原舒展，一望无垠，盛产小麦、杂粮、棉花，北国情调浓厚。×××市日照充足，年均1 900~2 100小时；年平均气温15.1~15.3℃，无霜期长，平均220~230天；降雨丰沛，年均降雨量900~1 400毫米，空气湿润，相对湿度年均77%。

×××市四季分明。春季天气多变，阴雨连绵，季降水日数多于夏季，降雨量达250~380毫米，占全年降水量的26%~30%。夏季高温高湿气候明显，光照充足，降水量多，暴雨常现，降水量400~600毫米，占全年的42%~46%。秋季凉爽，天气多晴，降水顿减，降水量170~270毫米，占全年的18%~20%。冬季气候干冷，降水量少，为

80~110毫米，约占全年的10%；冬季在四季中历时最长（130天左右），但寒冷期短，日平均气温低于0℃的日数年平均30天左右。

3. 水文

×××市河流众多，分属长江、淮河两大水系。其中，淮河流域面积占全市总面积的98.2%，属长江水系的流域面积仅占1.8%。×××市地处淮河上游，淮河在××省境内长437千米，其中在×××市境内长363.5千米。淮河支流密集，南侧支流占支流总数的2/3，河短流急，水量丰富，流程在百千米以上的有史河、灌河、白露河、潢河和竹竿河，均按西南向东北方向汇入淮河。北侧支流是坡水河道，湾多水浅，流速缓慢，流程多在百千米以下，由西北向东南汇入淮河。淮河支流流域面积在2 000平方千米以上的有8条，100平方千米以上的48条，其中一级支流15条。属长江流域的主要是源于大别山主脊南侧的十几支源头细流，河道陡浅，蜿蜒南流，在×××市境内流程总长83.7千米。全市河流水面面积共计3.7万公顷，占全市总面积的1.96%。

（三）基础设施条件

×××文化小镇工程为旅游基础设施建设项目，供水、供电、通信等配套设施由政府部门提供，均已落实，能满足项目建设需要。

- 给水：本项目水源为×××市市政供水管网供给，压力充足，可保证项目用水需要，供水管网已接入项目区内。
- 排水：本项目区周边市政排水管网已铺设，区内铺设部分排水管网就可满足项目排水需要。
- 供电：电源已从×××市市政供电网引入，能满足本项目的用电需求。

第三章　总体规划方案

一、指导思想

项目设计符合安全、卫生、使用功能等方面的基本要求。项目建设贯彻适用、经济和注意美观的原则。建筑材料的选择，应符合建筑耐久年限、防火、抗震、防洪、建筑节能、保温隔热及施工等方面的要求。

二、建设原则

- 为了节约能源，积极贯彻国务院关于大力推广节能型材料的要求，坚持开发与节约并重，大力推进节能、节水、节地、节材，加强资源综合利用。
- 考虑到各工程的建设进度，本项目统一设计，充分发挥投资的效益。
- 重视对环境的保护，对污染物的排放进行严格控制及综合治理，使城市建设与环境保护协同发展。

三、总图布置及功能分区

（一）总图布置及功能分区

项目总图布置是根据拟建项目的使用功能的需要及项目各组成部分的相互关系，结合场地自然条件及其外部环境、运输、安全、卫生、环保、项目实施、管理等因素，经多方案比较后，对项目各个组成部分的位置进行统一布局，合理规划和安排建设场地内各功能区之间，各建筑物、构筑物之间和各种通道之间的平面位置关系，以便使整个项目形成布置紧凑、道路畅通、经济合理、使用方便的格局。

建设场地按功能分区是总图布置中重要的一环，据此可确定各个功能区之间的相互位置关系和旅游路线相关联。按建（构）筑物的功能特点和布局要求，功能分区应遵循下列原则：

- 符合×××文化小镇总体布置要求，保证旅游路线顺畅、各园区系统相互关联和完整；
- 充分利用当地的自然条件和地形、地质条件的差异，化不利为有利；
- 合理布置外部运输、供水、供电等线路；
- 为排水、安全、卫生、绿化、美化等的布置创造有利条件；
- 合理确定各功能区的边界与面积；
- 货流与主要人流避免交叉。

总之，进行功能分区时，要从实际出发，既要满足当地规划的要求，又要扬长避短、合理布局，发挥整体最佳效益。

（二）总图布置的基本要求

（1）各组成部分之间，包括各功能区之间，设备、建筑物和土建工程之间，厂房与厂房之间等，无论是自身特点、功能要求，还是相互联系（或布局）和建筑风格等，都必须通盘考虑，协调一致。功能分区系统分明，布置整齐，在适用、经济的前提下注意美观。

（2）在符合安全的条件下，要求各种管线的走向和运输路线的走向距离最短，各园区的布置科学合理。物流和人流合理，线路短捷，方便游客，同时尽量避免物流与人流交叉、往复、迂回。动力设施要靠近各园区负荷中心，尽量采用多管、多线共架、共沟。遵循距离最短原则，可以少占土地。

（3）切实注重安全和环保要求。建设密度和建筑系数科学合理，既力求布置紧凑，又应根据有关规定合理确定各建筑物、构筑物之间的距离，保证各园区运营和消防安全。采取积极的措施确保安全和环保的要求。

（4）因地制宜。根据场址的风向、地形、地势特点及地质条件，合理确定总图布置，减少土石方的填、挖工程量和运输量。

（5）尽可能节约用地。总图布置应紧凑、合理，节约用地，在考虑发展余地时，要避免过早占用大片土地。

四、结构方案

本项目设计使用年限为50年。

（一）抗震设计

根据《建筑工程抗震设防分类标准》（GB 50223–2008），工程抗震设防类别为标准设防类；根据《混凝土结构设计规范》（GB50010–2010），工程建筑结构的安全等级为二级；根据《建筑抗震设计规范》（GB50011–2010）及国家地震局全国地震区烈度区划图，×××市基本地震烈度为6度。本项目以2~3层建筑为主，高层建筑应考虑增加抗震设防强度，设计烈度应为7度，并适度增加抗震措施。

（二）结构类型

本项目高层建筑采用剪力墙结构，风情街、村落、度假村、社区等建筑采用砖混结构，混凝土构件、楼板、梁柱采用现浇。外墙采用C50等高标号水泥，以减少剪力墙截面面积，增加使用面积。

（三）活荷载设计值

1.楼面活荷载标准值

办公、商业　2.0 kN/ ㎡

消防疏散楼梯　2.5 kN/ ㎡

变配电室　10.0 kN/ ㎡

2.屋面活荷载标准值

上人屋面　2.0 kN/ ㎡

不上人屋面　0.5 kN/ ㎡

悬挑阳台　2.5 kN/ ㎡

3.填充墙荷载

加气块　8kN/m^3

（四）钢筋混凝土部分结构

现浇：各混凝土构件、楼板、梁柱采用混凝土现浇。

预制：墙内的门洞、窗洞或设备预留洞，其洞顶均需设置过梁。

（五）建筑设计

建筑造型上采用现代气息强烈的构成方式。建筑形式、体重、材质与周围环境相协调，以大板式结构体系为主，使得建筑造型更趋自由、丰富。

建筑特色：屋面形式采用坡屋顶设计，建筑立面形式为横向三段式，主体色调较浅，屋面及底层的色调较深；采用优质外墙涂料，防水防潮；采用新型建筑材料，对东西山墙进行节能保温处理。

（六）室内外装修

屋面：选用150mm厚水泥聚苯保温板做保温层，材料密度280~300kg/m^3，屋面传热系数为0.60W/m^2·K。

外墙：建筑物外墙面色彩要与周围环境、广场景观协调一致，营造购物、休闲的氛围。

内装饰：各厅室地面为防滑瓷砖地面或磨光水泥地面，卫生间地面铺设防滑瓷砖，内墙贴瓷砖到顶。

门窗：窗户采用塑钢单框中空玻璃窗，分户门采用钢塑复合防盗保温门。

楼梯间：普通内墙抹灰，240mm厚粉煤灰烧结砖，靠楼梯间一侧加抹20mm厚保温砂浆，其传热系数为1.67W/m^2·K。

五、配套工程

（一）电气方案

1.强电设计方案

（1）设计依据

- 《20kV及以下变电所设计规范》（GB50053–2013）。
- 《建筑物防雷设计规范》（GB50057–2010）。
- 《建筑照明设计标准》（GB50034–2013）。
- 《建筑设计防火规范》（GB50016–2014）。
- 《低压配电设计规范》（GB50054–2011）。
- 《民用建筑电气设计规范》（JGJ16–2008）。
- 《建筑物电子信息系统防雷技术规范》（GB50343–2012）。
- 《城市工程管线综合规划规范》（GB50289–2016）。

（2）设计内容

电气设计主要指住房及附属用房、设施的供电系统、电力系统、照明系统、自控系统和防雷接地系统设计。

低压配电系统采用220/380V放射式与树干式相结合的方式，对于单台容量较大的负荷或重要负荷采用放射式供电，照明及一般负荷采用树干式与放射式相结合的供电方式。

（3）照明系统

- 各场所的照度标准按现行国标《建筑照明设计标准》GB50034–2013执行。
- 结合建筑物立面及环境效果，设置立面照明及室外景观照明。

（4）防雷接地系统

- 本工程防雷等级为二类，按二类防雷建筑物设置避雷保护措施。
- 为预防雷电电磁脉冲引起的过电流和过电压，在必要部位加装浪涌保护器（SPD）。
- 本工程采用联合接地系统，利用建筑物结构钢筋网和基础钢筋网作为接地体，要求其接地电阻值小于4欧。
- 低压系统接地方式采用TN–S系统。
- 为建筑物做总等电位联结，在浴室、卫生间等处设局部等电位联结。

2.弱电设计方案

（1）设计规范

- 《有线电视系统工程技术规范》（GB50200–94）。
- 《民用闭路监视电视系统工程技术规范》（GB50198–2011）。
- 《安全防范工程技术规范》（GB50348–2004）。

- 《智能建筑设计标准》(GB/T50314–2015)。
- 《建筑灭火器配置设计规范》(GB50140–2010)。
- 《综合布线系统工程设计规范》(GB50311–2007)。
- 《火灾自动报警系统设计规范》(GB50116–2013)。
- 《城市工程管线综合规划规范》(GB50289–2016)。

(2)电话系统

农家小院、宾馆、餐厅、接待处等电话系统按建筑面积的一定比例进行设计。

(3)有线电视系统

- 有线电视信号由市网引入。
- 农家小院、宾馆、餐厅、接待处按套设置电视插座。
- 采用同轴电缆分配分支器网络系统传送电视信号至各户。

(4)宽带接入网系统

建立×××文化小镇内部高速局域网，用于传输数据及语音，配置相应的网站设备并通过公共配套设施与公用网进行高速链接。

(二)给排水系统

1.给水

- 水源：取自市政给水管网。
- 水质：水质符合《生活饮用水卫生标准》(GB5749–2006)。
- 给水系统：建筑物内部采用下行上给式给水方式。

2.排水方案

(1)排水体制

本着高起点、高标准的要求，室内排水采用污废水合流制排水系统；室外排水采用雨水、污水分流制排水系统。污水经过生化处理后排入各区污水管网，雨水自然排放。

（2）排水系统

- 雨水：雨水流量按×××市暴雨强度公式计算；各管段流向布置，考虑竖向规划及水系分步，本着就近排入水体的原则进行布置；最小管内径200mm，最大管内径1 000mm。规划后，排水通畅、迅速、无积水现象。
- 污水：污水需经化粪池初沉，然后排入污水管。

（三）景观绿化

绿化树种配置以低矮灌木为主，结合种植不同种类的四季花卉，形成常年红花绿叶的生态式景观。

第四章　投资估算及资金筹措

一、投资估算

1.估算范围

本项目总投资估算包括工程费用、工程建设其他费用和预备费用。工程费用包括建筑工程费和安装工程费。

2.估算依据及说明

- 《建设项目经济评价方法与参数》（第三版）。
- 《建设项目经济评价方法与参数实用手册》。

- 《投资项目经济咨询评估指南》。
- 《××省建设工程概算定额》。
- ×××市最新一期《工程造价信息》。
- 国家有关投资估算的规定。
- 省内类似工程的造价情况。
- 有关设备的询价资料。
- 建设单位提供的有关基础资料。

3.编制说明

（1）土建工程费：参照××省建设工程概算定额及当地近期同类工程造价估算。

（2）设备购置费：依据询价资料及建设单位提供的有关资料。

（3）安装工程费：参照《××省建设工程概算定额》，并根据企业实际情况估算。

（4）其他费用：按现行投资估算的有关规定计取。

4.项目总投资估算

本项目总投资200 018.0万元，其中，工程费用179 466.0万元，其他费用6 756.0万元，预备费用9 300.0万元，铺底流动资金4 496.0万元。总投资估算详见表2–1。

表2-1 总投资估算表 单位：万元

	序号	名称	费用
一、工程费用	1	根亲文化园	5 400.0
	2	民俗名人文化园	3 600.0
	3	万国植物博览园	2 500.0
	4	骑猎园	3 000.0
	5	水上乐园	4 800.0
	6	餐饮文化园	30 000.0
	7	漫步风情街	13 600.0
	8	历史文化长廊	3 000.0
	9	古中原村落文化园	5 600.0
	10	名建筑博览园	27 646.0
	11	休闲度假村	30 000.0
	12	港湾社区	30 000.0
	13	医疗康复中心	11 320.0
	14	养老社区	9 000.0
二、其他费用	1	勘察设计费	1 400.00
	2	建设单位管理费	2 800.00
	3	工程监理费	1 400.00
	4	工程保险费	400.00
	5	招标代理费	510.00
	6	职工培训费	246.0
三、预备费用	1	基本预备费	9 300.0
	2	差价预备费	0
四、铺底流动资金			4 496.0
		总计	200 018.0

二、资金筹措

×××文化小镇项目总投资200 018.0万元。

资金筹措：项目资金全部由×××旅游发展有限公司自筹解决。

第五章　效益分析

一、依据和基本参数

（一）依据

国家发改委颁布的《建设项目经济评价方法与参数》(第三版)。

（二）基本参数

本项目计算期：综合考虑项目的经营特点，计算期为13年，其中，建设期3年，运营期10年。

基准收益率的确定：基准收益率取值为10%。

二、项目财务评价

（一）财务基础数据

1.项目计算期

项目计算期确定为13年，其中建设期3年，经营期为10年。

2.运营负荷

项目投入营业运行第一年达到设计能力的80%，其他各年达到设计能力的100%。

3.营业收入

本项目营业收入来自餐饮、住宿、娱乐游玩等收入，正常年的年收入约为131 840.00万元。

4.成本和费用计算

- 材料及辅助材料：材料及辅助材料成本按消耗指标进行测算，经计算，该项正常年费用约为66 160.00万元。
- 动力费：项目所需水、电、天然气等均按现行市场价格计算，经测算，该项费用正常年支出约为2 632.00万元。
- 工资及福利费：本项目劳动力定员为600人，以平均36 000元/人·年计算，福利按工资总额的14%计算，年工资及福利总额为2 462.40万元。
- 折旧与摊销：折旧费按平均年限法计算，根据固定资产折旧年限表，考虑建筑物的功能，建筑物折旧年限按40年计，净残值率均为5%；设备按10年折旧，净残值率均为5%。
- 修理费：修理费按全部固定资产现值的2.5%计算。
- 其他费用：营业费用，包括货运经费、办公费等费用，按年营业收入的1%计算；管理费用，包括办公经费、劳动保险等，按年营业收入的2%计算。

5.税金及附加

本项目无税金及附加。

（二）利润及分配

经计算，本项目正常年利润总额为27 765.85万元，所得税按利润总额的25%收取，所得税为6 941.46万元，税后利润为20 824.39万元。盈余公积金提取比例为10%，公益金提取比例为5%。

（三）盈利能力分析

1.投资利润率

项目正常年利润与项目总投资的比率为投资利润率，为13.88%。

$$投资利润率=\frac{正常年利润}{总投资}\times 100\% =13.88\%$$

2.项目资本金净利润率

项目年均税后利润与项目总投资的比率为项目资本金净利润率，经计算得10.41%。

$$资本金净利润率=\frac{年平均税后利润}{总投资}\times 100\% =10.41\%$$

3.财务现金流量表

所得税后：

财务内部收益率为12.15%；

财务净现值为21 304.31万元；

投资回收期为10.64年（含建设期）。

所得税前：

财务内部收益率为15.87%；

财务净现值为59 255.07万元；

投资回收期为9.51年（含建设期）。

根据自有资金财务现金流量表计算得财务内部收益率为12.80%。

根据上述指标分析，该项目所得税前、税后财务净现值大于零，内部收益率高于10%的行业基准收益率，说明项目具有好的盈利能力。

（四）不确定性分析

1.盈亏平衡分析

以生产能力表示的盈亏平衡点（BEP）的计算为：

$$BEP=\frac{固定成本}{销售收入-销售税金及附加-变动成本}\times 100\%=49.16\%$$

计算结果表明，项目达到设计能力的49.16%，企业即可保本。

2.敏感性分析

本项目计算期内可能发生变化的因素有建设投资、营业收入、经营成本等。各单因素变化范围为±5%，对各项指标的影响程度见表2–2。

表2–2　敏感性分析

项目		财务内部收益率/%	投资回收期/年	净现值/万元
基本方案		15.87	9.51	59 255.07
建设投资	+5%	14.72	10.01	50 287.15
	–5%	17.06	8.87	63 865.23
营业收入	+5%	25.03	7.60	168 253.68
	–5%	6.12	14.56	10 126.82
经营成本	+5%	13.16	10.32	32 182.54
	–5%	17.45	8.42	67 682.90

由以上结果（税前）分析，各单因素变化都不同程度地影响财务内部收益率，其中营业收入的影响最为敏感。

（五）财务评价结论

通过以上分析，项目正常年营业收入131 840.00万元，正常年利润总额27 765.85万元；投资利润率13.88%，大于行业基准值7%；所得税后财务内部收益率12.15%，所得税后财务净现值21 304.31万元，所得税后投资回收期10.64年（含建设期）；盈亏平衡点49.16%。项目具有较好的经济效益。

×××文化小镇项目具备较强的生存能力，具有可持续发展前景，财务评价可行。

第六章　结论与建议

一、结论

（1）本项目建设符合国家和地方发展规划的要求。本项目属于旅游基础设施项目，因此，本项目建设符合国家发改委《产业结构调整指导目录（2011年本）》（2013年修正版）中第一类“鼓励类”第34条第3项（旅游基础设施建设及旅游信息服务）的范畴，为国家鼓励发展的产业。

本项目对于提高×××市××区×××乡旅游景点的整体功能，优化投资环境，提高居民生活水平，全面建成小康社会，将起着极大的促进作用。因此，本项目建设是必要的。

（2）区域环境优美，是人们旅游、休闲居住的绝佳场所，本项目的建设可以有效地提升×××市××区景区品位和改善游乐条件，为×××市××区×××景区发展谋求更广阔的发展空间。

（3）项目建成后，可以为人们提供一处客家文化交流、旅游、根亲、茶文化交流的场所，让人们徜徉于此，精神得以放松，满足人们精神方面的需求；可以建设成为××省乃至全国屈指可数的特色休闲文化旅游区，旅游吸引力强，度假需求旺盛，客源市场巨大，市场前景乐观。

（4）项目正常年营业收入131 840.00万元，正常年利润总额27 765.85万元；投资利润率13.88%，大于行业基准值7%；所得税后财务内部收益率12.15%，所得税后财务净现值21 304.31万元，所得税后投资回收期10.64年（含建设期）；盈亏平衡点49.16%。项目具有较好的经济效益。

（5）项目建成后将成为一个新的旅游景点，以其独特的魅力吸引越来越多的国内外游客前来参观考察、旅游观光，丰富×××市旅游内涵，增加旅游收入。同时还可带动地方交通、通信、餐饮、住宿等行业的发展。以后随着旅游配套服务设施的逐步完善，知名度会不断提高，项目主体功能会更突出，特色会更明显，互补性会更强；还可借助旅行社组团，接手各旅游团队客源，旅游市场前景广阔，项目建设有一定的经济效益。

经以上分析论证，该项目选址得当，规模合理，规划科学，建设方案可行，建设条件具备，资金来源可靠，具有较强的可操作性。因此，项目建设具有必要性，技术上具有可行性，经济上具有合理性，同时具有一定的社会效益和经济效益。

二、建议

（1）与本项目相关的工程设施的建设应有计划地组织实施，以保证本项目建设后的正常运行。

（2）建议大力推广新材料、新技术、新产品在工程建设中的应用，做到功能适用、流程科学、经济合理。

（3）要在确保工程质量的前提下，精心组织，科学施工，规范管理，加快进度，力争建成优质工程、精品工程、社会满意的工程。

第三章

PPP 项目可行性研究报告法律法规与文本编制

一、可行性研究报告概述

（一）可行性研究与可行性研究报告

可行性研究是我国于20世纪80年代从国外引进的工程学名词，是工程建设项目投资决策前进行技术经济分析论证的一种科学方法和工作手段。

可行性研究的含义是指通过对项目的主要内容和配套条件，如市场需求、资源供应、建设规模、工艺路线、设备选型、环境影响、资金筹措、盈利能力等，从技术、经济、工程等方面进行调查研究和分析比较，并对项目建成以后可能取得的财务、经济效益及社会环境影响进行预测，从而提出该项目是否值得投资和如何进行建设的咨询意见，为项目决策提供依据的一种综合性的系统分析方法。

可行性研究应具有预见性、公正性、可靠性、科学性的特点，其主要作用是为项目最终决策提供科学的依据，防止和减少决策失误而导致的损失，提高投资效益。做好一系列可行性研究报告是争取项目的关键。

可行性研究报告是从事建设项目投资活动之前，由可行性研究主体（一般是专业咨询机构）对政治法律、经济、社会、技术等项目影响因素进行具体调查、研究、分析，确定有利的和不利的因素，分析项目必要性、项目是否可行，评估项目社会效益和经济效益，为项目投资主体提供决策支持意见或申请项目主管部门批复的文件。

一般来说，我们最常见的两种可行性研究报告为：①政府审批核准用可行性研究报告，用于政府公共投资项目立项审批，由发改委根据可行性研究报告进行核准、备案或批复，决定某个项目实施与否；②融资用可行性研究报告，用于项目的融资贷款或者申请国家政策资金等，由项目方提供给商业银行，帮助其进行风险评估，以便资金的到位。两类报告的编制重点不同，第一类报告侧重项目的社会效益、经济效益和影响；第二类报告侧重项目在经济上是否可行。

（二）PPP项目可行性研究报告

众所周知，PPP项目主要是提供基础设施和公共服务类的项目，诸如道路、桥梁、轨道交通等，普遍具有自然垄断或公共产品的特征。而这些项目通常属于市场配置资源失灵的项目，都具有回收期长、经济效益需要较长的时间才能实现的特点，且具有不确定性。PPP项目毋庸置疑属于政府公共投资项目的范畴，采用了PPP模式来采购，而不是传统的政府投资方式。根据世界银行的做法，在政府公共投资决策阶段，PPP项目的识别筛选要解决至少四个问题。①项目本身是否合理、是否有意义？也就是项目是否满足项目评价标准，比如技术上的可行性和经济分析的合理性。不管该项目采取什么样的投资方式，都必须要考虑这个问题。②该项目在商业上对于市场有多大的吸引力？③如果这个项目以PPP的模式完成，相比于传统投资方式是否物有所值？④该项目财政是否能够承受？

对以上四个问题的考虑，其实就是项目的可行性分析、PPP商业可行性分析、PPP模式的物有所值评价和财政承受能力评价。从内在逻辑来看，PPP项目的可行性研究最根本的是该项目的可行性。在此前提下，才能探讨采取何种投资方式更有效率，即物有所值和政府财政能否承受这两个问题。这两个问题是下一个层级项目具体实施层面的问题，但是这两个层级的问题从整体上来说，都是事关PPP项目可行性的问题，是紧密相连，不能分开的。

作为PPP发源地的英国，不管是基础设施项目，还是公共服务项目，所有的项目都采用经济费用效益分析或经济效果分析，即可行性研究，来检测项目的可行性。近20年来，才在PPP/PFI[①]模式当中使用了“物有所值”工具，作为在项目可行性研究分析基础上对于项目投资方式的一个补充分析测试，来判断到底是采用传统的投资方式，还是采用PPP模式。项目本身的可行性研究分析是项目决策的关键，而物有所值不能替代可行性研究分析。2015年7月，英国财政部网站公布，“物有所值”已经成为定性评价，且不单独作为项目是否应采用PFI模式的评判标准。

在我国借鉴国外经验所实施的项目可行性研究中就有专门关于项目实施的环节。物有所值和财政承受能力论证作为PPP项目投资决策分析框架中的一部分，从某种意义上来讲，也是可行性研究内容的范畴，是公共项目可行性研究在采购实施环节的深化和细化。

二、法律相关规定

2014年11月29日，财政部发布了《关于印发政府和社会资本合作模式操作指南（试行）的通知》（财金〔2014〕113号）。在该通知所附

① PFI（Private Finance Initiative），私人融资活动。

PPP操作流程图中，在项目识别环节虽然没有放入可行性研究的步骤，但在项目识别的正文中明确指出：PPP项目由政府或社会资本发起，以政府发起为主；政府部门从国民经济和社会发展规划及行业专项规划中的新建、改建项目或存量公共资产中遴选潜在的项目；社会资本以项目建议书的方式向有关政府主管部门推荐潜在的PPP项目；财政部会同行业主管部门对潜在的PPP项目进行评估筛选，确定备选项目；财政部门根据筛选结果制订项目年度计划和中期开发计划。文中还明确规定对于列入年度开发计划的项目，项目发起方应按财政部门的要求提交相关资料，新建、改建项目应提交可行性研究报告等。而存量项目虽没有提及要提交可行性研究报告，但需要提交的初步实施方案当中，就涵盖了可行性研究的主要核心内容，这可视为PPP备选项目在不需要建设环节的特殊情况下，物有所值评价和财政承受能力评价资料申报的可行性研究的简化版本。由此可见，虽然在财政部的PPP操作流程图中没有明确可行性研究的步骤，但是在正文中明确了在两个评价之前，需要做好可行性研究，并向政府主管部门提交可行性研究相关资料作为申报两个评价的基础性材料。这与PPP项目的公共投资决策的内在逻辑是一致的，也是符合国际上的通行做法。这与国家发改委的基本建设程序也是相衔接的，只是需要更加明示而已。

在PPP推进过程中，针对项目落地率低、相关法律法规缺失、民间资本观望踌躇等问题，2016年5月30日，财政部会同发改委发布了《关于进一步共同做好政府和社会资本合作（PPP）有关工作的通知》（财金〔2016〕32号），提出在大力推广PPP模式中，需要重点关注的七项目标工作，以保持PPP模式持续健康发展。七项目标要求之一，就是要扎实做好PPP项目前期工作，加强项目可行性研究，充分论证、科学决策，确保合理有效地提供公共产品或服务。这与财政部《关于印发政府和社会资本合作模式操作指南（试行）的通知》（财金〔2014〕113号）

文件中要求项目发起方应提交可行性研究报告，保持一致。这充分说明在推广PPP模式中，编制项目可行性研究报告是极为重要的一个基础工作。

2016年10月24日，《国家发展改革委关于印发〈传统基础设施领域实施政府和社会资本合作项目工作导则〉的通知》（发改投资〔2016〕2231号）中，该导则第十条规定：政府投资项目的可行性研究报告应由具有相应项目审批职能的投资主管部门等审批；可行性研究报告审批后，实施机构根据经批准的可行性研究报告有关要求，完善并确定PPP项目实施方案。另外，导则第九条规定：为提高工作效率，对于一般性政府投资项目，各地可在可行性研究报告中列入PPP项目实施专章，内容可以适当简化，不再单独编写PPP项目实施方案。

三、项目可行性研究报告的重要意义

从PPP项目全生命周期角度看，关键环节有四个：一是PPP的前期论证环节；二是社会资本的进入环节；三是PPP项目执行环节；四是社会资本退出环节。做好四个环节的工作，PPP项目就基本上取得成功，而最基础的环节就是前期论证环节。

具体来讲，前期论证是PPP项目取得成功的奠基环节。在这一阶段，需要清晰构建PPP模式，约定权利、义务和责任；需要全面地、科学地和公平地进行风险分配和风险处置方式，合理设计PPP投资者风险利益机制；需要明确政府监管方案和支持措施；需要研究PPP项目执行中项目变更、法律政策调整、违约、争议等事项的处理方式。

前期论证越深入、越全面、越科学，项目成功的可能性越大。前期论证工作最基础的环节就是编制可行性研究报告。可行性研究报告是对项目的市场前景、项目建设规模、工艺路线、设备选型、环境影响、资金筹措等方面进行研究，从技术、经济、工程的角度对项目进行调查研究和分析比较，在此基础上进行报告的编制工作，为项目决策提供咨询意见。此项工作是确定建设项目之前具有决定性意义的一项工作，是对拟建项目进行全面技术经济分析的科学论证工作，可为投资决策提供正确的依据。尤其是在PPP模式中，需要政府方和社会资本方既从社会管理者角度，又从投资所有者的角度去审核投资项目，也就是建什么，怎么建，资金怎么来，怎么回报，邀请第三方专业机构从中立的角度进行前期论证，以保持项目的独立性和公正性。可行性研究报告编制的优劣将直接关系到整个项目建设的盈利能力，甚至关系到PPP项目的最终成败。

编制PPP项目可行性研究报告是推广PPP模式中极为重要的一个工作步骤，它要决定投资项目的具体建设规模、项目方案、建设方式，决定采用什么建设形式和建设标准，以及决定建设哪些主体工程和配套工程、建设进度安排、资金筹措等事项，其中任何一项决策的失误，都有可能导致投资项目的失败。在如今激烈的市场竞争环境下，任何选择都具有一定的风险，因此，编制PPP项目可行性研究报告是建设项目的首要环节和重要方面，对投资建设项目能否取得预期的社会效益和经济效益起着关键作用。可行性研究报告应具有预见性、公正性、可靠性、科学性的特点。

PPP项目可行性研究相较传统可行性研究的重难点体现在以下五个方面：一是PPP项目可行性研究考虑公共项目融资成本；二是PPP项目可行性研究针对打包项目进行全面咨询服务；三是PPP项目可行性研究为是否采用PPP模式提出指导意见；四是PPP项目可行性研究重视运营维护成本的测算；五是PPP项目可行性研究提供未来市场分析和盈利预测。

四、项目可行性研究报告的编制

PPP项目作为政府公共投资项目，其可行性研究报告既要具备政府审批核准用可行性研究报告的一般要求和内容，又要具有自己特殊的一面。在可行性研究过程中，咨询机构应根据项目的特点，合理确定可行性研究的范围和深度，应按照下列步骤开展咨询工作：①了解业主意图；②明确研究范围；③组成项目小组；④搜集资料；⑤现场调研；⑥方案比选和评价；⑦编写报告。

（一）可行性研究的依据和一般要求

1.可行性研究的依据

一个拟建项目的可行性研究，必须在国家有关的规划、政策、法规的指导下完成，同时，还必须要有相应的各种技术资料。进行可行性研究工作的主要依据主要包括：①国家经济和社会发展的长期规划，部门与地区规划，经济建设的指导方针、任务、产业政策、投资政策和技术经济政策以及国家和地方的法律法规等；②经过批准的项目建议书和在项目建议书批准后签订的意向性协议等；③由国家批准的资源报告，国土开发整治规划、区域规划和工业基地规划，对于交通运输项目建设需要有关的江河流域规划与路网规划等；④国家进出口贸易政策和关税政策；⑤当地的拟建厂址的自然、经济、社会等基础资料；⑥有关国家、地区和行业的工程技术，经济方面的法令、法规、标准定额资料等；⑦由国家颁布的建设项目可行性研究及经济评价的有关规定；⑧包含各种市场信息的市场调研报告。

2. 可行性研究的一般要求

可行性研究工作对于整个项目建设过程乃至整个国民经济都有着非常重要的意义，为了保证可行性研究工作的科学性、客观性和公正性，有效地防止错误和遗漏，在可行性研究过程中，必须站在客观公正的立场进行调查研究，做好基础资料的收集工作。对于收集的基础资料，要按照实际情况进行论证评价，如实地反映客观经济规律，从客观数据出发，通过科学分析，得出项目是否可行的结论。可行性研究报告的内容深度必须达到国家规定的标准，基本内容要完整，应尽可能多地占有数据资料，避免粗制滥造，搞形式主义。在做法上要掌握好以下四个要点。

- 先论证，后决策。
- 处理好项目建议书、可行性研究、评估这三个阶段的关系，哪一个阶段发现不可行都应当停止研究。
- 要将调查研究贯彻始终。一定要掌握切实可靠的资料，以保证资料选取的全面性、重要性、客观性和连续性。
- 多方案比较，择优选取。对于涉外项目，或者必须与国外接轨的项目，可行性研究的内容及深度还应尽可能与国际接轨。

为保证可行性研究的工作质量，应保证咨询设计单位足够的工作周期，防止各种原因的不负责任、草率行事。具体工作周期由委托单位与咨询设计单位在签订合同时协商确定。

（二）可行性研究报告的主要内容

可行性研究报告的主要内容包括：总论，项目建设必要性分析，项目市场分析，生产规模的确定，建设条件分析与结论，技术条件分析与结论，财务数据估算，财务效益分析，不确定性分析，国民经济效益分析，社会效益分析，结论与建议等。其各部分的具体内容及编制方法如下。

1.总论

总论分为以下四个部分。

- 项目提出的背景和依据。项目提出的背景是指项目是在什么背景下提出的，包括宏观和微观两个方面，也就是项目实施的目的；项目提出的依据是指项目依据哪些文件而成立的，一般包括项目建议书的批复、选址意见书及其他有关各级政府、政府职能部门、主管部门、投资者的批复文件和协议（或意向）等，以考查该项目是否符合规定的投资决策程序。
- 投资者概况。包括投资者的名称、法定地址、法定代表人、注册资本、资产和负债情况、经营范围和经营概况（近几年的收入、成本、利税等）、建设和管理拟建项目的经验，以考查投资者是否具备实施拟建项目的经济技术实力。
- 项目概况。包括项目的名称、性质、地址、法人代表、占地面积、建筑面积、覆盖率、容积率、建设内容、投资和收益情况等，以使有关部门和人员对拟建项目有一个充分的了解。
- 可行性研究报告编制依据和研究内容。编制依据是指可行性研究报告是依据哪些方法、文件和其他信息资料编制的，一般包括有关部门颁布的关于可行性研究的内容和方法的规定、条例，关于技术标准和投资估算方法的规定，投资者已经进行的前期工作和办理的各种手续，市场调查研究资料，投资者提供的其他有关信息资料等。研究内容是指可行性研究从哪几个方面进行研究，一般来讲，可行性研究从市场、资源、技术、经济和社会等五大方面进行。具体来讲，研究内容包括建设必要性分析、市场研究、生产规模的确定、建设和生产条件分析、技术分析、投资估算和资金筹措、财务数据估算、财务效益分析、不确定性分析、国民经济评价、社会评价、结论与建议等。

2.项目建设必要性分析

项目建设必要性从两个方面进行分析，即宏观必要性分析和微观必要性分析。宏观必要性分析包括：项目建设是否符合国民经济平衡发展和结构调整的需要，项目建设是否符合国家的产业政策。微观必要性分析包括：项目产品是否符合市场的要求，项目建设是否符合地区或部门的发展规划，项目建设是否符合企业战略发展的要求，能否给企业带来效益。

3.产品市场分析与结论

产品市场分析是指对项目产品供求关系的分析。通过科学的方法预测项目产品在一定时期的供给量和需求量，并对供给量和需求量的关系进行定量和定性分析，最后得出结论，即项目产品是否有市场。

4.生产规模的确定

首先分析决定拟建项目生产规模的因素，然后依据这些因素，用科学的方法确定项目的生产规模，并分析拟建项目的规模经济性。

5.建设条件分析与结论

项目的建设条件主要有：物质资源条件，即自然资源（如金属矿、煤矿、天然气等）条件、原材料和动力条件；交通运输条件，主要指厂外的交通运输情况；工程地质和水位地质条件；厂址条件和环境保护条件；等等。建设条件分析主要是分析资源条件的可靠性、原材料供应的稳定性、动力供应和交通运输条件的保证性、厂址选择的合理性、环境保护的可行性。

结论是对建设条件总的评价，即资源是否合理，能否充分和有效利用；原材料来源渠道是否畅通，供应是否能保证及时和稳定，价格是否基本合理；燃料和动力是否有保证，是否可以节约使用；交通运输是否经济合理，同步建设投资是否落实；厂址的选择是否有利于生产、销售，是否方便生活，是否经济合理；“节能减排”有无相应的措施，能否满足有关部门的要求；工程地质和水文地质的资料是否可靠；等等。

6.技术条件分析与结论

技术条件包括拟建项目所使用的技术、工艺和设备条件。技术分析包括技术的来源、水平；工艺分析包括工艺过程、工艺的可行性和可靠性；设备分析包括设备的询价、先进程度和可靠性。技术条件分析的结论是：所用技术是否先进、适用、成熟，有无必要从国外引进；工艺是否科学合理，有无改进的可能；设备是否先进，是否可靠，是国内制造还是从国外引进。

7.财务数据估算

财务数据是财务效益分析和国民经济效益分析的原始数据，是指在现行的财税制度下，用现行价格计算的投资成本、产品成本费用，销售收入、销售税金及附加，利润及利润分配等。投资成本估算包括投资估算与资金筹措方案等（在可行性研究报告中，往往把投资估算与资金筹措专门作为一部分来安排）；产品成本费用估算包括产品的生产成本和期间费用的估算；销售收入、销售税金及附加估算包括项目产品的销售收入、增值税、消费税、营业税、城乡建设维护税、资源税和教育费附加的估算；利润及利润分配估算包括所得税的计算、税后利润的分配比例和顺序安排等。

8.财务效益分析

财务效益分析是根据财务数据估算的资料，编制一系列表格，计算一系列技术经济指标，对拟建项目的财务效益进行分析和评价。评价指标有反映项目盈利能力和清偿能力的指标。反映项目盈利能力的指标包括动态指标和静态指标，动态指标包括财务内部收益率、财务净现值、动态投资回收期等；静态指标包括投资回收期（静态）、投资利润率、投资利税率、资本金利润和资本金净利润率等。反映项目清偿能力的指标包括借款偿还期和“财务三率”，即资产负债率、流动比率和速动比率。

在进行财务效益分析时，可以对上述指标进行选择，可以计算出全部指标，也可以选择其中的一部分指标，但一般情况下，要选择财务内部收益率、投资回收期、借款偿还期（如果有建设投资借款的话）等指标。如果是属于出口或替代进口的拟建项目，财务效益分析还要进行外汇效果分析，即计算财务外汇净现值、结汇成本或换汇成本等指标，用以反映项目的财务外汇效益。

在财务效益分析中，计算出的评价指标要与有关标准或规定，或历史数据、经验数据值进行比较，以判断项目的盈利能力和清偿能力，确定项目财务的可行性。

9.不确定性分析

不确定性分析用来判断拟建项目风险的大小，或者说用来考查拟建项目的抗风险能力。进行可行性研究，一般要进行盈亏平衡分析和敏感性分析，有时根据实际情况也用概率分析方法。盈亏平衡分析是一种静态分析方法，主要是通过计算盈亏平衡时的产量和生产能力利用率来考查拟建项目适应市场变化的能力和抗风险能力。敏感性分析是通过对拟建项目经济效益影响比较大的因素（如产品价格、经营成本、建设投资、建设周期等）的变化给评价指标所带来的变化，考查哪些因素对拟建项目经济效益影响最大和拟建项目的抗风险能力。

10.国民经济效益分析

国民经济效益分析是站在整个国民经济角度来考查和分析拟建项目的可行性。一般地，凡是影响国民经济宏观布局、产业政策实施，或生产有关国计民生产品的大中型投资项目，都要求进行国民经济效益分析。

国民经济效益分析的关键：一是外部效果（外部效益、外部费用，也叫间接效益和间接费用）的鉴别和度量；二是对不合理的产出物和投入物的现行价格进行调整，调整成影子价格①。

11.社会效益分析

社会效益分析是比国民经济效益分析更进一步的分析，它不但考

① 影子价格，又称最优计划价格或计算价格，它是根据一定原则确定的，能够反映投入物和产出物真实的经济价值、市场供求状况、资源稀缺程度，它是使资源得到合理配置的价格。影子价格反映了社会经济处于某种最优状态时的资源稀缺程度和对最终产品的需求情况，有利于资源的最优配置。

虑经济增长因素，还考虑收入公平分配因素。它是站在整个社会的角度分析、评价投资项目对实现社会目标的贡献。

社会效益分析的关键是价格调整，即把效率影子价格调整为社会影子价格。社会影子价格=效率影子价格+收入分配影响。而社会影子价格的确定关键是分配权数的估算。分配权数包括积累和消费分配权数、地区之间的分配权数。另外，社会效益分析还要在社会折现率的基础上通过计算确定折算率。社会效益分析所用的指标是社会内部收益率和社会净现值。

一般的拟建项目不要求进行社会效益分析，只是那些对社会公平分配影响很大的大型投资项目才要求进行社会效益分析。

12.结论与建议

结论与建议由两部分组成：一是拟建项目是否可行或选定投资方案的结论性意见，二是问题和建议。主要是在前述分析、评价的基础上，针对项目所遇到的问题，在可行性研究报告中提出了一些建设性的意见和建议。如果这些问题不予以解决，项目则是不可行的。拟建项目的问题可分为两大类：一类是在实施过程中无法解决的,另一类是在实施的过程中通过努力可以解决的。这里讲的问题是指后一类，建议也是针对后一类问题提出来的。

项目的问题和建议包括政策和体制方面的问题和建议。拟建项目的资源、经济等方面的分析和评价都与一定时期的政策和体制有关，如资源开发、投资、价格、税收等无不受制于国家的矿产资源开采政策、投资政策、价格政策和税务政策；项目产品的销售、物料投入的来源、厂址选择等无不受制于国家的经济管理体制。如果这些政策是灵活的、可以变通的，体制是可以改革的，可行性研究人员可在问题和建议中提出影响项目可行的政策和体制方面的问题，并根据项目的特点和要求，提出合理的改进意见。

项目的问题和建议还包括项目本身的问题和解决措施，如销售渠道的选择、资金筹措方案、出口比例的确定、贷款偿还方式等。

上述可行性研究的内容，适应于不同行业各种类型的投资项目。我国目前缺乏对各类投资项目可行性研究的内容及深度进行统一规范的方法，目前各地区、各部门制定的各种可行性研究的规定，基本上是根据工业项目可行性研究的内容为主线制定的，并且基本上是按照联合国工业发展组织制定的《工业可行性研究编制手册》为蓝本来编写的。我国目前急需一个各行业通用的、对可行性研究的内容及深度提出共性要求的统一规定，以规范整个可行性研究工作，避免目前的各种非工业项目可行性研究都要参照工业项目的尴尬局面。

一般项目可行性研究的内容，均应设专章论述投资必要性、技术可行性、财务可行性、组织可行性和风险分析的内容。对于工业项目，应设多个章节对原材料供应方案、厂址选择、工艺方案、设备选型、土建工程、总图布置、辅助工程、安全生产、节能减排措施等技术可行性的各方面内容进行研究。对于非工业项目，应重视项目的经济评价和社会评价，重点评价项目的可持续性和社会经济环境影响。

（二）PPP项目可行性研究报告的特殊要求

如前所述，PPP项目前期论证工作最基础的环节就是编制可行性研究报告。可行性研究报告是从社会、经济、工程的角度对项目进行全方位的分析论证，具体内容包括（但不限于）项目背景、建设内容规模、工艺路线、环境影响、节能评估、资金筹措、盈利情况等。通过以上内容为项目投资者决策提供依据与建议，尤其是在PPP模式中，咨询机构需要以项目的可行性研究报告为依据，站在政府方与社会投资者的中立角度去审核投资项目，以保持项目的独立性与公正性。

可行性研究报告为项目立项、PPP项目筛选识别必不可少的材料。可行性研究报告编制的优劣将直接关系到PPP项目最终成败，其重要性可见一斑。这充分说明在推广PPP模式时，编制项目可行性研究报告是极为重要的一项工作。

对于PPP项目，作为社会投资者，更关心的是项目的收益情况；而作为政府方，更关注项目的实施可以带来更多的社会效益。这就需要咨询机构在实施方案中进行详细的项目测算以及风险分析、规避。因此，项目可行性研究报告就需要兼顾上述二者的侧重点，为PPP项目的实施奠定良好的基础。在可行性研究报告中需要着重体现下列内容。

1.项目的必要性与可行性分析

不管项目采取什么样的投资方式，所有投资的项目都必须要做可行性分析，这个分析是在项目被识别为潜在的PPP项目之前。可行性研究报告需要着重描述政府投资的必要性，项目建设是否符合国家政策，建设项目是否对当地社会、经济起到积极作用。同时，要收集相关的政策、法律、资金支持，以及本项目以PPP模式实施的政策优惠，为本项目的建设实施争取尽可能多的便利优惠。

2.建设项目在商业上对于市场的吸引力

这是报告中最核心的，也是最能吸引社会资本的内容。需要项目组驻场、走访、收集当地较为准确的市场数据（人工工资、建筑材料价格、水电等运营成本的单价、当地建设行业的行情），整理出贴合实际的市场数据、预估收入、运营成本等数据，分析测算本项目的未来收益，保证建设项目以最小的投资换取最佳经济效果的科学方法，为项目投资者决策提供建议。

3.项目对于当地财政压力的测算

财政承受能力论证和物有所值评价作为PPP项目投资决策分析框架中的一部分，从某种意义上来讲，也是可行性研究内容的范畴，是公共项目可行性研究在采购实施环节的深化和细化。在做可行性研究阶段就要收集整理当地的财政收入支出数据，对于没有营业收入或者营业收入不足以弥补运营成本的公益性项目，要从项目运营的财务可持续性角度，分析、研究政府提供补贴的方式和数额，给社会投资者投资决策提供依据。政府财政的支持对于社会投资方的吸引是很关键的。

4.对于本项目能否采用PPP项目提出指导意见

在项目最前期的时候，可行性研究报告包罗了项目的种种信息，它决定了投资项目的具体建设规模、项目方案、建设方式，决定了采用什么建设形式和建设标准，以及决定了建设哪些主体工程和配套工程、建设进度安排、资金筹措、还本付息等事项。综合上述信息，经过一系列的财务模型，咨询机构可以在报告中为项目提出指导意见，并罗列出相关依据，供投资者参考。

（三）咨询机构在可行性研究中的主要工作

下面重点以工业项目为例，介绍咨询机构在可行性研究中应承担的主要工作。

1.市场分析和营销战略研究

市场分析和营销战略是可行性研究的前提，是投资的目标、范围、规模、工艺技术、厂址选择的关键。通过市场分析，制订销售规划和营销战略，发现新的市场机会，是咨询机构在可行性研究中的重要工作内容。

（1）**市场分析**。市场分析是对有关产品市场及市场环境状况进行系统的分析和评价，主要包括市场细分、消费行为研究、竞争力分析、竞争性产品和销售策略研究，以及它们之间相互依存关系的研究、产品寿命周期分析，有关的社会因素、生态因素和经济因素的影响分析。对于非生产性（非工业）项目，市场分析主要是对经济发展和社会发展的需求分析，如交通项目主要分析社会发展对运输量、运输方式等方面的要求。对于生产性项目，市场分析的主要目的是：发现和寻求市场需要的新产品，发掘新产品和现有产品的新用途，发掘潜在的市场，研究消费者和竞争者的动向，分析市场容量及预测市场的增长率，研究公司的市场销售和推广战略。市场分析必须了解项目的产品、副产品的数量和质量，以及在工艺和地区上的制约因素。常用的需求预测方法有趋势外推法、消费水平法、消费系数法（或最终用途法）、领先指数法、回归分析法、消费者访问法等。

（2）**营销战略**。可行性研究应根据项目的目标及投资和财务决策的原则，提出以适当的销售研究为基础的销售设想。销售设想应当包括销售的战略范围和实际范围、销售手段、销售数量及价格、销售网络、销售计划和费用预算。确定项目营销战略的目的是研究达到项目目标所需的方法和活动，如产品新颖、成本低廉、品质高贵、富有特色、提高市场占有率等。确定项目营销战略的要点是：对市场结构目标的评价，顾客分析和市场划分；销售渠道和营销网络分析；竞争力分析；社会经济环境分析、销售预测、市场前景和风险分析。在确定营销战略的基础上，确定项目的产品方案和生产规模，预测销售收入，估算销售费用。

2.建设条件和厂址选择

（1）**原材料供应等建设条件**。生产所需的基本原材料的来源、成本及供应的稳定性是决定项目规模和经济效益的关键因素之一。因此，可行性研究必须详细分析所需的材料和投入物的来源、数量、质量、供应年限、成本，以及运输方式、运输能力和运输费用，必要时还要进行多方案的分析。

原材料的选择取决于项目的技术要求及原材料供应市场的状况。通过分析原材料的需求量、来源、成本和风险等关键问题，根据生产规模和工艺技术指标，划分原材料的种类，确定需要量，研究可能的来源并进行费用估算。另外，其他一些因素也不能忽视，如资源的枯竭、污染问题以及项目目标（如最大限度地降低供应风险和投入物的成本等）。

可行性研究中还要考虑燃料、运输、社会文化、政策、法律环境等其他建设条件。

（2）**厂址选择**。厂址选择是否合理直接影响到整个项目的成败。项目前期的各阶段都会涉及厂址问题：投资机会研究阶段仅从地理上大致考虑厂址的位置；预可行性研究阶段是选点，即按照建厂条件，选定一个合适的地区；在可行性研究阶段则应是定址，即通过现场地质勘探，收集分析水文、气象、地质资料，具体确定项目所在的地址。

可行性研究阶段的厂址选择，包括对建厂地区、厂址和环境等方面的分析评价。考虑的因素主要包括：

- 自然环境、地理条件和项目的要求；
- 评价项目对生态环境的影响；
- 当地社会经济环境、鼓励或限制政策以及地方发展规划；
- 基础设施条件，如水、电、气供应，交通通信、“节能减排”等；
- 项目发展和营销战略。

厂址选择要分析厂址对建设投资和生产成本的影响，包括土地费用、建筑工程、厂外工程等。通过建设投资的比较，对厂址方案进行优选。

3.工艺技术方案

（1）工艺技术方案的设计及评价。在可行性研究过程中，应根据产品的质量、品种要求及原材料等特点，结合“节能减排”的排放标准等生态和环境要求，根据先进性、可靠性及经济性的要求，对各种工艺技术路线进行设计和选择。可行性研究阶段的工艺技术方案设计，主要是概念设计，相当于我国目前的“初步设计”，即提出工艺技术设计初步方案，并对工艺路线的技术方案进行评价。设计及评价的原则包含以下方面。

- 先进性原则：采用的技术在产品水平、工艺水平和装备水平三方面都具有先进性。
- 适应性原则：采用的技术要考虑符合建厂国家和地区的资源条件，适合当地的人才素质；技术层次要适合当地经济技术发展的实际水平。
- 安全可靠性原则：采用的技术应是成熟、可靠、安全的，对操作人员和环境没有危害或不利影响。
- 法规适应性原则：采用的技术应不违反当地政府法律规定、发展规划及有关政策。

技术评价的主要方法有：对比表格法、价值工程法、综合费用效率法、盈亏平衡点法、设备寿命周期费用法、损益法等。

（2）土建工程。土建工程的内容因项目而异，必须与特定的厂址和可能需要的设施相联系。可行性研究应当规划项目有关的土建工程并估算其成本，包括厂址准备及整治、厂房和其他房屋建筑、公用设施、运输、“节能减排”、厂址道路、消防以及其他基础设施。

（3）工厂布置。在确定工艺和生产过程，并最终确定生产设备和投入物清单后，要根据工艺要求和厂址条件，合理布置各个生产车间、公用设施及服务设施，并绘制出以下图表：

- 工厂总平面布置图，说明主要构筑物和建筑物等大型设备，道路、铁路和其他运输设施，以及各种公用工程和服务设施的位置；
- 生产线示意图，说明生产的流程、设备、几何尺寸、位置和空间要求；
- 材料流程图，说明材料流程、公用设施、排放物，以及中间产品和最终产品在工厂内的流程；
- 运输路线图，说明公用设施管线、消耗、联系通信设施的最终实物分布。

4.项目组织与实施计划

（1）项目组织与管理。高效、精简的项目运作组织和合理的人员配备，是保证项目成功实施和运作的重要条件。要根据生产工艺技术特点、设备管理、生产组织和产品市场销售规划，设计出合理的组织机构，并建立相关的管理制度。组织设置主要取决于项目规模、类型、发展策略、政策，以及项目建设期和经营期的需要和条件，并应考虑以下因素：

- 项目和企业的组织机构应以最佳协调和控制全部项目的投入物为目的，保证项目的顺利运作；
- 组织机构的设置构成项目投资和生产成本的一部分，应明确相关费用和成本；
- 组织机构应是动态的，根据项目的发展能够不断地进行调整。

一般工业企业的组织机构可分为三个层次：最高管理层，负责项目长期性计划、预算、协调和控制；中间操作层，负责项目的具体运作，如生产组织、销售、财务管理等；监督管理层，负责监督日常的经营活动。

（2）项目实施计划。项目实施计划编制的目的是确定项目实施的具体时间和进度安排，并分析对工艺技术及财务的影响，以保证项目的顺利实施。实施计划的编制，包括项目进度安排、施工组织等，通常使用条状图来编制项目实施计划。项目实施计划的制订过程，应按每一阶段所需的资源和活动时间，确定各阶段必须执行的工作的类型，确定工作任务的逻辑顺序，考虑完成每项任务需要的时间，编制分时间阶段的实施进度表。

（3）人力资源配置。项目的人力资源配置是确保项目成功实施的关键。可行性研究要提出项目对各种技术、管理人员的需求，包括不同层次的管理监督人员、工程技术人员、熟练和非熟练工人等。在配置人员时，必须充分考虑项目所在国的劳动立法、劳动条件、定额、薪金、保险、职业安全、卫生保健和社会安全等因素。可行性研究对项目不同阶段的人员配置编制定员表，对人力资源的来源进行分析，制订招聘计划和确定外聘专家人数，并制订人员培训计划，进行人力成本估算。

5.环境影响评价

可行性研究应对项目可能产生的环境影响进行全面、综合、系统、实际的评价，这种评价对项目的社会、经济、技术和财务上的可行性往往十分重要。环境影响评价包括项目对周围地区的影响评价，特别是对当地人群、植物群和动物群的影响评价。

（1）环境影响因素评价。环境影响因素评价应以项目所在国的法规、“节能减排”标准为基础进行影响因素的识别和分析，在环境背景调查的基础上，分析项目的实施对当地环境的影响，其主要目的如下：

- 就项目对自然及人类居住地所造成的环境影响后果进行全面的、综合的分析；
- 研究了解项目的各个方案新增的环境影响的范围和程度；
- 把环境保护法规的要求纳入可行性研究中；
- 确定减轻消极的环境影响和增加有利的环境影响的措施；
- 对各种需要进一步研究的环境问题进行分析；
- 对各种环境影响因素进行必要的定性和定量分析研究，确定项目方案在环境方面的主要优缺点。

（2）环境影响的成本—效益评价。成本—效益评价，是根据环境影响经济学的分析原理和方法，对环境影响的可量化部分进行定量分析。分析方法主要采用成本—效益分析模型，如联合国环境开发署的"扩大成本—效益分析检验模型"，采用环境成本和效益的价值化法，通过改善环境的"愿意支付"或对环境退化的"接受补偿"方式，用货币形式表现成本或效益；直接货币法，或"成本节约（成本影响）法"，即以直接调查为基准的方法，如"可能情况支付法""可能情况排序法"；以间接市场为依据的方法，如"享乐定价法"等。

6.社会影响评价

按照世界银行等国际金融组织的要求，在可行性研究阶段应进行项目的社会评价，分析项目为实现国家和地区的社会发展目标所做的贡献及影响，以及项目与社会的相互适应性。主要内容涉及人口、就业、移民安置、公平分配、文化历史、妇女、民族宗教、居民生活水平和质量、社会基础设施等，评价的重点是项目周围社区，同时还应考虑项目对技术进步、节约时间、促进地区和部门发展、改善经济布局和产业结构等的影响。评价指标包括就业效果、收入分配效益、资源节约指标、公平分配、扶贫效果、妇女参与、机构发展和持续性等。我国目前的投资项目前期咨询论证中，还没有将社会影响评价纳入可行性研究的程序和范围。为了与国际接轨，应考虑在可行性研究中加强社会评价工作。

7.财务评价

我国目前的投资项目财务评价，与国外的通常做法存在一定的差距，突出表现在将项目与企业分离开来，将项目的财务评价与整个企业的资本预算、理财活动相分离，按照所谓投资估算、资金筹措、盈利能力分析、债务清偿能力分析的逻辑过程进行分析，突出体现了计划经济时代的理财思路。我国财务评价的内容一般包括以下三个方面。

（1）项目投资现金流量预测。根据有无对比的原则，根据项目的产品方案、建设规模、工艺技术方案等要求，对项目投资可能产生的现金流量进行估算：

- 项目投资估算，包括设备购置、安装、土建工程及其他工程费用，生产前的各种资本支出和流动资产投资；
- 产品销售收入或项目提供的服务营业收入预测；
- 项目在运营期内的各种运营费用和维护费用预测。

根据估算及预测结果，得出投资方案的现金流量。需要指出的是，按照国际通行的财务管理惯例，这里的投资估算不包括“建设期利息”。事实上，建设期利息在这一阶段还不能估算出来。

（2）投资方案财务评价。根据项目投资方案现金流量预测结果，编制固定资产投资估算表、流动资金（周转资金）估算表、主要产出物与投入物价格表、单位产品生产成本表、固定资产折旧表、无形资产及递延资产摊销估算表、经营成本估算表、销售收入及销售税金计算表等辅助报表，并在此基础上编制项目投资现金流量表，计算各年的息税前利润，评价项目投资的财务盈利能力，进行投资决策。目前我国投资方案财务评价中对“区别投资所得税前”财务评价指标的计算，主要是在不考虑折旧、所得税、融资方案等“人为因素”的情况下，分析项目本身所具有的盈利能力，进行拟建项目的投资决策，从项目本身的财务可行性的角度选择投资项目。

（3）融资方案财务评价。对于投资方案财务评价可行的项目，应进一步进行融资方案分析，选择最佳的融资方案。投资方案分析的对象是项目本身，融资方案分析的对象则是项目的融资主体，如果项目的融资主体不是项目本身设立的项目公司，就要对项目所依托的整个企业进行分析。融资方案的分析内容主要包括以下方面。

- 根据融资主体的资产负债结构及信用状况等因素，分析各种可能的融资渠道和融资方式。
- 根据项目本身的盈利能力及整个融资主体的财务状况，分析应采用的财务杠杆水平，进行财务杠杆分析，选择资产负债结构比例及融资方案。
- 根据融资方案，计算融资成本，编制财务计划现金流量表。该表除包含项目投资现金流量的预测结果外，还应包括建设期及生产运营期借款还本付息、股利分配、税收支付等引起的项目融资主体本身完整的财务计划现金流量，从而进行财务可持续性分析。
- 计算所得税后现金流量，评价权益投资的盈利能力及对股东财富增值的影响。
- 进行融资主体的债务清偿能力分析。

8.经济评价

经济评价从资源配置的角度评价项目的费用和效益，分析项目的经济可行性。经济评价把项目的投入物分为可贸易货物、不可贸易货物和其他投入物（包括房屋等）等三类，通过机会成本测算影子价格，通过社会折现率评价并计算项目的净现值和内部收益率等经济评价指标，进行其他方面的经济评价。

财务评价与经济评价的本质区别在于：财务评价是从财务管理、现金收支的角度评价项目，所涉及的是与“金钱”有关的问题；经济评价是从资源配置的角度来评价项目，所涉及的是资源使用是否合理的问题。从广义上讲，财务评价包括宏观和微观两个层次，微观层次的财务评价就是上述投资方案财务评价和融资方案财务评价，宏观层次的财务评价应是从国民经济的角度评价项目对国民收入、GDP等的货币收入贡献及其有关的宏观层次的财务问题。与此对应，经济评价也应包括微观和宏观两个层次，微观层次的经济评价即项目的经济评价，其理论基础是根据微观经济学的有关均衡、支付意愿、消费者剩余、机会成本等理论推导出反映项目所处特定区域的资源“真实经济价值”的影子价格体系，评价项目在特定区域微观层次的资源优化配置状况，一般采用联合国工业发展组织提出的方法和经济合作与发展组织提出的方法。宏观层次的经济评价，应从项目的宏观区域经济影响的角度，重大项目应从整个国民经济的角度，评价项目对影响区域及整个国民经济的资源配置，如对国家经济安全的影响、对提高国际竞争力和发展民族经济的影响、对区域产业结构升级的影响、对培养区域拳头产业的影响、对区域之间经济平衡发展的影响等。

目前我国项目评价的有关文献中，将项目层次的经济评价（主要是侧重于微观经济分析）称之为国民经济评价，不仅是对经济评价方法本身的误解，误导了人们的项目评价实践活动，而且也不利于人们进一步探索如何真正从宏观的、国民经济的层次上对一些重大项目进行全面评价的理论和方法研究。我国目前的项目评价方法体系亟待创新。

9.风险分析

风险是人们在活动中遭遇危险、受损失或伤害的可能性或机会，是人们对不确定性的一种主观的、个人的预见，或偏离预期目标的可能结果。对于一个项目而言，风险管理的目标是为项目的实施创造一个平静的、稳定的环境，降低项目成本，避免损失和浪费，最大限度地减少或消除外部的干扰，使项目顺利投产并效益稳定。在项目决策阶段应考虑的风险包括：投资环境风险、地质风险、设计和技术风险、资源风险、市场风险、原材料风险、布局安全风险、工程建设风险、人力资源风险、资金风险、汇率风险和不可抗力的风险等。在财务评价中，应对各种风险因素对财务评价指标的影响进行不确定性分析和风险分析，包括盈亏平衡分析、敏感性分析、概率分析和决策树分析等。对风险因素应按照一定的方法进行识别，进行风险等级分类，分析风险因素对项目目标的影响，并根据不同类型风险的特点，提出具有针对性的风险规避对策。我国目前的项目前期论证及工程管理过程中缺乏全过程的风险管理规划，为了与国际接轨，提高我国项目投资决策及项目管理水平，在可行性研究阶段必须重视风险分析。

××××PPP项目可行性研究报告

中国中铁四局集团有限公司

（中铁四局）

一、项目基本情况

（一）项目名称

××××PPP项目（以下简称“本项目”）。

（二）项目实施机构与参股机构

本项目由××市政府授权××市财政局作为实施机构，并委托××市城市建设投资（集团）公司（以下简称“××市城投”）作为项目公司参股机构，通过公开招投标方式，确定中铁四局投资运营公司为社会资本投资人。

××市城投成立于2002年9月16日，2004年5月经××市人民政府批准，对原公司进行了重组增资。截止到2011年年底，××市城投注册资本12.96亿元，总资产85.1亿元，净资产47.6亿元，是直属××市政府领导的，具有一级独立法人资格的城建投融资和国有资产运营企业。

（三）项目背景

1.城市背景

××市是安徽省的省辖市，位于安徽省最南端，西南与江西省交界，东南与浙江省为邻，总面积9 870平方千米，人口147.28万。××市境内有着丰富的自然资源与历史人文遗迹，是古徽州地区的主要组成部分，徽派文化源远流长，旅游资源丰富多彩。××市已经逐步发展成为一个以旅游产业为主导的新兴旅游城市。

近年来，××市综合经济实力稳步攀升。2014年实现地区生产总值507.2亿元，按可比价格计算，比上年增长7.9%；全年财政收入90.2亿元，比上年增长11.3%，其中，地方一般预算收入68亿元，增长14.5%。2011—2014年××市GDP及财政收支情况见表3-1。

表3-1 2011—2014年××市GDP及财政收支情况

年度	GDP（亿元）	人均GDP（元）	人均GDP（亿元）	地方一般预算收入（亿元）	公共财政支出（亿元）
2014	507.2	37 450	90.2	68.0	148.7
2013	470.3	34 725	81.0	59.4	136.7
2012	420.9	31 452	76.9	56.3	124.5
2011	378.8	27 966	64.0	45.5	96.2

注：数据来源于××市统计局。

2.建设背景

本项目包括G205国道改建项目与梅林南路项目，建设背景包含以下方面。

G205国道改建项目是中心城区“一环五枝”快速路网的东环和北环部分，南起屯光大道，向北绕行在徽州文化园东侧跨越皖赣铁路，接至徽州区永佳大道，向西延伸至新城区新城大道，与快速西路共同形成环绕××市主城区的一条“环形”快捷通道。新城大道规划为城际快速通道，北连合铜黄高速公路，可达某地风景区，南经王村镇与徽杭高速公路连接。

梅林南路项目是联系黎阳片区、现代产业园与经济开发区、徽州区的快速通道。

改建后的G205国道与梅林南路将形成城市沟通的快捷通道，对于拉开城市框架，完善城市路网，促进“一体化”发展起着重要的作用。

3. 对接情况

2014年12月9日，××市有关领导在合肥市与中铁四局就××市基础设施投资建设进行了良好的沟通，并达成初步合作意向。

2015年3月8日，中铁四局就《××××工程改建与梅林南路PPP项目合作建议方案》向中铁四局投资发展部进行了汇报。

2015年3月11日，中铁四局就《××××工程改建与梅林南路PPP项目合作建议方案》与××市有关领导进行了深入交流与讨论。

2015年3月23日，××市有关领导与中铁四局等在合肥市，就××××工程改建项目、梅林南路项目进一步商讨，形成了会谈备忘录，锁定了部分合作条款。

2015年4月1日，中铁四局再次派员，与××市有关领导、市建委等单位负责人就××市PPP合作备忘录细节进行了沟通。

4. 投资背景

通过多次调研，项目的市场条件、资源条件、技术条件、环境条件、社会条件、施工条件以及外部配套条件、投资环境相对较好。参与本项目投资的主要背景如下。

- 具有良好的合作关系。目前，中铁四局在××市设有中铁旅游公司，并开发了“中铁滨江名邸”房地产项目，参与建设了京福高铁与黄杭高铁等许多大型工程项目，资金实力和建设管理能力得到××市政府的高度认可。××市政府对中铁四局参与本项目的投资建设尤为重视。
- 投资返还资金有保障。××市近几年经济发展迅速，GDP与政府财政收入呈逐年增长的趋势。××市财政局同意将本项目的“政府补贴”费用纳入中长期财政规划和跨年度财政预算，报××市人民代表大会审批，并出具相关证明文件，为本项目实施提供了有力的保障。

- 市场发展的需要。在国家政策支持下，当前各级政府大力推广PPP投融资模式，全国已公布的PPP项目投资规模已达万亿元。本项目为市政道路，属于纯公益性的PPP性质，如在风险可控的情况下成功实施，具有示范作用。

（四）项目前期进展情况

本项目前期工作进展情况如下。

1.G205国道一期、二期

已完成立项、可行性研究（水土保持、地质灾害、环境影响评价、林地报批、土地规划调整和基本农田核减）、施工图设计及施工图审查等前期工作，土地报批已上报安徽省人民政府。

2.G205国道三期

已完成立项、可行性研究（水土保持、地质灾害、环境影响评价、林地报批、土地规划调整和基本农田核减）等前期工作，初步设计正在编制。土地报批已进入审核阶段。

3.梅林南路

已完成项目建议书和可行性研究报告编制，勘察设计单位已明确，征地、拆迁统计工作已完成。正申请立项、土地组件报批及安置区的规划设计等工作，其中迁坟工作先期启动。

二、工程概况

本项目为××市基础设施建设投资项目，包括G205国道（一期、二期、三期）改建项目与梅林南路项目，两者作为一个项目分期分批实施。本项目位置及路线图如图3-1所示。

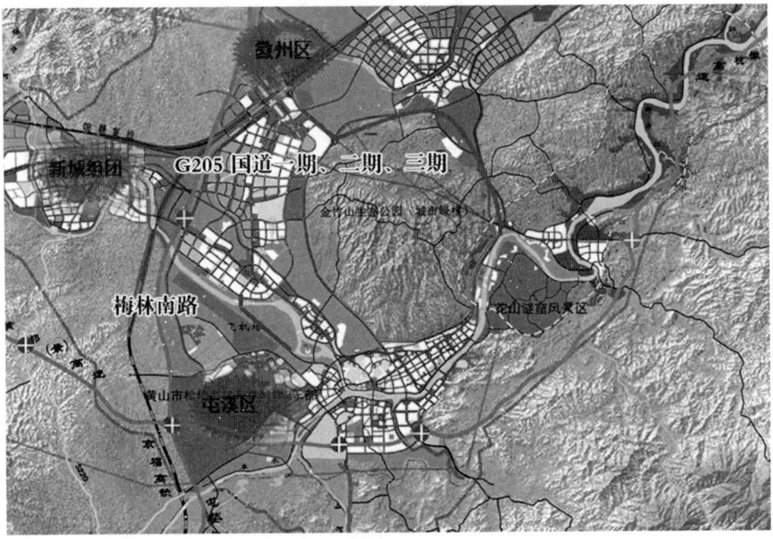

图3-1 本项目位置及路线图

其中，G205国道一期、二期，施工图设计已完成。一期、二期全长约10.5千米，双向六车道，为城市主干路，设计速度60千米/小时。一期、二期路幅宽45米，道路标准横断面布置为：3.0米（人行道）+5.0米（非机动车道）+2.5米（机非分隔带）+24米（机动车道）+2.5米（机非分隔带）+5.0米（非机动车道）+3.0米（人行道），总宽45.0米。G205国道三期，目前仍在初步设计阶段。三期全长约2.42千米（其中新城大道段长1.81千米，梅林大道段长0.61千米），路幅分布：24米（机动车道）+4.5米×2（绿化带）+5.5米×2（非机动车道）+4米×2（人行道），全宽52米。共2座小桥，13座涵洞。

梅林南路全长约3.3千米，一座跨河桥，长100米，一座2米×2米箱涵，路幅分布：22米（机动车道）+3米×2（绿化带）+3.5米×2（非机动车道）+2.5米×2（人行道），全宽40米。

本项目基本情况见表3–2。

表3–2　本项目基本情况　单位：万元

序号	项目名称	起讫点	建安费用	前期费用	总投资
1	G205国道一期	篁墩—择树下	24 007	6 002	30 009
2	G205国道二期	古岩寺—黄源东	29 365	7 341	36 706
3	G205国道三期	黄源东—九亩段	12 056	3 014	15 070
4	梅林南路	梅林大桥—迎宾大道	11 245	2 811	14 056
合计			76 673	19 168①	95 841

三、合作模式

本项目采用PPP模式实施，××市政府授权××市城投为政府代表，通过公开招投标方式，确定中铁四局投资运营公司为社会资本投资人，同意引入产业基金，与××市城建共同出资成立PPP项目公司；××市政府授权××市财政局为项目实施机构，与PPP项目公司签订特许经营权协议，以PPP模式负责项目的投融资、建设、维护和养护管理。特许经营期为8年，其中建设期1.5年，维修养护期6.5年，特许经营期满时，项目移交给××市政府或其指定部门。

××市财政局通过“政府补贴”方式将中铁四局（含产业基金）投入的资金及回报、银行贷款及利息、××市城投投入资金、道路养护费用、项目公司管理费用等，分期分批返还至PPP项目公司。整个项目周期为8年，PPP项目公司随项目结束而注销。中铁四局投资运营公司出资的资本金在PPP项目公司注销时清算，其在产业基金投入的资金通过PPP项目公司对外投资购买产业基金份额实现退出。

① 19 168万元前期费用中，××市政府出资6 000万元，实际前期费用为13 168万元。

四、投资建设范围

投资建设范围包括以下内容。

- G205国道一期、二期、三期及梅林南路的道路、桥涵、雨污水管道、电力排管、交通设施、绿化工程等，由PPP项目公司以施工总承包方式委托中铁四局实施。
- 除××市城投出资6 000万元作为前期费用外，项目前期费用还需13 168万元（约占建安工程费的17.1%），由PPP项目公司委托××市财政局包干使用。
- 运营期内道路的管理，包括道路、排水、公共绿地和路灯等公共设施的维修与养护等。

五、合作分工

（一）××市政府负责事项

- 本项目已进入安徽省PPP项目库，××市政府应确保国家发改委批准本项目以PPP模式实施，对项目合法、合规性及政策性风险负责，并按合同约定及时足额出资。
- 负责项目立项批复、工程可行性研究、土地规划、初步设计、征地拆迁、“三通一平”、施工配套与环境协调等前期工作。
- 负责涉及政府层面项目重大问题的协调。
- 项目完工后，组织相关单位进行竣工验收，按合同约定及时足额向PPP项目公司支付“政府补贴”费用。
- 同意将PPP项目公司“政府补贴”收入用于偿还中铁四局（含产业基金）投入的资金及回报、银行贷款及利息、××市城投出资、道路维修养护费用、PPP项目公司管理费用等。

（二）中铁四局（社会资本方）负责事项

- 按合同约定投入资金。
- 负责工程施工总承包，并对工程安全、质量、工期、文明施工负责。
- 有权按合同约定，及时足额收回投资及回报。

六、施工总承包中建安工程费及工程款支付

PPP项目公司成立后，由中铁四局与PPP项目公司签订施工总承包合同。建安工程费确定及工程款支付原则如下。

（一）建安工程费

建安工程费（施工图预算）依据政府方交付的施工图设计文件、《安徽省建设工程工程量清单计价规范（市政工程）》、相应配套市政工程定额和××市造价站发布的编制期材料信息价进行编制，并经双方确认。工程造价依据施工图预算下降幅度在5%以内。

措施项目清单与计价表中的措施费率按国家现行规定取值，如取费标准涉及浮动费率的，取中间值计算。

在建设期内，材料价格与编制期施工图预算同期价格相比，发生变化在8%范围内的，不予调整；超出8%范围的，超出部分根据实际情况进行调整，无信息价的由双方共同向市场询价确定。人工费、机械台班费单价、规费等发生政策性调整时，按照有关规定同步调整；设计变更、工程签证等费用待履行程序后再据实调整。

G205国道一期、二期施工图（除绿化、照明、交通设施外）已完成，G205国道三期和梅林南路正在进行施工图设计，其施工图预算编制比照一期、二期确定的原则执行。

（二）工程款支付

PPP项目公司成立之后，与中铁四局签订施工总承包合同。PPP项目公司按月支付工程进度款，支付比例为90%，审计报告完成后支付到95%，余下5%在质保期满后一次性支付完成。

七、维修与养护

本项目完工后，进入运营期，由PPP项目公司负责道路的维修与养护。项目运营期的维修与养护费用以国家《城镇市政设施养护维修工程投资估算指标》等相关标准作为依据，由××市政府与PPP项目公司协商确定。

八、“政府补贴”费用的组成与确定原则

“政府补贴”费用由××市城投投入的资本金和社会投资人的投资额组成，各项费用的确定原则如下。

（一）××市城投投入的资本金

根据持股比例，需投入项目资本金6 000万元，其中项目公司注册资本金2 000万元、资本公积4 000万元，在特许经营权内，均不计利息及投融资回报，不参与项目公司分红。

（二）社会投资人的投资额

由前期费用、建安费、工程保险费、维修养护费、管理费、利息及投融资回报、双方认可的其他相关费用组成。

- 前期费用：不超过建安费的20%，约1.9亿元，根据工程进度分期投入，由政府包干使用。
- 建安费用：根据安徽省现行市政定额及取费标准编制施工图，

经双方确认后，预算下浮率不超过5%。在建设期内，主要材料价差超出8%部分据实调整，人工费和机械台班费根据国家政策及安徽省配套文件同步调整，设计变更据实调整。

- 工程保险费：由项目公司负责购买签约，费用纳入投资范围。
- 维修养护费：根据国家《城镇市政设施养护维修工程投资估算指标》及××市现行配套文件，由PPP项目公司和××市行政主管部门与道路养护分包单位共同确定，费用纳入投资范围。
- 管理费：由××市财政局与PPP项目公司另行协商确定。
- 利息及投融资回报：根据每笔投入资金额度及占用时间，社会投资人投入资金按央行5年期以上同期贷款基准利率上浮25%计算，银行贷款资金按贷款成本，即央行5年期以上同期贷款基准利率上浮10%计算。其中：项目自有资金和银行贷款以到达PPP项目公司账户时间起算，其他资金以实际发生时间起算。
- 双方认可的其他相关费用：主要指由于国家政策调整，如“营改增”政策等，所引起税费增减部分。

九、“政府补贴”费用的支付

根据“政府补贴”费用组成及确定原则，由××市财政局与PPP项目公司共同计算并确定项目在特许经营期所需的补贴费用，按等额本金方式，自项目交付使用之日起，在6.5年内每半年一次共13次，由××市财政局补贴给PPP项目公司。

十、保障措施

××市政府为整个项目投资提供有效保障，将全部需支付资金列入中长期财政规划，按《中华人民共和国预算法》及《关于印发政府和社会资本合作模式操作指南（试行）的通知》（财金〔2014〕113号）要求纳入合法合规的跨年度财政预算，并经××市人民代表大会批准。

十一、实施方案

（一）项目管理架构

根据项目实施需要，由PPP项目公司与中铁四局签订施工总承包合同。在项目施工过程中，PPP项目公司负责项目投资建设过程中的建设管理、项目投资开发成本（含资金成本）的确认和控制、组织验工计价及统一对外管理与协调等工作。中铁四局授权子（分）公司成立项目经理部，实施项目施工管理，承担该项目的施工管理职责，包括但不限于施工生产、安全质量、工期进度、企业信誉、经济效益等工作。

（二）工程进度安排

G205国道（一期、二期、三期）与梅林南路工程，专业较多（有道路、雨污水、边坡防护、给排水、交通工程、绿化工程、电力排管工程及路灯等），施工交叉作业较多，施工协调工作烦琐，根据工程实际情况，项目计划工期1.5年，计划在2015年7月份开工建设，具体的项目实施进度安排见表3–3。

表3–3　本项目实施进度安排

序号	工作阶段	2015年三季度			2015年四季度			2016年一季度			2016年二季度			2016年三季度			2016年四季度		
		1	2	3	1	2	3	1	2	3	1	2	3	1	2	3	1	2	3
1	路基工程施工																		
2	桥涵工程施工																		
3	排水工程施工																		
4	护坡工程施工																		
5	路面及附属工程施工																		

（三）安全质量控制

项目安全目标：杜绝一般及以上事故的发生；建立健全安全保证体系，贯彻国家有关安全生产和劳动保护方面的法律、法规，严格执行安全生产责任制度、安全生产责任考核制度等相关安全制度；逐级签订安全承包合同，使各级明确自己的安全目标，制定好各自的安全规则，实行全员参与、全面管理、全方位控制。

项目工程质量目标：全部工程达到国家、行业工程质量验收标准及设计要求，确保工程一次验收合格率达到100%；按照国务院颁布的《建设工程质量管理条例》的要求，建立与落实工程质量责任制，严格执行建设程序，强化施工管理，加大施工监督与物料设备质量验收力度，并建立质量保证体系；对实施的主体工程实行质量终身负责制，并承担相应的责任。

安全质量控制：在项目实施过程中，根据国家相关法律、法规规定，股份公司安全质量管理要求、中铁四局安全质量管理要求及红线条款，严格要求各项目经理部执行，并灌输投资项目不同于通常的招投标项目的理念，安全质量要求更高，否则将直接影响到投融资费用的回收；项目具体实施过程中，安全质量执行中铁四局管控、各子（分）公司直接现场指导控制、项目办严格管理的制度，对各种安全质量隐患严格排查，杜绝一切安全质量事故的发生。

（四）竣工验收、移交

项目竣工验收：根据《安徽省房屋建筑工程和市政基础设施工程竣工验收与备案管理规定》，政府方在收到竣工验收报告后28日内组织有关单位进行竣工验收，并在验收后14日内给予认可或提出修改意见。中铁四局按要求修改，并承担其自身原因造成修改的费用。政府方在收到中铁四局送交的竣工验收报告后28日内无正当理由不组织验收，或验收后14日内无正当理由不提出修改意见，视为竣工验收报告已被认可。

项目移交：中铁四局配合政府方在竣工验收合格后10日内向管养单位提交工程管养移交申请，管养单位应在30日内完成工程管养移交工作，并出具移交证书。

十二、投资计划及资金安排

本项目总投资为9.6亿元，建设期为18个月。按照项目建设总工期进度要求和施工组织设计制订的分年、季、月实施进度计划，编制项目建设资金使用计划如下。

- 项目资本金为3亿元，由PPP项目公司股东根据出资比例在正式合同签订后一个月内（PPP项目公司注册时）100%到位。
- 除项目资本金外的项目资金为6.6亿元，根据工程进度，由银行向PPP项目公司提供商业贷款，与项目资本金按7∶3比例分期投入，每一期商业贷款未到位前，项目资本金不能独立先行启动。
- 工程建设资金使用计划按总工期18个月安排，前6个月内投入38 250万元，后12个月投入57 750万元。

本项目建设资金分期使用计划具体见表3-4。

表3-4　本项目建设资金分期使用计划　　单位：万元

序号	年度投资计划		季度投资计划		月度投资计划				资金需求			资金来源		
	年份	投资	季度	投资额	月份	前期费用	建安费用	小计	前期费用	建安费用	贷款利息	项目资本金	建行贷款	小计
1	第1年	38 250	三	17 219	7	3 173		3 173	3 173	0		992	2 181	3 173
2					8	3 173	3 850	7 023	3 173	3 465		2 074	4 564	6 638
3					9	3 173	3 850	7 023	3 173	3 465	105	2 074	4 669	6 743
4			四	21 031	10	3 173	3 850	7 023	3 173	3 465		2 074	4 564	6 638
5					11	3 173	3 850	7 023	3 173	3 465		2 074	4 564	6 638
6					12	3 135	3 850	6 985	3 135	3 465	321	2 063	4 858	6 921

（续表）

序号	年度投资计划		季度投资计划		月度投资计划				资金需求			资金来源		
	年份	投资	季度	投资额	月份	前期费用	建安费用	小计	前期费用	建安费用	贷款利息	项目资本金	建行贷款	小计
7	第2年	57 750	一	16 401	1		5 467	5 467	0	4 920		1 538	3 382	4 920
8					2		5 467	5 467	0	4 920		1 538	3 382	4 920
9					3		5 467	5 467	0	4 920	503	1 538	3 885	5 423
10			二	16 401	4		5 467	5 467	0	4 920		1 538	3 382	4 920
11					5		5 467	5 467	0	4 920		1 538	3 382	4 920
12					6		5 467	5 467	0	4 920	669	1 538	4 051	5 589
13			三	13 398	7		5 698	5 698	0	5 128		1 603	3 525	5 128
14					8		3 850	3 850	0	3 465		1 083	2 382	3 465
15					9		3 850	3 850	0	3 465	824	1 083	3 206	4 289
16			四	11 550	10		3 850	3 850	0	3 465		1 083	2 382	3 465
17					11		3 850	3 850	0	3 465		1 083	2 382	3 465
18					12		3 850	3 850	0	3 465	949	1 083	3 331	4 414
建设期合计		96 000		96 000		19 000	77 000	96 000	19 000	69 300	3 371	27 597	64 074	91 671
19	第3年		一										0	0
20			二							3 850		1 203	0	3 850
21			三											
22			四											
23	第4年		一											
24			二											
25			三											
26			四							3 850		1 203	2 647	3 850

注：银行贷款利息按照央行贷款基准利率上浮10%计算。

十三、资金筹措方案

本项目公司资本金为3亿元。

其中，注册资本1亿元，××市政府出资2 000万元，股权比例为20%；中铁四局出资1 000万元，股权比例为10%；产业基金出资7 000万元，股权比例为70%。

除公司注册资本外的2亿元资本金，由××市政府、中铁四局投资运营公司、产业基金按股权比例以资本公积方式提供，三方出资分别为4 000万元、2 000万元、1.4亿元，产业基金资本公积中由中铁四局提供劣后资金6 950万元。

除项目资本金3亿元外，还需6.6亿元项目建设资金，由PPP项目公司向徽商银行贷款，无须中铁四局提供担保。项目贷款成本为央行5年期以上贷款基准利率上浮10%，贷款宽限期为3年，即第4年开始等额本金还款，其中贷款利息由PPP项目公司每季度支付一次，贷款本金每半年支付一次。

徽商银行为PPP项目公司引入产业基金，作为PPP项目公司股东提供2.1亿元项目资本金，且同意产业基金资金先于银行贷款退出。

十四、退出机制

PPP项目公司获得的每一笔投资返还款（“政府补贴”），部分款项用于偿还银行贷款本金及利息，部分款项通过对外投资购买产业基金份额，用于实现产业基金投入资金（其中33%由中铁四局提供）的退出。

中铁四局投入的注册资本及资本公积在PPP项目公司注销时，按照国家有关规定履行清算程序，获得相应款项。

十五、财务评价

（一）项目施工利润

项目工程建安费用7.7亿元，经测算，施工利润率为18.26%，即中铁四局实现施工利润为14 062万元。

（二）财务评价表

1.基于项目的财务评价

以整个项目9.6亿元投资作为全投资，3亿元项目资本金作为自有资金，财务分析见表3-5、表3-6。

表3–5　基于项目的财务分析基础参数

序号	项目名称	参数或指标	备注
1	工期	1.5 年	
2	支付期	6.5 年	
3	总投资（万元）	96 000	项目资本金 3 亿元，银行贷款 6.6 亿元
4	融资利率（银行贷款）（%）	6.22	5 年期以上贷款基准利率上浮 10%
5	项目资本金支付利率（%）	7.06	5 年期以上贷款基准利率的 1.25 倍
6	施工利润率（暂定）（%）	18.26	
7	营业税及附加（%）	3.45	
8	所得税率（%）	25	
9	项目管理费（万元）	420	每年

表3–6　基于项目的财务评价指标

序号	指标名称	指标值	说明
1	修正的项目全部投资内部收益率（%）	8.26	大于 8
2	财务净现值（万元）	9 562	大于 0
3	项目全投资回收期（年）	5.93	含建设期
4	投融资管理费收益（万元）	1 748	
5	施工利润（万元）	14 060	

2. 基于投资人角度的财务评价表

从投资人角度出发，中铁四局及其引入的产业基金共同出资2.4亿元为股权投资。具体财务分析见表3–7、表3–8。

表3–7 基于投资人角度的财务分析基础参数

序号	项目名称	参数或指标	备注
1	工期（年）	1.5	
2	支付期（年）	6.5	
3	总投资（亿元）	2.4	中铁四局出资1亿元，产业基金出资1.4亿元
4	融资利率（产业基金）（%）	9	综合成本
5	政府支付利率（%）	7.06	5年期以上贷款基准利率的1.25倍
6	施工利润率（暂定）（%）	18.26	
7	营业税及附加（%）	3.45	
8	所得税率（%）	25	

表3–8 基于投资人角度的财务评价指标

序号	指标名称	指标值	说明
1	投资人股权投资财务内部收益率（%）	14.36	大于12
2	财务净现值（万元）	8 079	大于0
3	静态股权投资回收期（年）	2.98	含建设期
4	投融资管理费收益（万元）	2 509	
5	施工利润（万元）	14 060	

十六、项目审计

××市审计机构将根据原设计规划将工程分为四个项目（G205一期、二期、三期、梅林南路）进行审计。每个项目按照合同约定原则进行过程跟踪审计。过程跟踪审计与工程实施同步进行，过程审计结果的累加作为项目的最终审计，竣工时不再进行重复审计。

十七、项目风险分析及应对措施

（一）关于政府支付风险

本项目以PPP模式实施，根据合同约定，“政府补贴”费用在项目完工后由政府每半年支付一次，周期相对较长，存在着政府不能及时、足额支付的风险。规避措施如下。

- 本项目在省级PPP项目中心备案通过。
- 在起草与政府方的框架协议、PPP项目合同中，将及时、足额支付作为重要的合作基础，并作为政府方的主要义务之一。若政府方出现支付不及时等违约情况，则政府方自应付之日起，以未付款项为基数，除按合同约定应计的融资费用外，还须按日万分之三的比率计算补偿金支付给PPP项目公司，直至PPP项目公司收到全部应收款项为止。
- ××市政府同意将“政府补贴”费用列入××市中长期财政规划，按《中华人民共和国预算法》及《关于印发政府和社会资本合作模式操作指南（试行）的通知》（财金〔2014〕113号）要求纳入合法合规的跨年度财政预算，并经××市人民代表大会批准。

（二）关于政策风险

相比建设—移交（BT）模式的“债权投资”，PPP模式投资更加复杂，中铁四局暂无成功实施的案例，加上国家部委大力推行PPP投资模式的时间较晚，很多配套政策仍未出台或尚未成熟，因而在操作过程中可能会出现一些不可预见的政策风险。

规避措施：做足项目前期准备工作，在PPP项目合同中明确界定政府方与中铁四局的权利与义务，约定政策性风险应由政府方负责。

（三）关于项目审计风险

在本项目实施过程中，××市审计机构将会对该项目进行审计，包括施工过程审计和项目竣工决算审计，使得本项目存在工程预算额可能减少的风险，从而对中铁四局投资收益产生影响。

规避措施：在前期做好与政府方及其审计机构的沟通工作，将整个工程分为四个项目单独进行审计，并各自确认审计结果，避免了整个工程因审计时间过长带来的负面影响；中铁四局与政府方在建设投资合同中确定审计原则、审计期限，力争将审计风险降到最小，确保项目收益最大化。

（四）关于材料价格上涨风险

本项目材料价格与编制期施工图预算同期价格相比，发生变化在8%范围内的，不予调整，超出8%范围的，超出部分根据实际情况进行调整。因而可能存在材料价格上涨的问题，影响项目施工利润的风险。

规避措施：提前与材料提供商签订期货合同，锁定建设期材料价格，规避建设期材料价格波动风险，保证项目施工利润。

十八、结论与建议

（一）结论

1.项目符合中铁四局投资发展战略规划

本项目为基础设施建设投资项目，以PPP投资模式运作，工程施工是中铁四局的强项，施工周期短，投资回收期较为合理，符合中铁四局的战略发展规划。

2. 项目投资能带来较好的投资收益

本项目由中铁四局负责施工，工程造价按双方确认的施工图预算为准，变更设计同步据实调整，是较为理想的合作条件。

经测算，本项目施工利润较为可观，融资费率按照央行同期5年期以上贷款基准利率上浮25%计算，预计能为中铁四局带来较好的投资收益。

3. 利用了资金杠杆效应

中铁四局出资部分项目资本金，获得整个项目的施工总承包权，利用了资金的杠杆效应，实现了“以小撬大”。

4. 有利于实现中铁四局在该地区滚动发展

本项目的投资建设有利于中铁四局今后在该地区的滚动发展，也将进一步提高中铁四局在该地区的市场影响力，继续保持并逐步扩大市场占有率，获得更多更好的发展机遇。

5. 属于公益性市政道路PPP模式的新探索，将为推广PPP打造“模具”

近年来，国家大力推动PPP投资模式，鼓励社会资本参与城市基础设施投资领域。本项目符合国家政策要求，是PPP投资模式在公益性市政道路项目上实施的探索。

纯公益性的城市市政道路项目在安徽省乃至全国尚无成功的PPP模式范例。本项目若实施成功，将为推广PPP打造“模具”，有特殊的战略意义和示范作用。

（二）建议

综上所述，本项目符合中铁四局当前投资发展方向，有利于中铁四局在该地区实现滚动发展。

本项目满足股份公司及中铁四局投资项目的各项决策指标，且能带来较好的投资收益，建议实施。

第四章

PPP 项目物有所值评价报告法律法规与文本编制

一、物有所值评价概述

（一）物有所值

物有所值，是从英文Value for Money（VFM）翻译而来，是指一个组织运用其可利用的资源所能获得的长期最大利益。

物有所值意味着少花钱、多办事、办好事。显然，物有所值是一个比较的概念，也就是说，值不值是通过事先预设的某个（些）主观或客观的标准进行衡量对比后得出的带有明确倾向的结论，即要么达到同样的目的所需要的投入更少，要么同样的投入可以获得更多的产出（包括数量和质量）。但在实际评价过程中，一般是假定未来产出是相同的，换算为不同模式的政府支出成本的净现值大小。

物有所值的关键要素有哪些？世界银行、欧洲PPP专业中心、英国财政部、澳大利亚关键基础设施中心等机构各自在其参考指南或政策框架中提出了一些具体因素。笔者通过比较发现，其中有一些是普遍关注的共性因素，比如关于风险的管理（按照各自专业能力进行最优化的风险分配）、基于全生命周期的成本考量、详细明确或可测量的产出、与项目价值相称的费用支出（准备和采购等方面的费用占项目总成本的比例不能过大）、鼓励提高资产利用率，等等。此外，还有一些因素如绩效考核和激励奖惩机制、保持PPP合同的灵活性、适当的竞争机制、鼓励创新等也分别被不同的机构所看重。

（二）物有所值的基本特征

- 物有所值不一定是最低报价。物有所值不以牺牲采购所追求的其他目标元素为代价，不是单纯地追求价格低、节约资金。
- 物有所值关注的是所采购的货物、工程和服务的生命周期成本，包括初始阶段、使用周期内的后续投入甚至是处置成本，而绝不仅仅指采购的初始成本。
- 物有所值通常细化为3E原则：经济性（economy）、效率性（efficiency）、有效性（effectiveness）。
- 物有所值本身是个多维目标体系，其关注成本、质量、风险、收益等多方面的因素，是采购对象生命周期内这些因素的最优组合。
- 物有所值中所包含的“收益”是指社会总效益。物有所值既要考虑货币因素也要考虑非货币因素，既包括经济效益也包括社会效益（环境保护、产业发展、就业创造等），因此判断是否物有所值要以“社会成本效益分析法”为准。
- 物有所值既是政府采购所追求的目标，同时也是进行采购决策、评估采购成功与否的标准。通过不断进行的采购过程，“物有所值”能够得到持续的、更好的保证和实现。
- 物有所值是相对纳税人而言的。政府采购所使用的资金主要是纳税人所缴纳的税款，判断是否“物有所值”也应考虑纳税人因素。

（三）物有所值评价

物有所值评价是国际上普遍采用的一种评价，是判断由政府提供的公共产品或服务是否可运用PPP模式的评估体系，旨在实现公共资源配置利用效率最优化。与政府传统投资方式相比，物有所值评价是判断PPP模式在提供公共产品或服务上是否可获得更高效率和更好效果的一种方法。

综观各国和地区开展的物有所值评价，按照能否或是否适宜货币化衡量，分为定性评价和定量评价。定性评价通常通过问卷调查和专家咨询的方式进行，主要是通过回答一系列问题（需要事先设计评价因子并列出问题清单）进行主观分析和综合评判，侧重于考查项目的潜在发展能力、可能实现的期望值以及项目的可完成能力。根据定性评价的结果判断是否需要进行定量评价。如果定性评价的结果认为项目不适合采用PPP模式，就可以直接采用传统投资方式，不需要再进行定量评价。定量评价则相对客观，也具有更加明确的步骤和程序，主要是通过对PPP项目的全生命周期内政府支出净成本现值和政府传统投资方式的净成本现值（公共部门比较值，PSC值）进行比较然后得出结论。不同阶段PPP项目的全生命周期内政府支出净成本现值计算方法是不一样的。在项目决策阶段，由于实际成本未知通常采用影子报价。而在采购阶段，则为社会资本实际报价和政府承担自留风险的成本之和。

相对来说，PSC的确定尤为关键。根据国外经验，PSC一般由基本PSC（包括基本成本和融资成本）、风险承担成本（包括可转移风险承担成本和自留风险承担成本）、竞争性中立调整值等几部分构成。其中，基本PSC较为容易计算，风险承担成本和竞争性中立调整值则较难确定。风险的分担比例划分具有一定的科学性和艺术性，政府向社会资本方过高或过低地转移风险都是不合适和不可取的。基本的原则是，不同的风险应该由能够更加有效控制和管理风险的一方来承担，而且风险与收益要对等。通常来说，项目的建设运营风险由社会资本承担，法律、政策风险由政府承担，而不可抗力风险由双方分担。之所以考虑竞争性调整，是因为在政府传统投资方式下政府往往依托体制机制获得某些相对优势，如可以减免税费、免费或廉价获取某些资源等，因此有必要把这些隐性的成本节约重新加入进来以体现可比性。当然，如果在某些方面体现为相对劣势，则应该从PSC中抵扣掉。

此外，折现率的选择（主要包括资本的社会机会成本、社会时间偏好折现率、资本资产定价模型折现率、无风险利率等）对物有所值评价的结果也有很大影响。在实践中，不同国家倾向于选择不同的折现率，如英国财政部建议采用社会时间偏好折现率，而澳大利亚关键基础设施中心则在政府承担全部风险的情况下，建议采用无风险利率作为折现率。

如果PSC大于全生命周期政府支出净成本现值，则意味着政府传统投资方式成本更高，选择社会资本是划算的，而且差值越大，则越应该采用PPP模式。反之，亦然。如果出现二者基本接近或相当的情况，也就是说采用PPP模式处于可用可不用的临界点时，则应该侧重定性评价进行选择。对我国而言，如果从推动政府职能转变、释放民间资本活力、提高国家治理能力现代化水平以及确保民众尽早享受社会公共服务等更大的视角去考量，建议政府采用PPP模式。

物有所值的定量评价需要开展大量复杂和耗时耗力的工作，而能否顺利地开展还取决于是否存在完善齐全的数据库（如各类风险发生的概率）和其他基础资料。另外，在竞争性中立调整值的计算过程中，政府的体制机制优势和监管成本更是难以货币化和量化。所以，如果基础条件不太具备，强行推行定量评价，可能带来较大误差，甚至带来决策错误。尽管物有所值定量评价是一个很好的工具，但也有不少业内专家呼吁，在实践中该评价并不符合我国现阶段的国情，应待各方面条件成熟以后，再全面推行。财政部和国家发改委对推行PPP项目过程中物有所值评价的规定并不十分严格，为地方实际操作留有一定余地。如财政部指出，定量评价工作由各地根据实际情况开展；国家发改委则提出，审查结果作为项目决策的重要依据（并非唯一依据）。

实际上，从国外的实践来看，物有所值评价并非只做一次，通常在不同的阶段开展相应的评价，且目的和功能各有侧重，所选方法和程序也不一样。如爱尔兰规定PPP采购过程中要进行四次物有所值评价，分别在项目详细评估时、编制项目产品/服务产出说明时、对社会资本响应文件进行评审时、签订项目合同时进行。另外，在合同结束后、财务结算前还可以进行物有所值检验。英国财政部则在推行私人融资计划时，要求在项目群层级（行业主管部门各自制订基础设施和公共服务项目群规划）、项目层级、采购层级三个阶段分别开展物有所值评价。印度财政部则要求在PPP实施过程中分别在可行性研究阶段和采购阶段进行物有所值评价。综合来看，随着信息和数据的不断积累和完善，很多国家通常在项目早期开展定性评价而后期开展定量评价。

开展物有所值评价还有一个悖论性的问题需要考虑。一个项目无法通过物有所值评价，则意味着此项目难以实施或被迫推迟。如果此项目民众需求迫切而政府当前财力无法承担，从物有所值评价角度来看，尽管采用PPP模式可能从经济上是不划算的，但是项目提早实施给广大民众带来的社会效益要远大于PPP模式引致的成本增加，所以综合经济效益、社会效益及其时间价值衡量，采用PPP模式推动此类项目建设仍是可行的和必要的。

总的来说，我国推进PPP项目的物有所值评价需要有一个逐步完善和不断积累经验的过程，既不可操之过急，也不能知难而退。建议国家有关部门借鉴国外成熟做法和成功经验，着手设计我国物有所值评价体系（包括方法、程序、评价因子、评价内容、权重、衡量标准等），同步建立基本数据库和专业分析平台，为地方政府具体实施物有所值评价提供指导。地方政府在实施物有所值评价过程中，也要根据地方的实际和项目的具体情况灵活应用，并把相关资料信息及时上报和共享。

（四）物有所值评价的作用

近年来，PPP模式越来越广泛地运用到公共基础设施的建设中，与政府传统投资方式相比，PPP模式在减轻政府财政压力的同时，能增加基础设施及公共服务的供给和质量。然而，PPP模式本身所具有的高风险性在政府决策时往往未被考虑，从而形成了盲目的PPP模式热潮。事实上，由于PPP项目的长期性，在合同履行的过程中，PPP项目的风险具有相当大的不确定性，所以需要在项目决策阶段评判PPP模式是否比政府传统投资方式更具有价值，并以此决定是否采用PPP模式。

物有所值是价值理论中的重要概念，也是项目采用PPP模式后的全生命周期成本与传统模式下公共部门建设、经营总成本相比较后可以得到的价值增值。物有所值理论是用来评价政府组织或相关机构能否通过项目全生命周期的管理和运营，从项目的产品或服务中获得最大收益的一种评价方法，它针对项目的价格以及其他所有形式的成果进行定量分析和定性分析。除价格外，质量、资源利用、目标实现程度、时效性以及长期运营效果等因素都要纳入评价指标。

物有所值评价有利于促进资源利用最大化，更好地实现基础设施项目建设运营的经济性、效率性及效果性，即用最小的投资来实现项目或产品的功能。

政府采购是为实现政府职能和社会公共利益而进行的，是一种宏观经济调控手段，因而在选择项目投资方式时，不仅要考虑项目采购的效率问题，还应当考虑采购的社会效益问题。因此，与资金价值相比，物有所值中的“值”具有更广泛的含义，它不仅包括提高资金的使用效率，还应包括为经济所做的贡献、为社会公众带来的价值等。

二、物有所值评价法律相关规定

（一）物有所值评价的提出

2013年11月，财政部副部长刘昆首次提到政府采购将向实现物有所值转变。

2014年9月23日，财政部印发《财政部关于推广运用政府和社会资本合作模式有关问题的通知》（财金〔2014〕76号），明确要求地方各级财政部门要会同行业主管部门，根据有关政策法规要求，扎实做好项目前期论证工作。除传统的项目评估论证外，还要积极借鉴物有所值评价理念和方法，对拟采用政府和社会资本合作模式的项目进行筛选，必要时可委托专业机构进行项目评估论证。在评估论证时，要与政府传统投资方式进行比较分析，确保从项目全生命周期来看，采用PPP模式能够提高服务质量和运营效率，或者降低项目成本。在项目评估阶段，要综合考虑公共服务需要、责任风险分担、产出标准、关键绩效指标、支付方式、融资方案和所需要的财政补贴等要素，平衡好项目财务效益和社会效益，确保实现激励相容。

2014年11月29日，财政部又印发了《关于印发政府和社会资本合作模式操作指南（试行）的通知》（财金〔2014〕113号），进一步明确要求，财政部门（PPP中心）要会同行业主管部门，从定性和定量两方面开展物有所值评价工作。定量评价工作由各地根据实际情况开展。定性评价重点关注项目采用PPP模式与采用政府传统投资方式相比能否增加供给、优化风险分配、提高运营效率、促进创新和公平竞争等。定量评价主要通过对PPP项目全生命周期内政府支出成本现值与公共部门比较值进行比较，计算项目的物有所值量值，判断PPP模式是否降低项目全生命周期成本。

2014年12月2日，国家发展改革委印发《国家发展改革委关于开展政府和社会资本合作的指导意见》（发改投资〔2014〕2724号），要求发展改革部门可会同相关部门建立PPP项目的联审机制，从项目建设的必要性及合规性、PPP模式的适用性、财政承受能力以及价格的合理性等方面，对项目实施方案进行可行性评估，确保“物有所值”，审查结果作为项目决策的重要依据。

（二）《PPP物有所值评价指引（试行）》

2015年12月18日，财政部为了规范PPP项目物有所值评价的实际开展，立足国内实际，借鉴国际经验，制定了167号文，也就是财政部《关于印发〈PPP物有所值评价指引（试行）〉的通知》（财金〔2015〕167号，以下简称《指引》）。《指引》对PPP项目准备阶段的物有所值评价给出了官方的指导规范意见。

《指引》共分为总则、评价准备、定性评价、定量评价、评价报告和信息披露、附则共六章内容。另外附了两个附件，附件一是物有所值评价的工作流程图，规定了物有所值评价需要进行的四个阶段：评价准备、定性评价、定量评价（可选）、信息管理；附件二是物有所值定性评价专家打分表，分别列示了定性部分的基本指标（6项）和补充指标（选填），并进行了权重的官方分配。下面详细分析一下《指引》的重要规定以及为PPP实操释放的建议信号。

1.试行

《指引》正文即写明：由于实践中缺乏充足的数据积累，难以形成成熟的计量模型，物有所值定量评价处于探索阶段，各地应当依据客观需要，因地制宜地开展物有所值评价工作；施行过程中的问题和建议，请及时反馈我部。这意味着该《指引》只是在我国PPP项目发展过程中对物有所值评价工作的一个阶段性和过渡性的指导文件。

2.开展阶段

《指引》强调中国境内拟采用PPP模式实施的项目，应在项目识别或准备阶段开展物有所值评价。从国际经验来看，物有所值评价可以贯穿应用于项目的全生命周期：识别阶段用于判断项目是否采用PPP模式，准备阶段用于判断边界条件深化或方案完善调整后是否仍然采用PPP模式，采购阶段用于判断不同的响应文件是否能够达成物有所值以及哪个响应文件达成了更高程度的物有所值，执行阶段在中期评估中检验项目是否达成物有所值，移交阶段在后评价中复盘全生命周期的物有所值达成情况。

由此可见，当前阶段推行物有所值评价的目的，还是在于防止地方政府响应过度造成PPP项目一哄而上，许多不适宜采用PPP模式运作的项目盲目上马，导致政府损失和降低社会效率。在《指引》的最后部分也提出了，在PPP项目合作期内和期满后，项目本级财政部门（或PPP中心）应会同行业主管部门，将物有所值评价报告作为项目绩效评价的重要组成部分，对照进行统计和分析，体现了对物有所值评价在执行阶段和移交阶段作用的肯定。

3.评价体系构成

物有所值评价包括定性评价和定量评价，定性评价重点关注项目采用PPP模式与采用政府传统投资方式相比能否增加供给、优化风险分配、提高运营效率、促进创新和公平竞争等，包括全生命周期整合程度、风险识别与分配、绩效导向与鼓励创新、潜在竞争程度、政府机构能力、可融资性等六项基本评价指标。定量评价是在假定采用PPP模式与政府传统投资方式产出绩效相同的前提下，通过对PPP项目全生命周期内政府方净成本的现值与公共部门比较值进行比较，判断PPP模式能否降低项目全生命周期成本。

《指引》提出现阶段以定性评价为主，鼓励开展定量评价，也是出于前述对定量评价数据积累不足和方法论尚不成熟的考虑。不过《指引》也充分肯定了定量评价在项目全生命周期内风险分配、成本测算、数据收集、项目决策和绩效评价等方面的重要作用，展现了不因实施困难而放弃的积极态度，未来条件成熟时定量评价仍将成为物有所值评价体系的核心。

4.专家参与

《指引》提出积极利用第三方专业机构和专家力量，并对评价专家的专业构成、专家组会议的组织等进行了明确的规定，专家参与物有所值定性评价成为规定动作。这意味着地方政府今后不可再自行组织评价工作了。同时地方政府可以与PPP综合信息平台建立的机构库中的专家资源形成对接，通过PPP综合信息平台进行信用记录、跟踪、报告和信息公布等监督管理程序筛选出合格的专家。

5. 评价素材

《指引》明确物有所值评价的素材包括：（初步）实施方案、项目产出说明、风险识别和分配情况、存量公共资产的历史资料，新建或改扩建项目的（预）可行性研究报告、设计文件等。这实际上表明PPP项目运作最好在立项完成后进行，这是因为开展PPP运作需要县级以上人民政府授权，如果未经立项就开展PPP运作，理论上存在立项失败导致PPP运作的投入全都成为无用功（项目没有立项就没有合法身份，或者从法律意义上来说还没有这个项目）；也是因为PPP项目的识别工作需要项目产出说明、（预）可行性研究报告等作为基本素材，没有这些素材便开展的识别工作有无源之水之嫌。

6. 适度放权

《指引》要求在开展物有所值评价时明确是否开展定量评价，并明确定性评价程序、指标及其权重、评分标准等基本要求；开展物有所值定量评价时明确定量评价内容、测算指标和方法，以及定量评价结论是否作为采用PPP模式的决策依据。此前关于物有所值评价的过程稿中，曾有几稿是明确了十几项定量评价指标及其具体权重，甚至对每项指标的评分分档标准都有规定。该《指引》最终将此权限下放，允许地方政府根据项目的具体情况，定制差异化的评价指标并设置权重，可以更接地气和符合项目的实际情况。同时，为防范定性评价体系去标准化导致地方政府将定性评价流于形式的风险，《指引》仍然设置了六项基本评价指标和几项补充评价指标，并对其权重进行了区间限制，对评分标准则仅做了等级划分。应该说与之前控制过度和放权过度的两种极端版本的过程稿相比，正式发布的版本更加符合适度控制的科学指引原则。

7.PPP值设定

定量评价部分关于PPP值的设定，选择参照了财政部《关于印发〈政府和社会资本合作项目财政承受能力论证指引〉的通知》（财金〔2015〕21号）及有关规定测算，从原理上符合在不同公共服务提供方式下对政府成本进行比较的初衷，但由于财政部《关于印发〈政府和社会资本合作项目财政承受能力论证指引〉的通知》（财金〔2015〕21号）的测算结果与项目财务测算中惯常使用的现金流折现模型（DCF模型）测算结果并不一致，因此笔者对此规定持有一定的保留意见。从将政府支出纳入跨年度财政预算的角度出发，笔者建议采用DCF模型坐实测算结果为宜。如前所述，PSC值确定的难点在于，政府传统投资方式运作的项目数据统计工作不到位，同时竞争性中立调整值和风险成本的定量化测算也需要大量数据支撑，尤其是竞争性中立调整值，还应包括公共服务的提供主体因所有制差异产生的行为差异和成本差异，其客观数据基本不可得，而PPP综合信息平台尚不能解决这些问题。

8.参照项目选择

关于参照项目的选择，理论上应当选择同时具备“时间相近”“地点相近”“产出相同或相近”“政府采用现实可行并最有效率的传统提供方式”等条件的实际项目，但现实中符合这些条件的项目样本很少，尤其是在传统的政府提供方式下，一些公共产品或服务很难达到产出相同或相近的要求，因此《指引》提出了虚拟项目作为备选项（并且放在了实际项目的前面）。某种意义上，这是对符合条件的项目在并不易得的现实情况下做出的妥协。

总体而言，作为一个指引性文件，《指引》从概念定义、理念传输、方法指引、政策衔接、制度建设等方面，改良性地构建起适应中国

PPP项目实际情况的物有所值评价基本体系，为如火如荼的PPP模式推广应用提供了重要的支撑性工具。未来通过在PPP项目实践中的不断应用，《指引》还会获得深化和完善，甚至能创造性地形成具有中国PPP项目特征的新方法论。

（三）《政府和社会资本物有所值评价指引（修订版征求意见稿）》

在《指引》发布将近一年之际，财政部于2016年10月24日公布了《关于征求〈政府和社会资本物有所值评价指引（修订版征求意见稿）〉意见的函》（财金〔2016〕118号，以下简称“意见稿”），向社会公开征求意见。

意见稿与财政部《关于印发〈政府和社会资本合作项目财政管理暂行办法〉的通知》（财金〔2016〕92号）相互衔接，总结了PPP项目开展物有所值评价的实践经验，体现了PPP项目全生命周期管理的理念。在试行版的基础上，意见稿进一步规定初始评价和中期评价的要求，并明确对评价结果进行对比分析和责任追溯，调整初始评价通过标准，新增定量评价计量模型，新增定性评价指标和评审专家的组成要求等，主要变化如下。

1.意见稿与财金〔2016〕92号文相互衔接

意见稿第八条明确了物有所值评价责任部门，即初始物有所值评价由项目实施机构或同级行业主管部门组织实施，同级财政部门对物有所值评价报告进行审核并出具审核意见；中期物有所值评价由同级财政部门会同行业主管部门组织实施。

2.明确初始物有所值评价的要求及通过标准

- 第五条将“以定性评价为主，鼓励开展定量评价”调整为“按照先定量评价后定性评价的顺序进行”。
- 第五条明确初始评价应在项目可行性研究报告（或项目申请报告等）批准后，在PPP项目识别阶段开展，可根据项目实施方案在准备阶段予以修正。
- 第五条将初始评价通过标准由“定性评价为60分以上”调整为“定性评价不低于80分，可以不考虑定量评价结果；定性评价在不低于60分且低于80分时，定量评价物有所值量值大于0”。
- 第六条明确初始评价中确定的项目核心要素，风险相关比例和数值、折现率、社会资本收益率等参数，原则上应作为不可谈判内容，除非能得到合理优化。

3.新增中期物有所值评价要求

- 第四条新增拟采用、已采用PPP模式的项目开展中期评价的要求。
- 第七条新增物有所值评价作为中期评估的组成部分，应适用于2016年1月1日之后发起的PPP项目，同时明确中期物有所值评价可以不包括定性评价。
- 第十条明确了开展中期评价的数据来源和范围。

4.新增评价报告的使用和责任追溯

第四十五条明确将物有所值评价报告作为项目绩效评价的重要基础资料，并要求将中期和初始物有所值评价结果比较分析，如偏低幅度超过20%的，责成项目实施机构及初始评价机构予以解释说明，因非客观因素变动造成偏离的，对项目实施机构和咨询机构及有关问题予以通报曝光。

5.新增定量评价计量模型

- 第十三条确定PSC值为模拟项目的建设和运营维护净成本、竞争性中立调整值以及政府承担PPP项目全部风险的成本的现值之和。
- 第十四条至第十六条分别明确了计算PSC值三项成本的方法和依据，其中竞争性中立调整值将“少支出的费用（通常包括少支出的土地费用、行政审批费用、有关税费）”调整为“少支出的税额”。
- 第十七条至二十条新增PPP值为政府方投入PPP项目的建设和运营维护净成本、政府自留风险承担成本以及政府其他成本在全生命周期现值之和，并分别明确计算PPP值三项成本的方法和依据。
- 第二十四条明确物有所值量值为PSC值–PPP值，物有所值指数为（PSC值–PPP值）/PSC值 × 100%。

6.明确定性评价要求

- 第二十六条将定性评价指标由六项调整为七项，新增项目内资产相关度指标。
- 第三十八条新增评审专家组的组成要求，即专家组由不少于9人的单数组成，且必须由财政、资产评估、会计、金融等经济方面专家，以及法律、区域规划发展、工程建设、项目运营管理和环境保护方面等专家参与。

- 第四十一条新增评价特别加分因素，即国家级及省级贫困县的项目可在加权平均分基础上加10分，作为定性评价最终得分。

三、物有所值评价报告编制

编制物有所值评价论证报告是用以判断项目是否适合PPP模式，为项目实施提供决策参考。根据《指引》的规定，项目本级财政部门（或PPP中心）会同行业主管部门，在物有所值评价结论形成后，完成物有所值评价报告编制工作，报省级财政部门备案，并将报告电子版上传PPP综合信息平台。

笔者在从事PPP项目的业务时，曾经看见过有些PPP项目的物有所值评价报告，并非单独的一份报告，而是将其与财政承受能力论证报告、PPP项目实施方案“合三为一”。另外，有些PPP项目的物有所值评价报告，虽然单独出具，但是内容不合规。笔者认为，对于PPP项目物有所值评价报告，从形式合规上来说，必须是一份单独的报告，而不是其他某些文件的组成部分。

（一）物有所值评价报告的内容

根据《指引》的规定，一份PPP物有所值评价报告的主要结构包括项目基础信息、评价方法、定性评价、定量评价、评价结论以及附件等六个部分。

1.项目基础信息

项目基础信息主要包括项目概况、项目产出说明和绩效标准、PPP

运作模式、风险分配框架和付费机制等。其中项目概况包括项目名称、项目地点、项目类型（在建或建成）、项目联系人、项目建设的必要性说明、前期工作合规性说明（可行性研究、环境影响评价、土地等）、项目所处阶段（申报、设计、融资、采购、施工、运行）、项目进度计划（开工和计划完成时间）等内容。项目产出说明和绩效标准、PPP运作模式、风险分配框架和付费机制等内容可以参照PPP项目实施方案（初步）等前期基础性素材，但不能将PPP项目实施方案（初步）全文原封不动地粘贴到物有所值评价报告中。

2.评价方法

物有所值评价方法主要包括定性评价程序、指标及权重、评分标准、评分结果、专家组意见以及定量评价的PSC值、PPP值的测算依据、测算过程和结果等。

在开展物有所值评价前，项目本级财政部门（或PPP中心）应会同行业主管部门确定定性评价的开展程序、定性评价的评价指标及其权重、评分标准等要求。同时，项目本级财政部门（或PPP中心）应会同行业主管部门确定是否要开展定量评价。如果确定需要开展定量评价，则应明确定量评价的内容、测算指标、测算方法以及定量评价结论能否作为采用PPP模式的决策依据。

具体评价流程如图4–1所示。

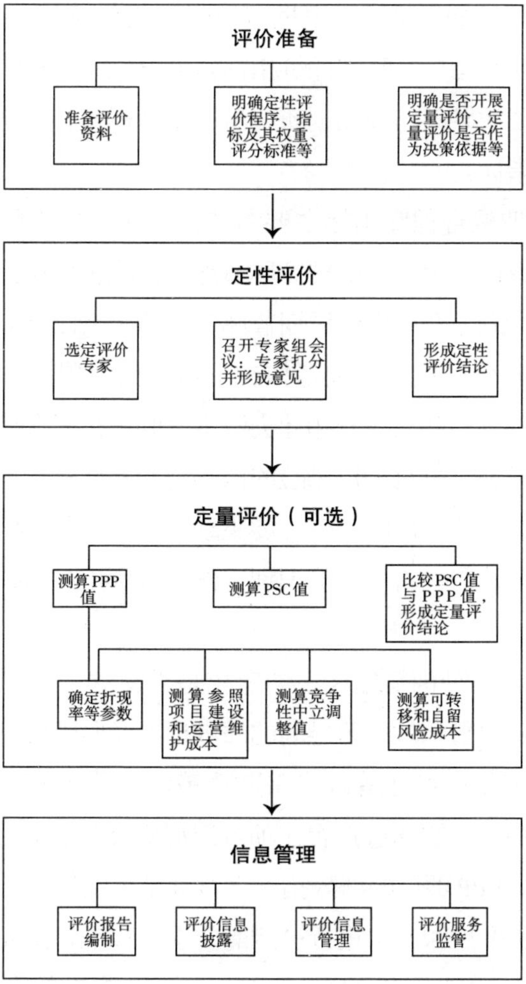

图4-1　物有所值评价流程

3.定性评价

根据《指引》规定，物有所值定性评价多数采用的是专家评分法，其主要步骤包括确定定性分析指标、组成专家小组、召开专家小组会议和做出定性分析结论。

（1）定性评价的评价指标根据《指引》，定性评价指标包括基本评价指标和补充评价指标，基本评价指标包含全生命周期整合程度、风险识别与分配、绩效导向与鼓励创新、潜在竞争程度、政府机构能力、可融资性共六项指标。

全生命周期整合程度指标主要考核在项目全生命周期内，项目设计、投融资、建造、运营和维护等环节能否实现长期充分的整合，主要通过查看项目计划整合全生命周期各环节的情况来评分。

风险识别与分配指标主要考核在项目全生命周期内，各风险因素是否得到了充分识别并在政府和社会资本之间进行了合理分配，主要通过查看在项目识别阶段对项目风险的认知情况来评分。清晰识别和优化分配风险是物有所值评价的一个主要驱动因素。在项目识别阶段的物有所值评价工作开始前，着手风险识别工作，有利于在后续工作中实现风险分配优化。

绩效导向与鼓励创新指标主要考核是否建立了以基础设施及公共服务供给数量、质量和效率为导向的绩效标准及监管机制，是否落实了节能环保、支持本国产业等政府采购政策，以及能否鼓励社会资本创新。绩效导向指标主要通过查看在项目识别阶段对于项目绩效指标的设置情况来评分。PPP项目的绩效指标，特别是关键绩效指标，主要确定对PPP项目运营维护和产出进行检测的要求及标准，比如针对公共产品或服务的数量及质量（或可用性）等。绩效指标越符合项目的具体情况，越全面合理、清晰明确，则绩效导向程度越高。鼓励创新指标通过查看项目产出说明来评分。一般来说，产出说明应主要规定社会资本方应付产出的规格要求，尽可能不对项目的投入和社会资本方的具体实施等问题提出要求，从而为社会资本方提供创新机会。

潜在竞争程度指标主要考核项目内容对社会资本参与竞争的吸引力，主要通过查看项目将引起社会资本（或其联合体）之间竞争的潜力，以及通过预计在随后的项目准备、采购等阶段是否能够采取促进竞争的措施等来评分。

政府机构能力指标主要考核政府转变职能、优化服务、依法履约、行政监管和项目执行管理等能力，主要通过查看政府的PPP理念以及结合项目具体情况查看相关政府部门及机构的PPP能力等来评分。PPP理念主要包括依法依合同平等合作、风险分担、全生命周期绩效管理等。PPP不仅是基础设施及公共服务的融资手段，更是转变政府职能、建立现代财政制度等的重要手段。政府的PPP能力主要包括知识、技能和经验等，还包括可通过购买服务获得的能力。

可融资性指标主要考核PPP项目的市场融资能力，主要通过预计PPP项目对金融机构（贷款和债券市场）的吸引力来评分。吸引力越大，PPP项目越具有融资可行性，越能顺利地完成融资交割和较快地进入建设、运营阶段，进而较快地增加基础设施及公共服务供给的可能性。

除以上六项基本指标外，项目本级财政部门（或PPP中心）会同行业主管部门，可根据具体情况设置补充评价指标。补充评价指标主要是六项基本评价指标未涵盖的其他影响因素，包括项目规模大小、预期使用寿命、主要固定资产种类、全生命周期成本测算准确性、资产利用及收益等。

项目规模主要依据项目的投资额或资产价值来评分。PPP项目的准备、论证、采购等前期环节的费用较大，只有项目规模足够大，才能使这些前期费用占项目全生命周期成本的比例处于合理或较低水平。此外，在一般情况下，只有基础设施及公共服务项目的规模较大，才能采用PPP模式吸引社会资本参与。

预期使用寿命主要依据项目资产的使用寿命来评分。项目资产的使用寿命长，就为利用PPP模式提高效率和降低全生命周期成本提供了基础条件。

主要固定资产种类主要依据PPP项目包含的固定资产种类多少来评分。一个项目可以包含多种固定资产，一般来说，项目的固定资产种类越多，则由社会资本实施项目后，将实现更高的效率和更好的效果。

全生命周期成本测算准确性主要通过查看项目采用PPP模式后的全生命周期成本以及全生命周期成本将被准确预估的可能性来评分。全生命周期成本是确定PPP项目合作期长短、付费多少、政府补贴等的重要依据。

资产利用及收益主要通过预计社会资本方增加额外收入的可能程度来评分。社会资本方通过实施项目，在满足公共需求的前提下增加额外收入，可以降低政府的成本和公众的支出。

在各项评价指标中，六项基本评价指标的权重为80%，其中任一指标的权重一般不超过20%；补充评价指标的权重为20%，其中任一指标的权重一般不超过10%。

（2）组成专家小组。项目本级财政部门（或PPP中心）会同行业主管部门根据项目的具体情况组成专家小组。专家小组包括财政、资产评估、会计、金融等经济方面的专家以及行业、工程技术、项目管理和法律方面的专家等。

（3）召开专家小组会议。项目本级财政部门（或PPP中心）会同行业主管部门组织召开专家小组会议。定性评价所需的资料应于专家小组会议召开前送达专家，确保专家掌握必要信息。

专家小组会议的基本程序为：

- 专家在充分讨论后按照评价指标逐步打分；
- 按照指标权重计算加权平均分，得出评分结果，形成专家小组意见。

（4）做出定性分析结论。项目本级财政部门（或PPP中心）会同行业主管部门根据专家小组的意见做出定性评价结论。原则上，评分结果在60分（含）以上的，通过定性评价；否则，不能通过定性评价。

4.定量评价

定量评价是在假定采用PPP模式与政府传统投资方式产出绩效相同的前提下，通过对PPP项目全生命周期内政府方净成本的现值与公共部门比较值进行比较，判断PPP模式能否降低项目全生命周期成本。PPP值小于PSC值意味着物有所值，使用PPP模式能够降低成本。

物有所值定量分析的主要步骤包括：

- 根据参照项目计算PSC值；
- 根据影子报价和实际报价计算PPP值；
- 比较PSC值和PPP值，计算物有所值量值和指数，得出定量分析结论。

（1）PSC值计算。PSC值等于参照项目的建设净成本、运营维护净成本、竞争性中立调整值、项目全部风险成本的全生命周期现值之和。

PSC值的计算需要假定项目与拟采用PPP模式的项目相同，参照项目可根据具体情况确定为以下两种项目：

- 假设政府采用现实可行的、最有效的传统投资方式实施的，与PPP项目产出相同的虚拟项目；
- 最近五年内，相同地区或相似地区采用政府传统投资方式实施的，与PPP项目产出相同或非常相似的项目。

建设净成本主要包括参照项目设计、建造、升级、改造、大修等方面投入的现金以及固定资产、土地使用权等实物和无形资产的价值，并扣除参照项目全生命周期内产生的转让、租赁或处置资产所获的收益。

运营维护净成本主要包括参照项目在全生命周期内进行运营维护

所需的原材料、设备、人工等成本，以及管理费用、销售费用和运营期财务费用等，并扣除假设在参照项目与PPP项目付费机制相同情况下能够获得的使用者付费收入等。

竞争性中立调整是指将公共部门主体凭借其公有体制获得的净竞争优势移除，以实现PSC值与私人部门投标方案之间公平、公正的评价比较。竞争性中立调整值主要是采用政府传统投资方式比采用PPP模式实施项目少支出的费用，通常包括少支出的土地费用、行政审批费用、有关税费等。

项目全部风险成本包括可转移给社会资本的风险承担成本和政府自留风险的承担成本。风险控制的最优原则是将风险分配给能够以最小成本管理它的一方，因此公众部门投资建设项目的风险成本应该反映在PSC值中。政府自留风险的承担成本等同于PPP值中的全生命周期风险承担支出责任，两者在PSC值与PPP值比较时可对等扣除。

（2）PPP值计算。PPP值可等同于PPP项目全生命周期内股权投资、运营补贴、风险承担和配套投入等各项财政支出责任的现值。

股权投资应当依据项目资本金要求及项目公司股权结构合理确定，股权投资=项目资本金 × 政府占项目公司股权比例。

运营补贴应当根据项目建设成本、运营成本及利润水平合理确定，并按照不同付费模式分别测算。对政府付费模式的项目，在项目运营期间，政府承担全部直接付费责任。政府每年直接付费数额包括：社会资本方承担的年均建设成本（折算成各年度现值）、年度运营成本和合理利润。对可行性缺口补助模式的项目，在项目运营期间，政府承担部分直接付费责任。政府每年直接付费数额包括：社会资本方承担的年均建设成本（折算成各年度现值）、年度运营成本和合理利润，再减去每年使用者付费的数额。使用者付费模式的项目无须计算运营补贴支出。

风险承担支出责任是指项目实施方案中政府承担风险带来的财政或有支出责任。通常由政府承担的法律风险、政策风险、最低需求风险以及政府方终止项目合同等突发情况，会产生财政或有支出责任。

配套投入支出责任是指政府提供的项目配套工程等其他投入责任。通常包括政府承担的未纳入建设成本的咨询服务费用、市场测试费用、社会资本未中选补偿金、移交补偿款等交易成本、政府负责的连接设施和配套工程建设成本、政府授予社会资本的项目周边土地或商业开发收益权、政府向社会资本提供的贷款贴息，以及政府放弃的项目公司股利等。

（3）做出定量评价结论。PPP值小于或等于PSC值的，认定为通过定量评价；PPP值大于PSC值的，认定为未通过定量评价。

5.评价结论

结合定性分析结果和定量分析结果得出物有所值评价结论，即经过物有所值评价后，该PPP项目是否通过物有所值评价，具体表述为：“通过”或“未通过”。

6.附件

附件应包括初步实施方案、项目产出说明、可行性研究报告、设计文件、存量公共资产的历史资料、PPP项目合同、绩效监测报告和中期评估报告、项目运营成本测算分析表、项目PSC值测算分析表、项目PPP值测算分析表、项目财政支付能力测算表、运营补贴支出测算分析表、项目财务现金流量分析表、项目经营利润测算分析表、项目分析主要参数取值依据、项目财务分析方案筛选说明、项目运营成本测算分析说明、物有所值定性分析专家意见表、项目咨询机构基本信息证照等。

当然，并非所有的PPP项目均具备以上资料，不同的PPP项目，资料不同，附件也就不同。

四、物有所值评价的信息管理

（一）物有所值评价的信息披露

项目本级财政部门（或PPP中心）应在物有所值评价报告编制完成之日起5个工作日内，将报告的主要信息通过PPP综合信息平台等渠道向社会公开披露，但涉及国家机密和商业机密的信息除外。

（二）物有所值评价的信息统计和分析

在PPP项目合作期内和期满后，项目本级财政部门（或PPP中心）应会同行业主管部门将物有所值评价报告作为项目绩效评价的重要组成部分，对照进行统计和分析。

（三）物有所值评价的信息监管

各级财政部门（或PPP中心）应会同行业主管部门加强对物有所值评价第三方专业机构和专家的监督管理，通过PPP综合信息平台进行信用记录、跟踪、报告和信息公布。省级财政部门应加强对全省（市、区）物有所值评价工作的监督管理。各级财政部门（或PPP中心）应加强物有所值评价数据库的建设，做好定性评价和定量评价数据的收集、统计、分析和报送等工作。

五、物有所值评价需满足的合规性要点

（一）物有所值评价实施主体的合规性

物有所值评价实施主体的合规性，即由谁来开展物有所值评价是合规的，除此之外的其他主体是不能开展物有所值评价的。在PPP项目的推进过程之中，如果由开发区管委会来实施物有所值评价，合规吗？如果由水利行政主管部门、交通行政主管部门、建设行政主管部门、作为政府出资人代表的国有企业，甚至由咨询机构以其自身名义来做出PPP项目的物有所值评价，是否合规？

答案均是否定的。因为根据财政部于2015年12月18日发布的《关于印发〈PPP物有所值评价指引（试行）〉的通知》（财金〔2015〕167号）第七条的规定：财政部门（或PPP中心）应会同行业主管部门共同做好物有所值评价工作，并积极利用第三方专业机构和专家力量。以及第十条的规定：开展物有所值定量评价时，项目本级财政部门（或PPP中心）应会同行业主管部门，明确定量评价内容、测算指标和方法，以及定量评价结论是否作为采用PPP模式的决策依据。

因此，符合合规性要求的物有所值评价实施主体，具有以下几类。

- 第一类：项目本级财政部门会同项目行业主管部门来实施该PPP项目的物有所值评价。
- 第二类：项目本级PPP中心会同项目行业主管部门来实施该PPP项目的物有所值评价。
- 第三类：项目本级财政部门会同项目行业主管部门委托第三方专业机构来实施该PPP项目的物有所值评价，但第三方专业机构是受托人，并非实施主体。

- 第四类：项目本级PPP中心会同项目行业主管部门委托第三方专业机构来实施该PPP项目的物有所值评价，但第三方专业机构也非实施主体。

除此四类之外，其他均不符合合规性的要求，尤其是由第三方专业机构单独出具的物有所值评价，更不可取。

（二）委托第三方专业机构方式的合规性

如果项目本级财政部门（或PPP中心）以及会同的行业主管部门拟委托第三方专业机构实施物有所值评价的，如何委托，才合规呢？我们知道，委托方式有直接委托、公开招标、邀请招标、竞争性谈判、竞争性磋商、询价、单一来源采购、协议供货共八种方式，具体用哪一种方式去委托第三方专业机构，需要根据具体的PPP项目特点来确定。

因项目本级财政部门（或PPP中心）以及会同的行业主管部门委托第三方专业机构实施物有所值评价，其委托行为属于《中华人民共和国政府采购法》规定的政府采购服务行为，具体可见其第二条的规定："在中华人民共和国境内进行的政府采购适用本法。本法所称政府采购，是指各级国家机关、事业单位和团体组织，使用财政性资金采购依法制定的集中采购目录以内的或者采购限额标准以上的货物、工程和服务的行为。政府集中采购目录和采购限额标准依照本法规定的权限制定。本法所称采购，是指以合同方式有偿取得货物、工程和服务的行为，包括购买、租赁、委托、雇用等。本法所称货物，是指各种形态和种类的物品，包括原材料、燃料、设备、产品等。本法所称工程，是指建设工程，包括建筑物和构筑物的新建、改建、扩建、装修、拆除、修缮等。本法所称服务，是指除货物和工程以外的其他政府采购对象。"

因此，项目本级财政部门（或PPP中心）以及会同的行业主管部门委托第三方专业机构实施物有所值评价的，必须遵守政府采购法律法规的相关要求，而且须遵守PPP项目当地政府集中采购目录和采购限额标准的规定。具体以贵州省为例，说明如下。

根据贵州省人民政府办公厅于2015年12月4日发布的《省人民政府办公厅关于印发贵州省政府集中采购目录及限额标准的通知》（黔府办发〔2015〕46号）的规定，PPP项目本级财政部门（或PPP中心）以及会同的行业主管部门委托第三方专业机构实施物有所值评价的服务未纳入政府集中采购目录内，也就不需要进行集中采购。但对于具体选用哪一种委托方式，是有具体规定的。

第一种方式：公开招标。公开招标分为必须采取公开招标和非必须采取公开招标两类，但鉴于公开招标的特性，对于非必须采取公开招标的项目，一般均鼓励采取公开招标。那么，在哪些情形下，PPP项目本级财政部门（或PPP中心）以及会同的行业主管部门委托第三方专业机构实施物有所值评价，必须采用公开招标呢？根据前述黔府办发〔2015〕46号文第三条“公开招标限额标准”的规定，服务类100万元以上（含100万元）的项目就必须采取公开招标。因此，如果拟委托第三方专业机构实施物有所值评价，服务费在100万元以上（含100万元）的，就必须采取公开招标。

第二种方式：邀请招标。公开招标是原则，邀请招标是例外，只有在特定的情形下，才可以采用邀请招标的方式。具体的规定一是见《中华人民共和国政府采购法》第二十九条的规定：“符合下列情形之一的货物或者服务，可以依照本法采用邀请招标方式采购。（一）具有特殊性，只能从有限范围的供应商处采购的；（二）采用公开招标方式的费用占政府采购项目总价值的比例过大的。”二是见中华人民共和国财政部令第87号《政府采购货物和服务招标投标管理办法》第三条的规定：邀请招标，是指采购人依法从符合相应资格条件的供应商中随机抽取3家以上供应商，并以投标邀请书的方式邀请其参加投标的采购方式。以及第十四条的规定："采用邀请招标方式的，采购人或者采购代理机构应当通过以下方式产生符合资格条件的供应商名单，并从中随机抽取3家以上供应商向其发出投标邀请书：（一）发布资格预审公告征集；（二）从省级以上人民政府财政部门建立的供应商库中选取；（三）采购人书面推荐。"

第三种方式：竞争性谈判。根据前述黔府办发〔2015〕46号文的规定，服务类100万元以上（含100万元）的项目就必须采取公开招标，但是对于100万元以下的项目，是否就可以不用公开招标呢？黔府办发〔2015〕46号文第二条"采购限额标准"规定，预算在30万元以上的服务类项目就达到采购限额标准。因此，在30万元至100万元之间，只要符合特定条件的，即可选择竞争性谈判的方式委托第三方专业机构实施物有所值评价。其特定条件一是见《中华人民共和国政府采购法》第三十条的规定："符合下列情形之一的货物或者服务，可以依照本法采用竞争性谈判方式采购：（一）招标后没有供应商投标或者没有合格标的或者重新招标未能成立的；（二）技术复杂或者性质特殊，不能确定详细规格或者具体要求的；（三）采用招标所需时间不能满足用户紧急需要的；（四）不能事先计算出价格总额的。"二是见中华人民共和国财政部令第74号《政府采购非招标采购方式管理办法》第二十七条的规定："符合下列情形之一的采购项目，可以采用竞争性谈判方式采购：（一）招标后没有供应商投标或者没有合格标的，或者重新招标未能成立的；（二）技术复杂或者性质特殊，不能确定详细规格或者具体要求的；（三）非采购人所能预见的原因或者非采购人拖延造成采用招标所需时间不能满足用户紧急需要的；（四）因艺术品采购、专利、专有技术或者服务的时间、数量事先不能确定等情况不能事先计算出价格总额的。”以及第三条的规定：“采购人、采购代理机构采购以下货物、工程和服务之一的，可以采用竞争性谈判、单一来源采购方式采购；采购货物的，还可以采用询价采购方式：（一）依法制定的集中采购目录以内，且未达到公开招标数额标准的货物、服务；（二）依法制定的集中采购目录以外、采购限额标准以上，且未达到公开招标数额标准的货物、服务；（三）达到公开招标数额标准、经批准采用非公开招标方式的货物、服务；（四）按照招标投标法及其实施条例必须进行招标的工程建设项目以外的政府采购工程。”

第四种方式：竞争性磋商。对于预算在30万~100万元之间，只要符合特定条件的，即可选择竞争性磋商的方式委托第三方专业机构实施物有所值评价。其特定条件为财政部于2014年12月31日发布的《财政部关于印发〈政府采购竞争性磋商采购方式管理暂行办法〉的通知》（财库〔2014〕214号）第三条的规定：“符合下列情形的项目，可以采用竞争性磋商方式开展采购：（一）政府购买服务项目；（二）技术复杂或者性质特殊，不能确定详细规格或者具体要求的；（三）因艺术品采购、专利、专有技术或者服务的时间、数量事先不能确定等原因不能事先计算出价格总额的；（四）市场竞争不充分的科研项目，以及需要扶持的科技成果转化项目；（五）按照招标投标法及其实施条例必须进行招标的工程建设项目以外的工程建设项目。”

第五种方式：询价。此种方式万万不可行。因为根据《中华人民共和国政府采购法》第三十二条的规定：“采购的货物规格、标准统一、现货货源充足且价格变化幅度小的政府采购项目，可以依照本法采用询价方式采购。”询价只适合于且仅仅只适用于采购货物。委托第三方专业机构实施物有所值评价为采购服务，用询价的方式不合法。

第六种方式：单一来源采购。第三方专业机构为防止其他专业机构的竞争，除直接委托之外，最希望采取的就是此种方式。但是此种方式，适用条件非常之苛刻。其条件为《中华人民共和国政府采购法》第三十一条的规定："符合下列情形之一的货物或者服务，可以依照本法采用单一来源方式采购：（一）只能从唯一供应商处采购的；（二）发生了不可预见的紧急情况不能从其他供应商处采购的；（三）必须保证原有采购项目一致性或者服务配套的要求，需要继续从原供应商处添购，且添购资金总额不超过原合同采购金额百分之十的。"

第七种方式：协议供货。此种方式，适用于PPP项目当地有财政部门制定的协议供货目录，且委托第三方专业机构实施物有所值评价的服务必须在目录之内，否则，不适用。对此，前述黔府办发〔2015〕46号文第四条第（五）项的规定：采购金额在30万元以下的项目实行协议供货采购，协议供货目录及采购操作流程省级由省财政厅制定，市（州）及以下由各市（州）财政部门制定。

第八种方式：直接委托。只要委托第三方专业机构实施物有所值评价的预算金额在30万元以下，且该等服务没有纳入协议供货目录内的，即可由PPP项目本级财政部门（或PPP中心）以及会同的行业主管部门直接委托。具体可见前述黔府办发〔2015〕46号文第四条第（五）项的规定：没有制定协议供货目录的，10万元（含）至30万元（不含）的项目报同级财政部门备案后由各单位自行组织采购，10万元以下的项目由各单位自行组织采购。

（三）物有所值评价开展时间的合规性

PPP项目的物有所值评价，不是想什么时候开展就开展，想什么时候不开展就不开展的。尤其是物有所值评价不能以"补程序"、倒签时间等方式予以实施。那么，PPP项目的物有所值评价，具体该在什么时候开展呢？从《政府和社会资本合作项目操作流程图》中可见答案。

根据《政府和社会资本合作项目操作流程图》，物有所值评价应该在PPP项目的识别阶段开展，而不应该在PPP实施方案编制或审批阶段开展，更不能在PPP项目合同签订后才开展。因为根据财政部《关于印发〈PPP物有所值评价指引（试行）〉的通知》（财金〔2015〕167号）第六条的规定："应统筹定性评价和定量评价结论，做出物有所值评价结论。物有所值评价结论分为'通过'和'未通过'。'通过'的项目，可进行财政承受能力论证；'未通过'的项目，可在调整实施方案后重新评价，仍未通过的不宜采用PPP模式。"因此，PPP项目的物有所值评价时间，必须在PPP项目的财政承受能力论证之前，当然，更是在PPP项目实施方案报请政府批准之前。否则，评价的开展时间不具有合规性。

（四）物有所值评价基础资料的合规性

PPP项目的物有所值评价，不可能凭空开展，它必须依据一定的基础资料，根据特定的标准和程序，才能予以评价。那么，具备什么样的PPP项目基础资料，开展物有所值评价才符合合规性要求呢？这需要根据PPP项目的具体特点予以分析。

根据是否属于新建的标准，可以将PPP项目分为三类。

- 第一类是新建类PPP项目（一般采取BOT、BOO等模式实施）。
- 第二类是改建类PPP项目（一般采取ROT模式实施）。
- 第三类是存量类PPP项目（一般采取TOT模式实施），具体可见《关于印发政府和社会资本合作模式操作指南（试行）的通知》（财金〔2014〕113号）第六条的规定："投资规模较大、需求长期稳定、价格调整机制灵活、市场化程度较高的基础设施及公共服务类项目，适宜采用政府和社会资本合作模式。政府和社会资本合作项目由政府或社会资本发起，以政府发起为主。

（一）政府发起。财政部门（政府和社会资本合作中心）应负责向交通、住建、环保、能源、教育、医疗、体育健身和文化设施等行业主管部门征集潜在政府和社会资本合作项目。行业主管部门可从国民经济和社会发展规划及行业专项规划中的新建、改建项目或存量公共资产中遴选潜在项目。”

开展新建类PPP项目物有所值评价，至少具备如下5项资料。

- PPP项目的可行性研究报告或预可行性研究报告，此为证明该PPP项目在经济上具有可行性。而现实中的很多PPP项目，并未开展可行性研究报告的编制工作。
- PPP项目的设计文件。设计有可能是概念设计、初步设计（技术设计）或施工图设计。如果有施工图设计最好，次之也需要初步设计（技术设计），仅有概念设计是不太合适的。
- PPP项目实施方案（初步）。切记，是初步实施方案，不是报审稿的实施方案。
- PPP项目产出说明，即此PPP项目建成以后，它的产出是什么，以及产出的质、产出的量等。比如市政道路，修建完成后，道路的长度、道路的宽度、道路的设计使用年限、道路的绿化、道路的照明等情况。
- PPP项目的风险识别和分配情况，即按照风险分配优化、风险收益对等和风险可控等原则，综合考虑政府风险管理能力、项目回报机制和市场风险管理能力等要素，在政府和社会资本间合理分配项目风险。另外，原则上，项目设计、建造、财务和运营维护等商业风险由社会资本承担，法律、政策和最低需求等风险由政府承担，不可抗力等风险由政府和社会资本合理共担。

开展改建类PPP项目物有所值评价，需要具备的资料与新建类PPP项目的资料类型基本相同。

开展存量类PPP项目物有所值评价，至少具备如下4项资料。

- 存量公共资产的历史资料。此类历史资料较多，包括财务报表资料、固定资产清单资料、资产评估报告资料、产权证书资料、项目员工资料等。
- PPP项目实施方案（初步）。
- PPP项目产出说明。
- PPP项目的风险识别和分配情况。

（五）物有所值定性评价指标的合规性

物有所值评价，主要从定性评价与定量评价两个方面予以开展。但是在开展定性评价时，对于定性评价的指标以及相应的权重，有着严格的合规性要求，并不能随意设置。

第一，对于物有所值定性评价指标，笔者将其命名为“66”原则，具体如下。

- “66”原则的第一个“6”：PPP项目物有所值6项基本评价指标。这6项基本评价指标为：全生命周期整合程度、风险识别与分配、绩效导向与鼓励创新、潜在竞争程度、政府机构能力、可融资性。这6项指标必不可少，少一项不行，多一项也不行，所以，也可称之为PPP项目物有所值定性评价的“规定动作”。
- “66”原则的第二个“6”：PPP项目物有所值6项补充评价指标。这6项补充评价指标为：项目规模大小、预期使用寿命、主要固定资产种类、全生命周期成本测算准确性、运营收入增长潜力、行业示范性。但是，对于此6项评价指标，并非必不可少。因为

> 根据财政部《关于印发〈PPP物有所值评价指引（试行）〉的通知》（财金〔2015〕167号）第十八条的规定：项目本级财政部门（或PPP中心）会同行业主管部门，可根据具体情况设置补充评价指标。

第二，对于物有所值定性评价指标的权重，笔者将其命名为“28”原则，具体如下。

- “28”原则的“2”：补充评价指标的权重仅占20%。如果同时采取基本评价指标和补充评价指标予以评价，补充评价指标的权重，不能超过20%。
- “28”原则的“8”：基本评价指标的权重占80%。当然，如果该PPP项目不开展补充评价，基本评价指标的权重即为100%。

另外，基本评价的6项具体指标中，任一指标的权重一般不超过20%；补充评价的6项具体指标中，任一指标的权重一般不超过10%。

第三，对于物有所值定性评价的打分，笔者将其命名为“55”原则，具体如下。

- “55”原则的第一个“5”：每项指标评分分为五个等级。这五个等级为：有利、较有利、一般、较不利、不利。
- “55”原则的第二个“5”：每项指标打分分为五个档次。这五个档次对应五个等级为：100~81分、80~61分、60~41分、40~21分、20~0分。

另外，PPP项目本级财政部门（或PPP中心）会同行业主管部门，按照评分等级对每项指标制定的评分标准，须清晰准确。

（六）物有所值定性评价专家组成的合规性

PPP项目物有所值的定性评价，因其相对于定量评价的主观性，需要专家根据前述指标、权重、打分等来予以综合评定，那么，如何组建PPP项目物有所值定性评价的专家，才符合合规性的要求呢？

第一，专家所属行业范围的合规性要求。开展PPP项目物有所值定性评价的专家，必须要从规定的行业范围内选择，这些行业范围至少包含八个方面：财政、资产评估、会计、金融、PPP的具体行业、工程技术、项目管理、法律。做出如此规定，是因为PPP项目的超级复杂性，没有单独某一个人或某一个行业能全面掌握PPP项目。在专业化分工的今天，让专业的人做专业的事，已经是一种常识。而且，PPP项目均会涉及以上八个方面的知识，所以需要这些方面的专家参与。

第二，专家人数的合规性要求。虽然财政部《关于印发〈PPP物有所值评价指引（试行）〉的通知》（财金〔2015〕167号）并未规定需要多少名专家组成专家组，但是从前述专家所属行业范围的合规性要求来看，如果需要同时满足八个方面，建议以9名专家作为最低的专家组成员数标准，同时，建议以奇数作为专家组的组成方式。对于专家组仅有5名成员的，笔者不建议采用。对于专家组成员为7人，建议慎重采用。

第三，选择专家的合规性要求。财政部《关于印发〈PPP物有所值评价指引（试行）〉的通知》（财金〔2015〕167号）仅规定了至少需要来源于八个方面的专家，但对于专家的标准以及专家从哪个地方选择，并未予以规定。笔者建议可以参考评标专家的规定，即可参考《评标专家和评标专家库管理暂行办法》（原国家发展计划委员会令第29号，自2003年4月1日起施行）第七条的规定："入选评标专家库的专家，必须具备如下条件：（一）从事相关专业领域工作满八年并具有高级职称或同等专业水平；（二）熟悉有关招标投标的法律法规；（三）能够认真、公正、诚实、廉洁地履行职责；（四）身体健康，能够承担评标工作；（五）法规规章规定的其他条件。"笔者建议最优的方式是从政府建立的评标专家库中，按照专业划分，随机抽取具备八个行业范围的专家来开展定性评价；笔者不太建议由PPP项目本级政府的各个组成部门（如财政、国土、建设、规划等部门）中派出相关行政机关工作人员予以评价。

（七）物有所值定性评价程序的合规性

在法律界，流行着这样的说法："若程序不正义，则实质无正义"，或者"没有程序的正义，就没有实体的正义"。在PPP项目物有所值定性评价中，同样需要遵循评价程序的合规性，具体如下。

第一步，整理定性评价资料。PPP项目本级财政部门（或PPP中心）会同行业主管部门，须按照本文前述对于PPP项目的三大分类——新建类、改建类、存量类PPP项目，准备不同的评价资料，以供专家评价，以免造成专家的无米之炊。

第二步，组建定性评价专家组。PPP项目本级财政部门（或PPP中心）会同行业主管部门，应按照本文前述对专家的相关合规性要求，组建满足八个行业的专家。

第三步，将定性评价资料发给专家组。PPP项目本级财政部门（或PPP中心）会同行业主管部门，应提前将定性评价资料交给专家组的每一位专家，让他们提前了解，而不是在会议现场才发放了解。

第四步，召开专家组会议。在召开专家组会议的时候，也有特定的程序合规性要求。

- 专家之间先进行充分的讨论。此项评价，与评标不完全相同，专家之间可以就该PPP项目进行充分的交流、发言、讨论，以便更深入地了解该PPP项目。
- 专家独立打分。经过充分讨论后，专家独立打分，而不能由专家之间协商讨论打一个统一的分数。

- 汇总各位专家评分结果。专家独立打分完毕后，汇总各位专家的评分结果，按照权重的划分，得出最终的评分结果，比如61.23分，81.9分等。
- 形成专家组意见。一般来说，专家组意见为各位专家的主观评价，综合各位专家对该PPP项目的评价认识而得，需要以文字的形式予以表述。

第五步，做出定性评价结论。定性评价结论不是由专家组做出的，专家组只做出评分结果和专家组意见。PPP项目物有所值定性评价结论由PPP项目本级财政部门（或PPP中心）会同行业主管部门做出，且原则上，评分结果在60分（含）以上的，通过定性评价，否则，未通过定性评价。

××××自治区公共资源交易平台系统PPP项目物有所值评价报告

第一章 项目基础信息

一、项目概况

1.1 项目名称

××××自治区公共资源交易平台系统PPP项目。

1.2 项目类型

新建项目，属于信息化建设公用事业类项目。

1.3 项目联系人（略）

1.4 项目所处阶段

项目识别。

1.5 项目进度计划

开工时间：2018年1月1日。

计划完成时间：2018年12月31日。

1.6 项目采用PPP模式运作的必要性

采用PPP模式与采用政府传统投资方式相比，将减小财政压力、增加公共服务供给、优化风险分配、提高效率、促进创新和公平竞争、有效落实政府采购政策。

1.6.1 项目投资规模大，财政资金压力大

本项目改造总投资估算为10 000万元，属于需求长期稳定、回报周期长的信息化建设公用事业工程。如果公共资源交易平台整合建设由政

府财政大包大揽，政府将不得不继续向公共资源交易平台投入持续的资金，将会对自治区政府形成很大的财政压力。对政府来说，采用PPP模式的投入要小于传统方式的投入，两者之间的差值是政府采用PPP模式的收益。

1.6.2 项目周期长，风险大

本项目周期为11年，投资项目存在各方面风险，按照风险分配优化、风险收益对等和风险可控等原则，综合考虑政府风险管理能力、项目回报机制和市场风险管理能力等要素，政府和社会资本可以合理分配项目风险。财务、运营维护等商业风险由项目公司承担，政府承担建设风险、法律风险、政策风险、一部分市场风险和不可抗力风险，大大降低了政府的风险承担成本。

1.6.3公共资源交易平台对服务能力要求高

规范的PPP模式能够将政府的发展规划、市场监管、公共服务职能，与社会资本的管理效率、技术创新动力有机结合，实现资源的优化配置，充分发挥社会资本的专业分工优势，减少政府对微观事务的过度参与，提高公共服务的效率、质量、效益。

二、项目产出说明和绩效标准

2.1 项目产出说明

本项目将各级各部门分散设立的工程建设项目招标投标、土地使用权和矿业权出让、国有产权交易、政府采购、药品和医疗器械采购等交易市场，整合建立统一的公共资源交易平台，实现信息资源共享和规范交易；建立自治区、市联网的电子交易公共服务系统，统一规范公共资源电子化交易规则和程序，实现公共资源交易的标准化、电子化与网络化。全面整合各行业、各部门正在使用的电子化交易系统，统一纳入

公共资源电子化交易系统，实现各部门的电子化交易系统与公共资源交易平台的交易信息共享。充分利用“互联网+”电子政务创新，建立统一的公共资源电子化权力运行监管系统，规范公共资源交易事前、事中、事后全过程的权力运行，推动公共资源交易权力运行监管模式由现场监督转变为线上线下监督相结合。

项目建成后，将在全区范围内形成监管方式、交易平台、信息系统和规则统一的以及公开透明、服务高效、监督规范的公共资源交易平台体系，基本实现公共资源交易电子化、网络化、标准化，纵向实现国家、自治区、市三级联网，横向实现公共资源交易平台与交易综合监管平台联网。在此基础上，逐步推动其他公共资源进入统一平台进行交易，实现公共资源交易平台从依托有形场所向以电子化平台为主的转变。

2.2 绩效标准

项目实施机构协调相关行政部门，建立综合性的服务评价体系，对项目进行绩效评价。根据评价结果和依据PPP合同约定对价格或补贴等进行调整。

三、PPP运作模式

3.1 项目运作模式

本项目属于自治区公共资源电子化系统建设项目，具体采用建设—运营—移交（BOT）模式。建立有效合理的投资回报机制，通过“政府购买服务”、合理的特许经营收费及政府可行性缺口补助来稳定社会资本的预期收益。

3.2 项目公司股权结构

本项目由社会资本方独资成立项目公司，占全部股权。

3.3 项目融资结构

项目资金由项目公司自筹，分为项目公司注册资本金及项目公司融资。其中注册资本金由项目公司股东出资，不低于项目投资估算的20%，其余部分为项目融资，由项目公司负责。

四、风险分配框架

项目设计、建设和运营维护相关风险，组织机构风险、融资的风险、财务风险等风险由社会资本方承担。鉴于以上大多属于商业行为，社会资本方具有较丰富的商业经验，对此类风险的承担相对更为合理。项目的融资、运营也是具有商业性质的，民营企业在项目融资技术和融资市场方面较政府更为熟悉和有经验，能更好地降低风险。社会资本方还可以利用自身经验来避免设计中的缺陷，全面审查开发过程中的各种技术及方法，从而降低设计和建设过程中的各种风险，政府在这方面就显得经验不足，因此这些风险由社会投资方来承担较为合理。

政府方承担选择社会资本方的风险、项目的监管风险、社会责任的风险，项目决策、审批延误风险，法律法规风险等。

不可抗力风险由双方合理共同承担。因为任意一方都没有能力承担该风险的后果，由任意一方承担都会减少其对风险控制的积极性；各方均没有控制能力，所以通常由各利益相关方通过设计有关机制，如调价、可变特许期、缓冲基金等共同共担。针对此类风险，建议以政府和社会资本方按比例共同承担。

五、付费机制

本项目本身具有公益性及可收费性，但是使用者付费不足以满足项目公司收回投资成本。结合本项目的项目产出特点、激励性、支付灵活性、项目可融资性及行业特点等因素，确定项目的回报机制为“使用者付费+可行性缺口补助+政府付费”。其中交易系统按照“谁使用、谁付费”的原则进行服务收费，通过“使用者付费”回收投资成本，并在使用者付费不足以满足项目公司成本回收和合理回报的情况下，由政府以财政补贴或其他优惠政策的形式，给予项目公司经济补助，推进实施PPP项目；而监管、服务系统是依靠“政府付费”回收投资成本的非经营性类型，通过政府购买服务推进实施PPP项目。

第二章　物有所值评价概述

一、物有所值评价依据

- 《中华人民共和国政府采购法》。
- 《中华人民共和国招标投标法》。
- 《中华人民共和国政府采购法实施条例》。
- 《中华人民共和国招标投标法实施条例》。
- 《中华人民共和国行政许可法》。
- 《政府和社会资本合作模式操作指南（试行）》。
- 《政府和社会资本合作项目财政承受能力论证指引》。
- 《政府和社会资本合作项目物有所值评价指引（试行）》。
- 《关于在公共服务领域推广政府和社会资本合作模式指导意见的通知》。
- 《关于推广运用政府和社会资本合作模式有关问题的通知》。
- 《关于规范政府和社会资本合作合同管理工作的通知》。
- 《政府和社会资本合作项目政府采购管理办法》。
- 《基础设施和公用事业特许经营管理办法》。
- 《整合建立统一的公共资源交易平台工作方案》。
- 《关于进一步规范电子招标投标系统建设运营的通知》。

- 《公共资源交易平台管理暂行办法》。
- 《×××自治区人民政府办公厅关于推广运用政府和社会资本合作模式增加公共产品供给的指导意见》。
- 《关于在公共领域推广运用政府和社会资本合作模式的实施意见》。
- 《××××自治区整合建立统一的公共资源交易平台实施方案》。
- 《××××自治区公共资源交易平台PPP项目可行性研究报告》。

二、项目物有所值评价背景

2.1 PPP模式的兴起

PPP模式即公共部门与私人企业合作模式，是指政府、营利性企业和非营利性企业以某个项目为基础而形成的相互合作关系的模式。PPP模式是20世纪90年代在英国公共服务领域开始应用的一种政府与私营部门之间的合作模式。

2012年12月，由于盛行多年的BT模式造成大量地方政府债务、项目全寿命期的效率不高、项目的成本高于一般传统模式10%~20%等问题，财政部出台《关于制止地方政府违法违规融资行为的通知》（财预〔2012〕463号），将其叫停（少数领域除外）。PPP模式可有效地解决公共供给效率低下、政府资金匮乏等问题，各级政府转而关注新常态下的PPP模式。

按照2014年12月2日国家发展改革委发布的《国家发展改革委关于开展政府和社会资本合作的指导意见》（发改投资〔2014〕2724号，以下简称《指导意见》），对PPP模式的概念定义是：政府为增强公共产品或服务供给能力、提高供给效率，通过特许经营、购买服务、股权合作等方式，与社会资本建立的利益共享、风险分担及长期合作关系。

《指导意见》指出：PPP模式的适用范围主要为政府负有提供责任

又适宜市场化运作的公共服务、基础设施类项目；燃气、供电、供水、供热、污水及垃圾处理等市政设施，公路、铁路、机场、城市轨道交通等交通设施，医疗、旅游、教育培训、健康养老等公共服务项目，以及水利、资源环境和生态保护等项目均可推行PPP模式。

PPP模式具有伙伴关系、利益共享、风险共担三大特征，在《指导意见》中，按照经营收费情况将PPP模式分为经营性、准经营性、非经营性三类常见的运作形式。

PPP改革将改变公共资本单一结构的投资困局，对于国家而言是一项能产生上千万亿元资本、资金红利的重大改革。当前，我国开展PPP模式，从中央到地方政府，都在积极鼓励社会资本进入基础设施等领域，参与投资和运营，一方面以此解决城镇化进程中基础设施和公用事业对资金的巨大需求，另一方面以此缓解地方政府财政支出压力和债务。PPP模式将为基础设施提供重要的资本和专业支持，有利于创新投融资机制，拓宽社会资本投资渠道，增强经济增长内生动力；有利于推动各类资本相互融合、优势互补，促进投资主体多元化，发展混合所有制经济；有利于理顺政府与市场关系，加快政府职能转变，充分发挥市场配置资源的决定性作用。

2.2 PPP项目物有所值评价的提出

尽管PPP模式在基础设施项目中的实践已经走过多个年头，但很多实践者仍然对PPP模式本质的认知存有误区，即将PPP模式视作一种融资模式。这也从侧面反映了PPP模式产生和发展的最初始动因——融资需求驱动。事实上，PPP模式的本质是与政府传统投资方式相对应的一种替代性的公共基础设施和相关服务的交付方式，融资只是其某些具体运作模式下的一部分功能。

近年来，“物有所值”的概念在我国的少数PPP项目中开始受到关注，其原因与这一概念在英国诞生时（英国审计署把它定义为“最优化利用可用资源以获取想要的结果”）类似：在促进基础设施领域民间资本参与的政策背景下，PPP模式得以广泛应用，公共部门在决定某个项目采用PPP模式进行运作时，更多是出于对政策的响应以及融资或引资的需要，而非通过理性、客观的比较和评估得出的结论。在此背景下，一些采用PPP模式的项目是否能够实现比政府传统投资方式更高的效率，即更高的投入产出比、更优化的资源配置或更合理的风险分配，成为一个被长期忽视却值得思考的问题。

近年来，在财政部、国家发改委等有关部门政策文件的积极推动下，PPP的浪潮席卷全国，各省市热情高涨，短期之内推出了多达十几万亿元的投资项目。借鉴国外经验，我国也对实施PPP项目设定了一些条件。根据财政部《关于印发政府和社会资本合作模式操作指南（试行）的通知》（财金〔2014〕113号）就对PPP项目的识别、准备、采购、执行、移交等全过程提出了具体意见。其中第八条、第九条规定：财政部门要会同行业主管部门开展物有所值评价工作，对部分政府付费或政府补贴项目开展财政承受能力评价；通过物有所值评价和财政承受能力论证的项目，可进行项目准备。《国家发展改革委关于开展政府和社会资本合作的指导意见》（发改投资〔2014〕2724号）也提出：为提高工作效率，可会同相关部门建立PPP项目的联审机制，从项目建设的必要性及合规性、PPP模式的适用性、财政承受能力以及价格的合理性等方面，对项目实施方案进行可行性评估，确保“物有所值”。审查结果作为项目决策的重要依据。

政府在进行基础设施及公共服务项目采购决策时，只有预期PPP模式能带来物有所值，才予以采用，否则就应当采用其他的投资方式。

三、物有所值评价基本思路

3.1 评价原则

PPP范畴下的物有所值是一个相对概念，需要将PPP模式与政府传统投资方式进行比较。物有所值评价主要回答是否应当采用PPP模式的问题，判断采用PPP模式的必要性。假设两种投资方式的效果相同，则比较投入的多少就可以判断哪种方式更能实现物有所值；假设两种投资方式的投入相同，则比较所获效果的好坏就可以判断哪种方式更物有所值。

本项目在PPP模式和政府传统投资方式下，所获得的效果一样，因此本项目物有所值评价采用在两种投资方式效果相同的情况下，比较投入的多少即政府支出成本净现值的多少来判断哪种方式更能实现物有所值。

3.2 评价框架

物有所值考虑的是项目全生命周期内不同方案的成本和风险，包括定性评估（可行性、合理性、可完成性）和定量评估（公共部门比较值）。物有所值评价结果一般作为是否采用PPP模式和确定风险分担的依据。财政部门（或PPP中心）应对项目实施方案进行物有所值和财政承受能力验证，通过验证的，由项目实施机构报政府审核；未通过验证的，可在实施方案调整后重新验证；经重新验证仍不能通过的，不再采用PPP模式。

根据财政部2014年11月29日发布的《关于印发政府和社会资本合作模式操作指南（试行）的通知》（财金〔2014〕113号）的规定：财政部门（政府和社会资本合作中心）会同行业主管部门，从定性和定量两个方面开展物有所值评价工作；定性评价重点关注项目采用政府和社会资本合作模式与采用政府传统投资方式相比能否增加供给、优化风险分配、提高运营效率、促进创新和公平竞争等；定量评价工作由各地根据实际情况开展。

根据财政部2015年12月18日发布的《关于印发〈PPP物有所值评价指引（试行）〉的通知》（财金〔2015〕167号）的规定，物有所值评价包括定性评价和定量评价，现阶段以定性评价为主，鼓励开展定量评价。

第三章　物有所值定性评价

一、定性评价程序

物有所值定性评价基本程序如下：

- 专家在充分讨论后按评价指标逐项打分；
- 按照指标权重计算加权平均分，得到评分结果，形成专家组意见。

二、定性评价指标及权重

2.1 基本指标及其权重

本项目定性评价包括六项基本评价指标，分别为全生命周期整合程度、风险识别与分配、绩效导向与鼓励创新、潜在竞争程度、政府机构能力、可融资性。六项基本评价指标的权重共为80%。

- 全生命周期整合程度指标主要考核在项目全生命周期内，项目设计、投融资、建造、运营和维护等环节能否实现长期、充分整合。其权重为15%。
- 风险识别与分配指标主要考核在项目全生命周期内，各风险因素是否得到充分识别并在政府和社会资本之间进行合理分配。其权重为15%。

- 绩效导向与鼓励创新指标主要考核是否建立以基础设施及公共服务供给数量、质量和效率为导向的绩效标准和监管机制，是否落实节能环保、支持本国产业等政府采购政策，能否鼓励社会资本创新。其权重为10%。
- 潜在竞争程度指标主要考核项目内容对社会资本参与竞争的吸引力。其权重为15%。
- 政府机构能力指标主要考核政府转变职能、优化服务、依法履约、行政监管和项目执行管理等能力。其权重为10%。
- 可融资性指标主要考核项目的市场融资能力。其权重为15%。

2.2 补充指标

经××××自治区财政局会同相关职能部门，根据项目具体情况就六项基本评价指标未涵盖的其他影响因素设置了四项补充评价指标，分别是项目规模大小（权重8%）、预期使用寿命（权重6%）、示范带动性（权重6%）。补充指标的权重总共为共20%。

三、定性评价评分标准

每项指标评分分为五个等级，即有利、较有利、一般、较不利、不利，对应分值分别为100~81、80~61、60~41、40~21、20~0分。××××自治区财政局会同相关职能部门，按照评分等级对每项指标制定清晰准确的评分标准。

四、全生命周期整合潜力分析

4.1 全生命周期理论

全生命周期是指项目从设计、融资、建造、运营、维护至终止移交的完整周期。全生命周期整合程度主要考核项目在全生命周期内，项目设计、投融资、建造、运营和维护等长期一体化集成的程度。

4.2 采用PPP模式在全生命周期整合方面的优势

政府传统投资方式是指政府与其所属机构直接负责公共服务项目的设计、融资、建造、运营和维护等工作（含委托多个他人分别执行其中的部分工作），并承担项目主要风险。与采用政府传统投资方式相比，采用PPP模式进行公共设施项目建设的关键在于引入社会资本承担公共产品与服务项目融资、建设、运营等大部分工作，双方按照平等协商原则订立约定双方权利、义务的合同，由社会资本方提供公共服务，政府依据公共服务绩效评价结果向社会资本方支付相应费用，保证社会资本方获得合理收益。政府部门在寻找社会资本方时，更看重的是对方的营运能力，也就是说社会资本方除了能提供资金外，还能提供专业服务。PPP模式需要整合全生命周期的管理，可以实现管理成本的最优化。

- 从公共产品理论来看，社会资本方参与提供准公共产品，能够发挥政府与社会资本方双方的优势，提高公共产品质量，提升产品供给效率，实现“1+1>2”的效果。同时，风险能“跨部门”进行动态分配，让双方承担各自擅长控制的风险，从而实现“帕累托最优”。
- 从运作特点来看，在PPP模式下，政府选定社会资本方作为合作伙伴，与社会资本方全程合作。一旦项目收益超过预期，政府就要依据合同约定，下调公共产品的价格，避免社会资本方获得暴利。反之，政府就要通过补贴和涨价等方式，使社会资本方获得合理的回报，确保项目可持续，保证项目全生命周期建设。
- 从运作效果来看，PPP模式是一种能使“政府、企业、社会多方共赢”的公共产品提供方式。PPP模式突破了传统的政府与私营部门的分工边界，通过构建公共产品新产权关系，整合了政府与社会资本方的各自优势，能“让专业的人做专业的事”，把政府的政策意图、社会目标和私营部门的运营效率、竞争压力结合起来，充分提高公共产品供给效率。

4.3 公共资源交易平台项目采用PPP模式在全生命周期建设中的优势

××××自治区公共资源交易平台项目欲采用PPP模式中的BOT模式进行项目建设，签订项目合同，将项目的建设、融资、运营、维护、管理等全生命周期环节整合起来，通过长期合同全部交给社会资本方实施，实现物有所值。

××××自治区人民政府欲以竞争性磋商方式选择富有建造、运营、维护、管理经验，并且具有足够融资能力的社会资本方作为合作方。选定的社会资本方独自出资建立特殊目的的公司（SPV）实施本项目的建设，合作期限为10年。双方签订约定双方权利义务及风险分配的PPP项目合同、特许经营协议。项目公司对本项目的资金筹措、优化设计、建设实施、运营管理、用户服务等全权负责。特许经营期期满时，项目公司应在约定移交日向××××自治区人民政府或政府指定机构在无偿、完好、能正常运营、无债务、无设定抵押担保的条件下移交项目设施的所有权和相关权益。

本项目建立政府、公众共同参与的综合性评价体系。根据考核目标建立事前设定绩效目标、事中进行绩效跟踪、事后进行绩效评价的全生命周期绩效管理机制，将政府付费、可行性缺口补助及使用者付费与绩效评价挂钩，考核结果作为监督考核和支付托管费用的依据，确保实现公共利益最大化。

本项目采用BOT模式，将本项目的建设、融资、建造、运营、维护、管理整合到一个合同中，依托社会资本方深厚的资金实力，引进社会资本方先进的管理和技术，可以保证项目建设资金供应，整合项目全生命周期的管理，实现管理成本的最优化，在全生命周期过程中对于政府、社会资本方和社会公众都有较大利益。

- 对于政府方来说，可以拓宽资金来源，减小财政压力。由社会资本进行项目全生命周期建设，承担建设、投资、融资、运营、维护等责任，政府作为监督者和合作者，减少了对微观事务的直接参与，可有更多的精力投入更多公共基础设施建设中，有利于促进经济结构调整和转型升级，有利于提升国家治理能力、深化财税体制改革。
- 对于社会资本方来说，本项目采用BOT模式，允许社会资本方参与公共基础设施、公共服务设施建设，创造了更多的投资机会；本项目采用竞争性磋商方式选用社会资本方，择优选择在专业资质、技术能力、管理经验和融资能力方面有优势的社会资本方参与项目建设、运营，给社会资本方提供公平竞争的机会。在运营期，为了达到设定的绩效目标，更快地获得合理收益，必定激发社会资本方整合全生命周期人力、物力、财力资源，节约成本，减少变更，缩短建设期；使用者付费与绩效考核相结合，必定激发社会资本方创新经营，提高技术能力和管理能力，确保项目高效运营，实现管理成本的最优化。
- 对于社会公众来说，实行自治区公共资源交易平台PPP项目，可以有效地改善公共资源交易条件，全面提高公共资源交易效率，提升社会满意度；同时项目建设、运营、维护、管理及用户服务必定需要一定人力，可以给周边群众带来更多的就业和发展机会。

总之，采用PPP模式，政府方和社会资本方在初始阶段就共同参与论证，项目参与各方整合组成战略联盟，有利于确定项目融资可行性，缩短前期工作周期，使项目费用降低；有利于社会资本方一开始就引入先进技术和管理经验；可以合理利用资源，可行性论证较严谨，避免了无效益项目的开工或重复建设，有利于降低全生命周期成本。

五、风险识别与分配分析

5.1 风险识别

5.1.1 项目设计、建设和运营维护相关风险

项目需完成设计、建设和运营等工作，所以项目面临诸多相关的风险：项目设计不达标；建设成本超支、试运行不达标、技术未达到相应的经济指标等；工期延误，未按预定建设期限完工；技术风险以及移交资产不达标风险等。应对以上风险，需制定明确的建设标准，对建设过程中一些不好控制的投资进行量化，超过投资的部分要有明确安排。

5.1.2 选择社会资本方的风险

项目的社会资本方以《财政部关于印发〈政府和社会资本合作项目政府采购管理办法〉的通知》（财库〔2014〕215号）来选择。本项目公益性强，经济和社会效益并重，运营者的经营能力和市场信誉直接影响着项目未来的运营状况。因此在选择社会资本方时，要注重对社会资本方公共资源平台运营能力的考核。

5.1.3 项目融资的风险

项目融资也存在着一定的风险，如融资结构不合理、金融市场不健全、融资的可行性等因素引起的风险，其中最主要的表现形式是资金筹措困难。在选定中标者之后，政府与选中的社会资本方草签特许权协

议，选中的社会资本方需凭草签的特许权经营协议在规定的融资期限内完成融资，特许经营协议方可正式生效。如果在给定的融资期内未能完成融资，社会资本方将会被取消资格，其投标保证金也将被没收。

5.1.4项目的监管风险

PPP模式有助于打破垄断，筹集建设资金。由于本项目的公共性、地域性和对社会经济的重要影响，必然要求政府为了公共的利益对项目进行全方位的监管。政府监管的力度和效用性对项目的运营有着重要的影响。

5.1.5.组织机构风险

组织机构方面的风险主要指项目组织设置方案不适于项目的建设或运营，项目法人代表、企业管理层不能胜任项目的组织与管理，影响项目的实施。

5.1.6 财务风险

财务风险包括资本结构不合理、财务管理不完善、服务价格风险分配设计不合理、运营成本超支等。此类风险的应对机制是组建有经验的运营团队，或选择专业队伍对项目设施的运营维护进行委托，约定运营商应承担的义务和违约责任，以便传递风险。

此外，主要成本因素如电价、社会平均工资水平、药剂费用、折旧费用等在漫长的经营期内也面临着自然上涨的风险，而这些因素的价格上涨将直接导致成本上升，并影响投资人的投资回收期和项目的稳定运营，从而影响项目的收益。建议通过发挥调价公式和一般补偿机制的作用加以应对。

5.1.7 社会责任风险

由于从事公用事业的企业有其特殊性，需要承担一定的与社会公众切身利益相关的社会责任，所以，在公用事业特许经营企业的股权转让过程中，政府相关部门需要承担一定的风险。

5.1.8 项目决策、审批延误风险

此风险可能导致项目周期过长，增加项目前期成本。

5.1.9 法律法规等风险

税收政策变化、环保标准变化、投资政策变化、汇率政策变化、利率政策变化、一般法律变更、专项法律变更、产品服务标准提高等会导致项目收益减少、项目运作成本增加、合同无法执行，因此要合理分配此类风险。

本项目所涉及的政府补贴缴纳增值税的相应税收风险，由于目前国家未出台有关文件，暂按设定条件来考虑。此风险应属于由政府方承担的税收法律、法规风险的调整范围。

5.1.10 不可抗力风险

不可抗力风险通常分为两类：

- 自然因素导致的不可抗力风险：由于不能合理预见的自然灾害（如地震、洪水、台风等）、病疫等事件导致本项目失败或收益大幅度减少的风险。
- 非自然因素导致的不可抗力风险：由于不可合理预见的战争、暴乱、罢工等导致本项目失败或收益大幅减少的风险。

不可抗力风险应当由政府和社会资本方合理共担。

5.2 风险分配方案

5.2.1 社会资本方承担的风险

项目设计、建设和运营维护相关风险，组织机构风险、融资风险、财务风险等由社会资本方承担。鉴于这些风险大多与商业行为有关，社会资本方具有较丰富的商业经验，对此类风险的承担相对更为合理。项目的融资、运营也是具有商业性质的，社会资本方在项目融资技术和融资市场方面较政府更为熟悉和更有经验，能更好地降低风险。社会资本方还可以利用自身经验来避免设计中的缺陷，全面审查开发过程中的各种技术及方法，从而降低设计和建设过程中的各种风险，但政府在这方面就显得经验不足，因此这些风险由社会资本方来承担较为合理。

5.2.2 政府方承担的风险

选择社会资本方的风险、项目的监管风险、社会责任风险，项目决策、审批延误风险，法律法规风险由政府承担。

5.2.3 政府方和社会资本方共担的风险

不可抗力风险由双方合理共同承担。因为任意一方都没有能力承担该风险，由任意一方承担都会减少其对风险控制的积极性。针对此类风险，各方均没有控制能力，所以通常由各利益相关方通过设计有关机制（如调价、可变特许期、缓冲基金等）共同承担。政府和社会资本方应按比例共同承担不可抗力风险。

本项目风险分配情况详见表4–1。

表4-1 本项目风险分配基本框架表

编号	风险种类	风险承担方
1	项目设计、建设和运营维护相关风险	社会资本方
2	组织机构风险	社会资本方
3	融资风险	社会资本方
4	财务风险	社会资本方
5	选择社会资本方的风险	政府
6	项目的监管风险	政府
7	社会责任风险	政府
8	项目决策、审批延误风险	政府
9	法律法规风险	政府
10	不可抗力风险	政府和社会资本方共担

5.3 风险应对措施

5.3.1 降低政治风险

政治风险至少可包括三类：其一是国家风险，如政治体制的崩溃，对项目实行国有化等；其二是国家政治、经济政策的稳定性风险，如税收制度的变更；其三是社会治安、公众利益和公众参与所产生的风险，尤其是权益保护意识增强所产生的风险。

5.3.2 提供政策法律保障

制定一套完善、完备的相关法律法规制度是PPP模式顺利、有效运行的基础和前提。PPP模式作为一种合同式的投资方式，涉及担保、税收、外汇、合同、特许权等诸多方面，政府需要制定一套完善、完备的相关法规与政策，并尽可能预见可能的变化而留有调整的余地，比如税负方面的调整和修改、环保标准和要求的变化、法律的修改、劳资关系的调整、土地租让政策的变化以及其他政府宏观经济政策的变化等，由此保障PPP项目在合同期限内的政策稳定性，使PPP项目得以顺利而有效地运行。

5.3.3提供一定的外在条件支持

政府应在物质方面保障项目所需的原材料供应、提供可使用的劳动力等辅助性设施；提供一定的税收、外汇、土地使用等优惠政策；通过简化审批手续和过程，提高政府效率，成立协调小组等来规范服务及提高行政效率；防止在一定区域的同类项目竞争，提供知识产权保护和其他秘密信息等保护。

5.3.4依法进行合作与监督

项目公司依据特许合同约定负责筹资、建设及经营，政府遵循合作与信任、平等互惠原则对项目的具体实施过程中遇到的问题和障碍提供必要的支持和参与问题的解决。只要特殊目标公司按照特许权合同和有关法律从事投资建设经营活动，政府就应充分给予建设经营的自主权。但是，PPP模式不同于传统的承包做法，也不同于完全的私有化，政府依法监督项目公司依据合同约定和法律规定满足公共产品或服务需求仍然是必要的。政府监管主要分为事前准入监管、事中过程监管和事后绩效监管三类，并贯穿于整个项目过程。

5.3.5设计合理的收益与风险承担机制

政府根据项目的财务特点确立合理的交易结构是民营资本进入的必要条件。风险分担机制则是PPP项目的核心。一般通过对项目现金流进行预测和测算分析，判断项目自身的收入能否覆盖所有的支出并实现基本的回报要求，再按照“最优风险分配原则”对项目风险在各相关主体间进行分配，由此使社会资本方获得与风险水平相匹配的收益。

5.3.6提供审慎的承诺

PPP模式周期比较长，在具体项目承诺上政府应谨慎。政府的承诺要合理合法，并建立在对未来环境变化和风险因素客观评估的基础上，尤其是对回报率、收费标准、终止合同条件、汇率和利率变化等事项的承诺方面，预留调整空间并设计合理合法的调整机制，由此既可保证项目生产或运营的可持续性，使社会资本方的投资成本及运营成本得以补偿并获得合理回报，又避免政府失信违约或陷于对PPP项目监管的被动局面。

六、绩效导向与鼓励创新

6.1 绩效导向

公共服务绩效评估是根据政府公共服务的效率、能力、质量、公共责任和社会公众满意度等方面的分析与判断，对政府部门公共服务过程中投入产出状况、中期成果和最终成果所反映的服务绩效进行评定和划分等级的过程。公共服务绩效评估是提高政府公共服务水平的重要途径，是衡量政府绩效的尺度，是绩效评估不可或缺的工具。因此，公共服务评估标准体系建设是公共服务绩效评估中最关键的一个环节。

公共服务绩效评估标准体系的内容包括：数量、质量、可行性、效率、公众对服务的满意度、施工成本、施工进度。其中数量标准、质量标准和效率标准为关键性指标。

6.1.1数量

根据××××自治区公共资源交易平台PPP项目的功能要求，本PPP项目主要建设内容包含以下几个部分。

- 公共资源电子服务系统建设：公共资源交易服务门户网站群、

信息发布服务子系统、专家信息管理子系统、主体信息管理子系统、信用信息管理子系统和监管信息管理子系统等。

- 公共资源电子交易系统建设：工程建设项目（住建、水利、交通、铁路等）招投标子系统、政府采购交易子系统、权益类交易子系统、医药和医疗器械采购子系统等。
- 公共资源电子监管系统建设：事中综合监管系统、事前权力运行监管系统和事后权力运行监管系统。
- 应用支撑平台建设：为系统的运行提供应用服务器中间件、数据库软件等。
- 基础设施平台建设：根据系统建设需求，向××××自治区电子政务外网机房申请满足系统运行所需的服务器、存储器、网络、安全等基础设施。由××××自治区公共资源交易中心主持项目的推进实施。

本PPP项目的总投资为10 000万元。根据实际情况，本项目若采用政府传统投资方式，政府全部投入，将需要存量资金；若采用PPP模式，政府无须再投入，还可以盘活存量资金，相比传统模式可节省项目投资1 000万元，这部分资金可用于其他公共设施项目建设，增加公共供给。

通过采用PPP模式，可拓展项目建设的融资渠道，形成多元化、可持续的资金投入机制，有利于整合社会资源，盘活社会存量资本，激发民间投资活力，拓展企业发展空间，提升经济增长动力，促进经济结构调整和转型升级，增加公共供给。

6.1.2质量

本项目符合国家产业政策和地方发展规划，得到国家和地方相关政策的鼓励和支持。根据城市规划及国家有关建设程序和标准、规范，依法组织项目的设计、施工、监理招标，确保工程工期和质量，并提倡推广新技术、新材料、新设备、新工艺，建设节能、节水、节材、节地和环保型工程。

本项目在建设、运营过程中，规范建设程序，规范招投标行为，落实项目法人责任制、合同管理制、工程监理制，严格建筑材料检验制度等，明确质量安全工作要求；建立了质量责任追溯制度，推行质量安全永久责任制度，要求项目法人对项目建设质量负终身责任，勘察、设计、施工、监理等单位依法对建设工程质量负责。

政府部门和社会力量可以取长补短，发挥政府公共机构和社会企业各自的优势，弥补对方的不足。双方可以形成互利的长期目标，可以以最有效的成本为公众提供高质量的服务。

6.1.3可行性

在融资可行性方面，采用PPP模式，要求社会资本方在行业内具有较好的信誉度。在国内，银行业融资具有一定的可靠性，对融资机构的吸引力较大，具有融资可行性。融资可行性分析一般按照项目投资的40%资本性投资和60%的信贷资金考虑一个平均利率，这个平均利率与基准贷款利率相比较，并结合企业信用、融资渠道等综合因素进行方案分析。

本项目社会资本投资总额10 000万元，其中：40%资本性投资为4 000万元，这部分不计算财务成本利息，60%信贷资金为6 000万元，按照商业银行贷款利率7.2%计算，年财务资金432万元，综合资金利率为4.32%（=432/10 000），略高于存款利率，低于基准贷款利率4.9%（五年以上贷款基准利率）。本项目采用“使用者付费+可行性缺口补助+政府付费”的复合型回报机制，具有一定的盈利能力和偿债能力，收益稳定，并能抵抗一定的风险，因此项目对社会资本投资具有一定的吸引力，项目具有融资可行性。

通过BOT模式，一方面有助于政府减轻投资压力，为新项目筹集资金；另一方面也为政府与私人之间的投资合作提供了一种新的途径，既解决了运营问题，又借助私营企业的经营管理经验，提高了基础设施项目的运行效率。对于项目公司而言，由于本项目是新建项目，社会资本方承担建设期的风险，减少了政府承担的风险。

在风险分配方面，PPP模式在项目初期就可以实现风险分配，同时由于政府分担一部分风险，使风险分配更合理，减少了承建商与投资商的风险，从而降低了融资难度，提高了项目融资成功的可能性。政府在分担风险的同时也拥有一定的控制权。

6.1.4效率

规范的PPP模式能够将政府的发展规划、市场监管、公共服务职能，与社会资本的管理效率、技术创新动力有机结合，减少政府对微观事务的过度参与，提高公共服务的效率与质量。

- 对政府来讲，可以减轻政府债务负担，减缓地方融资平台的压力，有效促进政府职能转变，有助于促进政府较少地对微观事务的干预，腾出更多的精力放到规划和监管上。
- 对企业来讲，可以降低参与公共领域项目的门槛，拓宽私人部门的发展空间，进一步激发非公有制经济的活力。
- 对社会来讲，通过“让专业的人做专业的事”，高低效益相匹配，产生宏观效益，提高公共产品的供给效率。

6.1.5公众对服务的满意度

实行本项目，可以有效地改善公共资源交易条件，全面提高公共资源交易效率，提升社会满意度；同时项目建设、运营、维护、管理及用户服务必定需要一定的人力，可以促进相关行业的发展，给周边群众带来更多的就业和发展机会。本项目是一项“德政工程”“民心工程”，因此本项目能得到广大群众的支持和配合，具有相当高的可接受性。

6.1.6 建设成本

本项目要求建设单位积极推行“绿色工程”，通过有效应用清洁生产技术，减少建设对环境的负面影响。本项目创建节约型工地，在建设过程中节约使用水、电、气等资源，降低建设能耗。与政府传统投资方式进行比较，本项目将有效地整合配置资源，使资源利用最大化，降低施工成本，建设管理费用低。

6.1.7 建设进度

本项目，初步确定建设期为1年，可行性研究报告批复后要尽快着手进行前期准备工作，及时委托设计单位编制项目的初步设计和施工图设计，并进行场地平整工作。本项目采用PPP模式进行，责任主体明确单一，依据PPP合同可以优化项目的全生命周期，减少不必要的延误，使建设周期更为合理，建设进度相较政府传统投资方式更快，更高效。

本项目在实施过程中，加强工程质量、运营标准的全过程监督，确保本项目产出的质量、效率和延续性。

6.2 监管机制

6.2.1 政府方的监督权

在项目从建设到运营的各个实施阶段，为了能够更好地了解项目进展、确保项目能够按照合同约定履行，政府方通常会在PPP项目合同中规定各种方式的监督权，这些监督权通常散见于合同的不同条款中。需要特别说明的是，政府方的监督权必须在不影响项目正常实施的前提下行使，并且必须要有明确的限制，否则将会违背PPP项目的初衷，将本已交由项目公司承担的风险和管理角色又揽回政府身上。不同项目、不同阶段下的政府监督权的内容均有可能不同，常见的政府方监督权包括以下方面。

第一，项目实施期间的知情权。在PPP项目合同中通常会规定项目公司有义务定期向政府提供有关项目实施的报告和信息，以便政府方及时了解项目的进展情况。政府方的上述知情权贯穿项目实施的各个阶段，每一阶段知情权的内容和实现方式也会有所不同，具体包括以下方面。

- 建设期——审阅项目计划和进度报告。在项目正式开工以前（有时在合同签订前），项目公司有义务向政府提交项目计划书，对建设期间重要节点做出原则规定，以保障按照该工程进度在约定的时间内完成项目建设并开始运营。在建设期间，项目公司还有义务定期向政府提交项目进度报告，说明工程进度及项目计划的完成情况。有关项目计划和进度报告的格式和报送程序，应在PPP项目合同的条款或者附件中予以明确约定。
- 运营维护期——审阅运营维护手册和有关项目运营情况的报告。在开始运营之前，项目公司通常应编制项目运营维护手册，载明生产运营、日常维护以及设备检修的内容、程序和频率等，并在开始运营日之前报送政府备查。在运营维护期间，项目公司通常还应定期向政府报送有关运营情况的报告或其他相关资料。本项目运营维护报告包括：项目设施的日常检修、维护状况、噪声监测、大气监测、机器设备的定期检查维修、安全隐患的检查、严重事故报告等。此外，有时政府也会要求项目公司定期提交经审计的财务报告、使用者相关信息资料等。

第二，进场检查和测试。在PPP项目合同中，有时也会规定在特定情形和一定限制的条件下，政府方有权进入项目现场进行检查和测试。

政府方行使进场检查和测试权不得影响项目的正常实施，并且受制于一些特定的条件，例如：需要遵守一般的安全保卫规定，并且不得影响项目的正常建设和运营；履行双方约定的合理通知义务后才可入场；仅在检查建设进度、监督项目公司履约情况等特定目的下才有权进入场地。

第三，对承包商和分包商选择的监控。政府方希望在建设承包商或者运营维护分包商的选择上进行一定程度的把控，通常可能采取两种途径。

- 在合同中约定建设承包商或运营维护分包商的资质要求。但须特别注意，上述要求必须是保证本项目建设质量或者运营质量所必需的且合理的要求，不得不合理地限制项目公司自行选择承包商或分包商的权力。
- 事先知情权。要求项目公司在签订工程承包合同或运营维护合同前事先报告政府方，由政府方在规定的期限（如7个工作日）内确认该承包商或分包商是否符合上述合同约定的资质要求。

需要特别说明的是，在PPP项目中，原则上项目公司应当拥有选择承包商和分包商的充分控制权。政府方对于项目质量的控制一般并不依赖于对承包商及分包商选择的直接控制，而是通过付费机制和终止权利来间接地把控项目的履约。例如，如果项目质量无法达到合同约定的标准，项目的付费就会被扣减，甚至在严重情形下，政府方可以终止项目。

第四，参与项目公司。在PPP实践中，为了更直接地了解项目的运作以及收益情况，政府也有可能通过直接参股项目公司的方式成为项目公司股东，甚至董事（即使政府所持有的股份可能并不多），以便更好地实现知情权。在这种情形下，原则上政府与其他股东相同，享有作为股东的基本权利，同时也需履行股东的相关义务，并承担项目风险，但是经股东协商一致，政府可以选择放弃部分权利或者可能被免除部分义务。有关政府与其他股东的权利义务安排，通常会规定在项目公司的股东协议中。就本项目而言，政府方将在公用环保设施项目子公司中进行相应参股。

6.2.2 公众监督

为保障公众知情权，接受社会监督，PPP项目合同中通常还会明确约定项目公司依法公开披露相关信息的义务。关于信息披露和公开的范围，一般的原则是除法律明文规定可以不予公开的信息外（如涉及国家安全和利益的国家机密），其他的信息均可依据项目公司和政府方的合同约定予以公开披露。

本项目在运营期间需要公开披露价格、运营成本、质量安全等信息。

6.3 鼓励创新

6.3.1 项目建成后项目产出绩效要求达到相应的约定标准

当项目产出绩效未达到约定标准的，项目实施机构应执行项目合同约定的惩处条款。产出说明仅对应产出的规格要求，不对项目的投入和项目公司的具体实施等提出要求，从而提供创新机会。

6.3.2 提前制定项目的收费标准、经营期限

在政府与项目公司签订特许经营合同中，政府提前根据项目预期的工程规模、投资估算和投资收益分析，提前制定项目的收费标准、经营期限。项目公司通过技术创新降低投资金额、增加经营收入。政府除了正常的税费要求外，不参与新增效益的分配。工程建设完成后，根据政府方指定的第三方中介机构审定的建设投资决算，采取变更合作年限及提请物价部门重新核定收费的方式进行调整。

6.3.3 创新投融资模式，筹集项目所需资金，加快项目建设的需要

基于国家不断收紧地方债，限制融资平台贷款的现状，只有加快

投融资体制创新，整合社会资源，引入社会资本与政府合作，形成多元化、可持续化的资金投入机制，才能加快项目建设并实现早日投产，尽快发挥项目的社会效益和经济效益。

6.3.4 引进先进的管理和技术，提高建设、经营、维护和管理效率

PPP项目能够发挥社会资本方和民营机构的能动性和创造性，提高建设、经营、维护和管理效率，引进先进的管理和技术，从而带动国内行业水平的提高。

七、潜在竞争程度分析

本项目自身拥有非常多的优势条件，具体如下。

- 通过PPP模式建设本项目，社会资本方可以得到最有利的税收条件，拓宽项目资金来源，极小化了社会资本方的政治风险，加上其他风险管理措施合理分散了风险，减少了风险危害并保留了投资收益。
- 使项目参与各方整合组成战略联盟，对协调各方不同的利益目标起到关键作用。通过竞争性磋商的方式选择社会资本方，推动项目运营管理等方面的革新，提高办事效率，传播最佳管理理念和经验。
- 社会效益显著。项目建成后，将在全区范围内形成监管方式、交易平台、信息系统和规则统一的，以及公开透明、服务高效、监督规范的公共资源交易平台体系，基本实现公共资源交易电子化、网络化、标准化，纵向实现国家、自治区、市三级联网，横向实现公共资源交易平台与交易综合监管平台联网。本项目的收益主要用于项目的建设、运营维护等，做到本项目的持久、持续、高效的运作。

八、政府机构能力分析

8.1 PPP理念

PPP模式主要适用于政府负有提供责任又适宜市场化运作的公共服务、基础设施类项目：燃气、供电、供水、供热、污水及垃圾处理等市政设施，公路、铁路、机场、城市轨道交通等交通设施，医疗、旅游、教育培训、健康养老等公共服务项目，以及水利、资源环境和生态保护等项目。

PPP模式是在基础设施及公共服务领域建立的一种长期合作关系。PPP模式通常是由社会资本方承担设计、建设、运营、维护等大部分工作，并通过“使用者付费”及必要的“政府补贴”获得合理投资回报；政府部门负责基础设施及公共服务价格和质量监管，以保证公共利益最大化。推广运用PPP模式，是国家确定的重大经济改革任务，对于转变政府职能、优化服务、依法履约、行政监管、建立现代财政制度和项目执行管理能力的提高有着重要意义。

- 推广PPP模式是适应“加快转变政府职能”要求的一次变革。按照进一步简政放权的要求，政府职能更多地转向宏观战略、公共服务、市场监管，切实减少对微观事物的管理和干预。通过PPP模式，政府将真正实现“职能转变”，由“管理者”转变为“监督者、合作者”，能够把更多的精力放到制定发展战略上，把更多的注意力放到加强监管上，既可以降低行政管理成本，又可以减少权力寻租空间。
- 推广PPP模式可进一步优化政府提供的服务。推进国家治理体系和治理能力现代化，是党的十八届三中全会全面深化改革的总目标之一。从管理到治理，这是重大的理论创新，强调政府、市场、社会等多元主体之间的良性互动和各自定位，明确平等的责任义务。PPP模式能够将政府的战略规划、市场监管、公共服务与社会资本的管理效率、技术创新有机地结合在一起，有助于厘清政府与市场边界，提升政府的法治意识、契约意识和市场意识，更好地履行公共职能，全面提升公共服务水平。

- 在PPP模式中，双方依据平等、公平、自愿的原则，签订约定双方权利、义务的合同，规范化的政府举债模式代替了风险敞口巨大的隐性负债，双方合理分担风险，依法履约。推广PPP模式，有利于利用民间资本先进的管理技术和管理能力，加快公共服务设施建设，优化服务。在PPP模式中，市场化的融资手段代替了行政性的政府补贴，法制化的融资机制代替了指令性的项目审批。
- 推广PPP模式，要求政府建立独立、透明、可问责、专业化的PPP项目监管体系，形成由政府监管部门、投资者、社会公众、专家、媒体等共同参与的监督机制，体现公开、公平、公正的原则，有利于项目的顺利进行和可持续发展。
- 推广PPP模式是适应"建立现代财政制度"要求的一次变革。党的十八届三中全会要求，要建立跨年度预算平衡机制，建立权责发生制的政府综合财务报告制度。PPP模式强调将一部分政府性债务剥离出去，并提高效率，有助于减轻政府债务压力，又有助于创新财政管理理念，从以往单一年度的"预算收支管理"，逐步转向强化中长期财政规划和"资产负债管理"。通过中长期规划，公开收费或补贴的调整机制，并同年度预算安排相结合，切实做好PPP项目"全生命周期"的"预算管理"，这本来就是建立现代财政制度科学化、透明化的应有之义。
- 采用PPP模式进行项目建设的关键在于社会资本方承担公共产品与服务项目融资、建设、运营等大部分工作，政府部门在寻找社会资本方时，更看重的是对方的营运能力，也就是说社会资本方除了能提供资金外，还能提供专业服务。采用PPP模式有利于社会资本方一开始就引入先进技术和管理经验，能“让专业的人做专业的事”，把政府的政策意图、社会目标和社会资本方的运营效率、竞争压力结合起来，充分提高公共产品供给效率，提高项目的执行管理能力。

8.2 政府的PPP能力

××××自治区政府具有PPP理念，项目实施过程中要依法依合同平等合作、风险分担、全生命周期绩效管理。PPP模式不仅是基础设施及公共服务融资手段，更是转变政府职能、建立现代财政制度的重要手段。

在国务院发布PPP相关政策后，××××自治区财政厅、××××自治区发展和改革委员会和中国人民银行××中心支行联合发布了《关于在公共领域推广运用政府和社会资本合作模式的实施意见》，为自治区实施PPP项目明确了程序和要求，推出了推进PPP改革的政策措施，拓宽了公共领域项目建设的融资渠道。这是××××自治区关于推广运用PPP模式级别最高、最具权威的文件，具有很强的指导性、针对性和操作性，它明确了推广PPP模式的最终目标是确保公共利益最大化。

本项目的付费机制为“政府付费+使用者付费+可行性缺口补助”，定价机制透明、有稳定现金流，满足适宜采用PPP模式的特点要求，符合现行的法律法规和政策要求。

本项目由项目公司负责项目的投资、融资、建设和运营。项目公司完成公共产品建设后移交给政府指定机构，并开始对公共产品进行经营维护。××××自治区政府对此类项目具有丰富的建设、管理经验和能力。

××××自治区财政厅组织参与自治区公共资源交易平台综合开发项目的相关人员对《财政部关于推广运用政府和社会资本合作模式有关问题的通知》(财金〔2014〕76号)、财政部《关于印发政府和社会资本合作模式操作指南(试行)的通知》(财金〔2014〕113号)、《国务院办公厅转发财政部 发展改革委 人民银行关于在公共服务领域推广政府和社会资本合作模式指导意见的通知》(国办发〔2015〕42号)、《国家发展改革委关于开展政府和社会资本合作的指导意见》(发改投资〔2014〕2724号)等相关PPP文件进行集中学习，深入领会PPP模式的核心意义。相关人员具备全面、清晰的PPP理念。

政府通过发挥市场机制的作用，把政府直接向社会公众提供的一部分公共服务事项，按照一定的方式和程序，与具备条件的社会组织、机构和企业等社会力量合理分担，通过这种方式，可加快政府职能转变，深化社会领域改革，促进服务业发展和服务型政府的建设，为人民群众提供更多更好的公共服务。

九、项目融资获得性

9.1 PPP项目融资方式

PPP即公共部门与社会资本方合作模式，是指政府、营利性企业和非营利性企业基于某个项目而形成的相互合作关系的形式。通过这种合作形式，合作各方可以达到与预期单独行动相比更为有利的结果。合作各方参与某个项目时，政府并不是把项目的责任全部转移给社会资本方，而是由参与合作的各方共同承担责任和融资风险。PPP代表的是一个完整的项目融资的概念。

PPP模式的组织形式非常复杂，既可能包括营利性企业、私人非营利性组织，同时还可能有公共非营利性组织(如政府)。合作各方之间不可避免地会产生不同层次、不同类型的利益和责任的分歧。只有政府与社会资本方形成相互合作的机制，才能使得合作各方的分歧模糊化，在求同存异的前提下，完成项目的目标。

PPP融资方案与以往社会资本方参与公共基础设施建设的项目融资方案相比，虽然并不是全局上的改变，但带来的影响是巨大的。

- PPP融资模式创新投融资体制，筹集项目所需资金，加快项目建设的需要。基于国家不断收紧地方债，限制融资平台贷款的现状，只有加快投融资体制创新，整合社会资源，引入社会资本与政府合作，形成多元化、可持续化的资金投入机制，才能加快项目建设并实现早日投产，尽快发挥项目的社会效益和经济效益。
- PPP融资模式能够化解地方债务风险，缓解地方债务压力的需要。本项目为新建项目，通过引入社会资本方负责项目投融资及建设，以项目公司为主体融资解决项目所需资金，可以较大程度上减少地方新增债务，缓解地方债务压力。
- PPP融资模式使得参与公共基础设施项目建设融资的社会资本方在项目的前期就参与进来，有利于利用社会资本方的先进的技术和管理经验。PPP模式尤其适用于××××自治区公共资源交易平台项目。采用PPP模式，可以使有意向参与项目建设的社会资本方与项目所在地政府或有关机构在项目的前期论证阶段（项目识别准备阶段）共同商讨项目建设过程中所采用的技术方案，从而有可能采用更为优化合理的研究方案。
- 在PPP模式下，政府方和社会资本方共同参与公共基础设施的建设和运营，双方可以形成互利的长期目标，更好地为社会和公众提供服务。而且，PPP模式能增加项目的资本金数量，进而降低资产负债率。
- 通过PPP融资模式，使得项目的各参与方重新整合，组成战略联盟，对协调各方不同的目标起到了关键性作用。

9.2 项目实现PPP融资模式的必要条件

9.2.1确立合理的风险分担结构

基础设施建设具有投资大、周期长、内部结构复杂、设计因素众多等特点，从而产生了大量的风险，因此，要想吸引民营投资者，就要设计合理的风险分担结构。合理的风险分担结构是项目具有吸引力的关键因素。项目的风险分配应该根据每个参与者的具体情况，将某类风险分配给最适合承担的参与者，从而使项目的整体满意度最高。在本PPP项目中，可采用项目完工担保、资金缺额担保，也可对一些风险投保，包括对建设工程一切险的保险，对预期利润损失险的保险，对第三者责任险的保险等。

9.2.2转变政府职能

采用PPP融资模式，实际上是在过去垄断的公用事业项目中引入市场竞争机制，而政府职能的合理定位和有效履行是实现这一目标的决定性因素。对于私人投资者而言，最关心公私合营协议中的政府监管风险，包括特许经营权招投标过程是否透明，协定的定价制度是否能遵守，投资者是否具有真正的运营自由等。这些都需要政府尽量采取市场化或激励性的支持手段，为项目建设提供良好的投资环境。

9.2.3政策保障

基础设施建设具有的公益性特点使其定价不能完全遵循市场化的原则，同时，基础设施建设流动性风险较大，因此，政府应制定相关政策，给予基础设施投资一些优惠，如税收优惠、低息贷款、担保贷款等，充分调动社会资本方的积极性。

9.2.4 法律和法规保障

项目进行PPP模式运作，需要在项目设计、融资、运营、管理和维护等各个阶段对政府部门与企业各自承担的责任、义务和风险进行明确界定，以保护双方的权益。因此PPP项目的运作需要清晰完善的法律和法规制度予以保证。另外，在各项法规政策之间也存在着不一致的问题，因此，为促进PPP项目在我国的实施，从法律协调一致的角度来讲，应该对PPP项目专门立法，以提高PPP项目的运作效率和透明度，实现法律的统一。

9.3 项目融资吸引力

与传统基础建设模式下的政府职能和作用比较，本项目PPP模式下的政府职能和角色有如下特点。

- 从项目的收益来看，传统模式没有或者只有少量收益，而PPP模式更能激发市场活力，带动项目创收。
- 从风险分担程度来看，传统模式承担了大部分风险，而PPP模式分担部分风险。在本项目的核心风险分配框架下，融资、建设、市场运营风险由项目公司承担；政策、法律、决策风险和政府信用风险由政府承担；不可抗力风险由政府和项目公司合理分担。
- 从资金来源来看，传统模式主要依靠财政支出，而本项目PPP模式能吸收大量社会资金。将吸引如地方商业银行、股份制银行、政策性银行（国家开发银行、农业开发银行等），还有券商、信托、基金等诸多金融机构进行融资。
- 从所担任角色来看，传统模式政府担任的是决策者和投资者的角色，而PPP模式政府担任的是合作者和监督者的角色。

因此可以看出，本项目在PPP模式下，实现了政府角色从决策者和投资者向合作者和监督者的转变，扩大了项目资金来源，降低了项目全生命周期成本，提高了运行效率，最终对基础设施建设起到提速的作用。

十、附加指标分析

10.1 预期使用寿命长短

预期使用寿命长短主要依据项目的资产预期使用寿命来评分。本项目是基础设施PPP建设项目，合作期为长期。本项目的资产使用寿命长，会为利用PPP模式提高效率和降低全生命周期成本提供基础条件。

10.2 示范带动性

本项目采用PPP运作模式实施，具有显著的示范带动性。

- 本项目的实施不仅符合国家、地方政府、各级部门的政策、规划、法规等规定，而且位置合理。项目建成后，社会效益良好，能够提升公共资源交易水平，活跃地方经济，为当地经济的繁荣和可持续发展做出积极贡献。
- 项目的建设将对公共资源交易行业产生良好的影响。按照××××自治区的相关文件规定，使用统一的公共资源交易平台，实行整合升级，将改善××××自治区公共资源交易状况，对国内其他省份产生积极的示范作用。
- 本项目采用PPP运作模式，能够解决自治区人民政府投入城市基础设施资金不足的问题，可以拓宽资金来源，减轻地方政府债务危机，同时本项目认真落实党的十八届三中全会关于“允许社会资本通过特许经营等方式参与城市基础设施投资和运营”精神，将会促进新型城镇化建设，推动基础设施及公共服务领域高质量发展，保证社会公共利益最大化。

十一、评分结果

××××自治区按照规定组织了物有所值定性评价专家组，专家组成员包含了财政、资产评估、会计、金融等经济方面专家，以及行业、工程技术、项目管理和法律等方面专家。专家在充分讨论后，按评价指标逐项打分。

十二、专家组意见

经过物有所值各指标的评分，专家组按照指标权重计算加权平均分，得到评分结果。专家组认为本项目物有所值定性评价得分在60分以上，本项目通过物有所值定性评价。

第四章　物有所值定量评价

定量评价是在假定采用PPP模式与政府传统投资方式产出绩效相同的前提下，通过对PPP项目全生命周期内政府方净成本的现值（PPP值）与公共部门比较值（PSC值）进行比较，判断PPP模式能否降低项目全生命周期成本。

一、定量分析步骤

物有所值定量分析的主要步骤包括：

- 根据参照项目计算PSC值；
- 根据影子报价和实际报价计算PPP值；
- 比较PSC值和PPP值，计算物有所值量值和指数，得出定量分析结论。

二、PSC值计算

PSC值是指政府采用传统投资方式提供与PPP项目产出说明要求相同的基础设施及公共服务的全生命周期成本的净现值。

PSC值=初始PSC值+竞争性中立调整值+可转移风险承担成本+自留风险承担成本

2.1设定参照项目

设定参照项目遵循如下原则：

- 参照项目与PPP项目产出说明要求的产出范围和标准相同；
- 参照项目与PPP项目财务模型中的数据口径保持一致，项目采用政府付费模式，财务收入参照项目运行数据并结合实际适当调整；
- 参照项目采用基于政府现行最佳时间的、最有效和最可行的投资方式；
- 参照项目的各项假设和特征在计算全过程中保持不变。

2.2参数指标选择

2.2.1资本结构

政府资本和社会资本的移交成本、资本性收益、运营维护成本、第三方收入、其他成本等，应按照出资比例计算。本项目采用PPP模式建设，可相应地降低项目在运营期内的支付责任。政府已完成的投资在项目公司中不作为资本性投资。项目公司由社会资本90%控股。

2.2.2资本性收益

本项目估算实际投资10 000万元，政府已经完成的投资不作为资本性投资，社会资本投资9 000万元，资本性收益按照残值率5%估算，为450万元。因项目到期后设施全部无偿移交给政府，资本性收益应归政府收益。

2.2.3折现率选择

依据财政部《关于印发〈政府和社会资本合作项目财政承受能力论证指引〉的通知》（财金〔2015〕21号）第十七条：年度折现率应考虑财政补贴支出发生年份，并参照同期地方政府债券收益率合理确定。结合本项目实际，折现系数参考国债收益率确定，考虑市场因素和经济增长因素，结合市政公用行业情况，本项目折现率选定为4%。

2.2.4利润率选择

依据财政部《关于印发〈政府和社会资本合作项目财政承受能力论证指引〉的通知》（财金〔2015〕21号）第十八条：合理利润率应以商业银行中长期贷款利率水平为基准，充分考虑可用性付费、使用量付费、绩效付费的不同情景，结合风险等因素确定。以商业银行长期贷款利率为参考，根据项目实际，分别按7%、8%、9%三个投资收益率方案进行现金流量对比分析，经测试选定项目投资的合理利润率为8%。

2.2.5项目周期设定

根据上述折现率为4%，利润率为8%设定，经对项目财务现金流量测算分析，项目在10年周期的净现值为1 741.60万元，投资回收期为8.24年，内部收益率为7.29%，与银行贷款基准利率基本持平，方案具有一定的吸引力，可行性强，故项目生命周期方案为10年较为合适；如果项目周期为8年，则项目财务净现值为–197.42万元，内部收益率为3.68%，低于银行贷款基准利率，方案不具有吸引力和融资可行性，故8年期限不可取。

2.2.6政府自留风险承担成本

政府自留风险承担成本包括政府按比例承担的法律、政策等所支出的成本。

2.3计算初始PSC值

初始PSC值=（建设成本–资本性收益）+（运营成本–第三方收入）+其他成本

- 建设成本：本项目未完投资10 000万元，计划1年投入，其中，政府投资成本为400万元。
- 资本性收益：项目运营末年的折旧残值，参照会计折旧规定，项目残值为投资金额的5%。本项目估算投资10 000万元，政府已经完成的投资不作为资本性投资，社会资本投资9 000万元按照100%固定资产形成率测算，资本性收益为450万元，因项目到期后设施全部无偿移交给政府，资本性收益应归政府收益。
- 运营成本：项目运营期内的管理费用、系统升级维护费用、运行维护服务费用等。项目运营成本参考电子信息化平台以及其他同类项目，并根据本项目自身情况确定费用取值，经测算，本项目年运营成本为299.99万元。
- 第三方收入：政府按照测算核定价格（或最终竞争价格）付给项目公司的服务费收入。本项目为完全政府付费项目，第三方收入全部属于社会资本方收入。由于政府承担全部付费责任，为便于分析，将政府付费金额作为政府第三方收入，以政府付费金额的负值计算。
- 其他成本：本项目不存在其他成本。

2.4 竞争性中立调整值

竞争性中立调整值是为了消除政府传统投资方式下公共部门相对社会资本方所具有的竞争优势，主要包括政府比社会资本方少支出的土地费用、行政审批费用、所得税等有关税费。本项目是政府付费的市政公用设施在建项目，竞争性中立调整值主要为营业税金和所得税。采用传统投资方式，政府拨付项目运营费用，不产生营业税金和企业所得税；采用PPP模式，项目公司取得收入（1 172.26万元）应按照税法规定缴纳营业税金及附加，产生利润要缴纳所得税。

税金及附加=项目生产量×付费单价×税率=39.39万元

所得税=（项目收入–运营成本–税金及附加）×所得税税率=（1 172.26–299.99–39.39）×33%=274.85万元

竞争性中立调整值=税金及附加+所得税=39.39+274.85=314.24万元

2.5 风险承担成本

由于项目的风险概率和风险后果值难以预测，因此风险承担成本结合本项目实际，按照可转移风险、可分担风险以及不可转移分担风险进行分类，采用分类比例法进行测算。

- 可转移风险：项目建设期间可能发生的组织机构、社会责任、转让过程、投资估算、资金、市场、财务等风险。项目公司通过各种规避措施后，大部分风险可以有效转移。风险承担成本按项目建设成本的5%考虑，即500万元，其中自留风险占20%为100万元，可转移风险占80%为400万元。
- 可分担风险：项目建设和运营期间可能发生的法规政治风险、自然灾害等不可抗力风险等，是需要政府和项目公司共担的风险。可分担风险按照项目建设投资的1%考虑为100万元，项目公司和政府各分担50%。

- 不可转移风险：主要是指项目运营期间受消费物价指数、劳动力市场指数等影响可能发生的价格调整和利润率对运营补贴支出风险责任，不可转移和分担，由政府承担风险支出。按照项目运营成本5%考虑，不可转移风险约为15万元。鉴于本项目运营维护简单的特点，项目运营期内不再考虑每年增长变化因素进行调价；影响成本增长超过5%时，可以按照程序申请调整服务费价格，具体调价方式在项目管理合同中双方协商确定。

2.6折现率

参照市政公用行业实际情况，经分析选定为4%。

2.7测算结果

经测算，本项目初始PSC值、PSC值和PSC现值如下：

初始PSC值=（建设成本–资本性收益）+（运营成本–第三方收入）+其他成本=（10 000–450）+（299.99–0）+0=9 849.99万元

PSC值=初始PSC值+竞争性中立调整值+可转移风险承担成本+自留风险承担成本=9 849.99+314.24+400+100=10 664.23万元

三、PPP值计算

经测算本项目PPP值如下：

PPP值=政府投资成本+运营维护成本补贴+其他成本+资本性收益+第三方收入+自留风险承担成本=400+299.99+0+450+0+100=1 249.99万元

四、物有所值量值和物有所值指数计算

物有所值定量分析的结果通常以物有所值量值或物有所值指数的形式表示。

物有所值量值=PSC值－PPP值

物有所值指数=（PSC值－PPP值）/ PSC值 × 100%

具体计算结果见表4–2。

表4–2　物有所值指标分析表

指标	单位	数值
PSC值	万元	10 664.23
PPP值	万元	1 249.99
物有所值量值	万元	9 414.24
物有所值指数	%	88.28%

当物有所值评价量值和指数为正的，说明项目适宜采用PPP模式，物有所值量值和指数越大，说明PPP模式替代传统投资方式实现的价值越大。本项目物有所值量值和指数均为正，说明PPP模式能降低项目全生命周期成本，适宜采用PPP模式。

第五章　物有所值评价结论

一、定性评价结论

经过物有所值各指标的评分，专家组按照指标权重计算加权平均分，得到评分结果。专家组认为本项目物有所值定性评价得分结果在60分以上，本项目通过物有所值定性评价。

二、定量评价结论

本项目物有所值量值为9 414.24，物有所值指数为88.28%，本项目物有所值定量评价为通过。

三、物有所值评价结论

综上所述，统筹定性评价和定量评价结论，××××自治区公共资源交易平台PPP项目物有所值评价结论为通过，可进行财政承受能力论证。

第五章

PPP 项目财政承受能力论证报告法律法规与文本编制

PPP项目涉及公益性，与政府职能和责任有关，与政府公共财政有关。在实践中，依靠政府购买服务或财政补贴的PPP项目所占比例大，政府财政是推动PPP项目的重要基础。通过财政承受能力论证，将PPP项目中的政府支出纳入财政预算，以保证政府支出的可靠性；同时，规范财政管理，防止PPP项目在实施过程中增加政府债务。

一、财政承受能力论证概述

（一）财政承受能力论证简介

财政承受能力论证是指识别、测算PPP项目的各项财政支出责任，科学地评估项目实施对当前及今后年度财政支出的影响，为PPP项目的财政管理提供依据。

财政承受能力论证采用定量分析方法和定性分析方法，坚持合理预测、公开透明、从严把关，统筹处理当期与长远的关系，严格控制PPP项目的财政支出规模。

（二）财政承受能力论证的重要性

财政承受能力论证是我国采用PPP模式时独有的前提条件。英国、加拿大等对PPP模式运用比较成熟的国家在采用PPP模式时，考虑的首要因素是物有所值，而我国依据国情，将财政承受能力也作为PPP项目的前提条件。

我国推广PPP模式，既要加快公共基础设施项目的建设，也要权衡政府财政收支。因此，我国将财政承受能力论证作为PPP项目开展的前期考虑因素之一是有特殊意义的。

开展财政承受能力论证有利于规范财政管理，限制财政支出责任，防范隐性地方政府债务的增加，健全债务风险管理机制。尽管PPP模式被认为是解决当前政府债务问题、减少政府财政支出以及增加基础设施和公共服务的有效途径，但PPP模式在引入社会资本的同时，也增加了政府的直接财政支出和长期债务负担，而且实践中不排除有政府或政府融资平台公司利用PPP模式变相发债等增加政府债务的可能性。因此，我国在PPP模式的开展中，应重视财政管理，健全债务风险管理机制。开展财政承受能力论证可以减少财政不必要的支出，统筹评估和控制项目的财政支出责任，将每年因PPP项目引起的财政支出从总量上给予限制，防止PPP模式成为地方政府隐性债务的来源，促进中长期财政的可持续发展。

开展财政承受能力论证是将财政支出责任纳入财政预算，有利于带动社会资本的积极性，吸引社会资本投资于PPP项目。将PPP项目的财政支出责任纳入财政预算，可以确保PPP项目中政府支出责任的履行，使社会资本打消后顾之忧，尤其是在政府付费的PPP项目中，能够有效地保证政府财政的相应拨付。将PPP项目的财政支出纳入年度预算，也意味着PPP项目的财政支出需要接受各级人大的监督，从而提升项目运营过程中的透明度，建立起政府的良好信誉体系，带动社会资本的积极性，吸引更多的社会资本加入。

二、财政承受能力论证相关法规

（一）《关于推广运用政府和社会资本合作模式有关问题的通知》

2014年9月23日，财政部印发《财政部关于推广运用政府和社会资本合作模式有关问题的通知》（财金〔2014〕76号）提出，地方各级财政部门要会同行业主管部门，根据有关政策法规要求，扎实做好项目前期论证工作。除传统的项目评估论证外，还要积极借鉴物有所值评价理念和方法，对拟采用PPP模式的项目进行筛选，必要时可委托专业机构进行项目评估论证。评估论证时，要与政府传统投资方式进行比较分析，确保从项目全生命周期看，采用PPP模式后能够提高服务质量和运营效率，或者降低项目成本。项目评估时，要综合考虑公共服务需要、责任风险分担、产出标准、关键绩效指标、支付方式、融资方案和所需要的财政补贴等要素，平衡好项目财务效益和社会效益，确保实现激励相容。

（二）《关于印发政府和社会资本合作模式操作指南（试行）的通知》

2014年11月29日，财政部发布《关于印发政府和社会资本合作模式操作指南（试行）的通知》（财金〔2014〕113号），其中第九条明确提到，为确保财政中长期可持续性，财政部门应根据项目全生命周期内的财政支出、政府债务等因素，对部分政府付费或政府补贴的项目，开展财政承受能力论证，每年政府付费或政府补贴等财政支出不得超出当年财政收入的一定比例。通过物有所值评价和财政承受能力论证的项目，可进行项目准备。

（三）《国家发展改革委关于开展政府和社会资本合作的指导意见》

2014年12月2日，国家发展改革委印发《国家发展改革委关于开展政府和社会资本合作的指导意见》（发改投资〔2014〕2724号），明确要求相关部门要建立PPP项目的联审机制，从项目建设的必要性及合规性、PPP模式的适用性、财政承受能力以及价格的合理性等方面，对项目实施方案进行可行性评估，确保物有所值。

（四）《政府和社会资本合作项目财政承受能力论证指引》

2015年4月7日，财政部发布《关于印发〈政府和社会资本合作项目财政承受能力论证指引〉的通知》（财金〔2015〕21号，以下简称《指引》），做出了对全国PPP项目进行财政承受能力评估的部门规定，为识别、测算PPP项目的各项财政支出责任提供了操作指引，以保障政府履行合同义务，规范PPP项目财政支出管理，防范和控制财政风险，实现PPP可持续发展。这既是一个具体和重要的政策导向，又是一个稳妥和可行的措施办法，也给我们带来了重要的政策启示。

1.《指引》的基本内容

《指引》明确指出，PPP项目全生命周期过程的财政支出责任，主要包括股权投资、运营补贴、风险承担、配套投入等。财政部门（或

PPP中心）应当综合考虑各类支出责任的特点、情景和发生概率等因素，对项目全生命周期内财政支出责任分别进行测算。

股权投资支出责任应当依据项目资本金要求以及项目公司股权结构合理确定。股权投资支出责任中的土地等实物投入或无形资产投入，应依法进行评估，合理确定价值。如果社会资本方单独组建项目公司，政府不承担股权投资支出责任。

运营补贴支出责任应当根据项目建设成本、运营成本及利润水平合理确定，并按照不同付费模式分别测算。在计算运营补贴支出时，应当充分考虑合理利润率变化对运营补贴支出的影响。

风险承担支出责任是指项目实施方案中政府承担风险带来的财政或有支出责任。通常由政府承担的法律风险、政策风险、最低需求风险以及政府方终止项目合同等突发情况，会产生财政或有支出责任。风险承担支出应充分考虑各类风险出现的概率和带来的支出责任，可采用比例法、情景分析法及概率法进行测算。如果PPP合同约定保险赔款的第一受益人为政府，则风险承担支出应为扣除该等风险赔款的净额。

配套投入支出责任应综合考虑政府拟提供的其他配套投入总成本和社会资本方为此支付的费用。

根据《指引》，财政部门（或PPP中心）识别和测算单个项目的财政支出责任后，汇总年度全部已实施和拟实施的PPP项目，进行财政承受能力评估，具体包括财政支出能力评估以及行业和领域平衡性评估。财政支出能力评估，是根据PPP项目预算支出责任，评估PPP项目实施对当前及今后年度财政支出的影响；行业和领域均衡性评估，是根据PPP模式适用的行业和领域范围，以及经济社会发展需要和公众对公共服务的需求，平衡不同行业和领域PPP项目，防止某一行业和领域PPP项目过于集中。

《指引》要求，各级财政部门（或PPP中心）要以财政承受能力论证结论为依据，会同有关部门统筹做好项目规划、设计、采购、建设、运营、维护等全生命周期管理工作。

《指引》规定，每一年度全部PPP项目需要从预算中安排的支出责任，占一般公共预算支出比例应当不超过10%。省级财政部门可根据本地实际情况，因地制宜确定具体比例，并报财政部备案，同时对外公布。各级财政部门（或PPP中心）应当通过官方网站及报刊媒体，每年定期披露当地PPP项目目录、项目信息及财政支出责任情况。

《指引》还提出，鼓励列入地方政府性债务风险预警名单的高风险地区，采取PPP模式化解地方融资平台公司存量债务。同时，审慎控制新建PPP项目规模，防止因项目实施加剧财政收支矛盾。

2.《指引》为政府诚信履约提供保障，表明了政府的责任担当

PPP项目涉及众多的公共部门和领域，无论是经营性的、准经营性的，还是非经营性的，都涉及项目的公益性。有公益性就与政府的职能和责任有关，特别是与政府公共财政的拨付和支持有关。财政承受能力测算是在《中华人民共和国预算法》和推行PPP政策框架下非常重要的一项财政管理工具。根据《指引》，财政承受能力测算将成为PPP项目的一个前提条件，通过财政承受能力论证的项目，各级财政部门应当在编制年度预算和中期财政规划时，将项目财政支出责任纳入预算统筹安排；而未通过财政承受能力论证的项目，则不宜采用PPP模式。

在以往的PPP项目中，社会资本方的最大顾虑就是政府无力承担所承诺的支付义务，这种情况通常会发生在政府财政支出能力超过了其所承诺的支出义务。为避免政府不履行支付义务，社会资本方往往会通过要求政府提供“财政承诺函”“财政担保函”等形式降低该等风险，但由于“财政承诺函”“财政担保函”在法律上存在诸多瑕疵，导致社会资本方实际上难以规避该等风险。财政承受能力测算将在一定程度上避

免政府承诺的义务超过其财政支出能力，将PPP项目的财政支出责任纳入年度预算则为社会资本方收回投资成本和获得投资收益从法律上提供了保障。

通过评估论证，会产生“通过论证项目”和“未通过论证项目”。政府对通过论证的项目将切实承担起公共财政的支付责任，包括股权投资、运营补贴、风险承担、配套投入，等等。这表明各级政府对PPP项目的建设持有十分负责任的态度，要合作就要对项目需要的财政支持和财政支付能力算好账、说清楚，对每一个通过财政承受能力评估的项目认真负责，以确保项目财政资金支持到位和项目的长期安全运行。

对未通过论证的项目，表面上看是政府没有给予财政支持，但从更深层次来看，这也是政府对社会资本方或者说是对投资者和经营者认真负责的表现。PPP项目的一个重要特点是经营的长期性和稳定性，如果项目运营需要财政补贴却拿不到财政补贴，如果需要财政资金平衡项目收支却得不到财政资金的平衡，经营势必出现亏损。投资者和经营者拿不到合理回报，甚至拿不回巨额投资，就一定会受损。未通过论证的项目，不能建设或者说项目不能够合作建设，实际是避免了投资者和经营者的巨大损失，规避了投资和经营可能带来的巨大风险。这仍表现出政府对未通过论证的PPP项目的十分负责任的态度。

3.《指引》明确了PPP项目的界线

目前，PPP项目的范围涵盖了基础设施和公用事业的所有行业，包括了国民经济的众多重要领域。城市供水、污水治理、生态造林、保障住房、民用航空、现代农业、水利工程、生态建设、粮食仓储、矿产资源、卫生医疗、网络工程、健康养老、道路交通、社会事业，等等。在新常态下，采用PPP模式可以继续发挥投资对经济增长的拉动作用。但由于受到公共财政能力所限，不可能对所有的社会投资都给予公共财政的拨付和补助，另外，市场经济可以解决的，没有必要再通过公私合作去生产和提供。因此，列入PPP项目需要一个界线，不能什么项目都列入PPP项目。

PPP项目的一个本质特征，是公共服务，正因为如此，政府才会与投资者或经营者合作并给予公共财政的拨付和补助，并参与其中。私人产品可以完全市场化，只要有需要，只要有投资，供需可以平衡市场，项目可以自生自灭。但公共服务中提供的公共产品和准公共产品，它们与私人产品的生产完全不同。PPP项目是政府提供的公共产品或准公共产品，只能生不能灭，因为它必须向公众提供长期、稳定、安全的产品和服务。

不是所有项目都可以拿到政府提供的公共财政补助的，更不能任意扩大政府公共服务的范围。项目能不能拿到政府提供的公共财政补助，选择的依据就是财政承受能力的评估。“未通过论证”的项目，则不宜采用PPP模式。《指引》从财政承受能力的角度对什么项目可以进入PPP模式，什么项目不可以进入PPP模式做出了选择。

4.《指引》要求PPP项目不能过多地集中在某一领域

社会公众对公共服务的需求是多领域和多方位的，医疗、教育、文化、住房、供水、用电、采暖、公交、园林、通信、网络，等等，有些需要政府提供产品和服务，有些需要政府提供秩序和规则。不管怎么说，公共服务都不能集中在某一领域和某一个产品上，不能只做供水，或者只做道路，需要公平、公正地满足社会公众多领域和多方位的服务需求。但是社会资本方往往关注那些可经营的，且收益比较丰厚的项目，而这些项目又往往集中在某一个或某几个领域。《指引》规定：“根据PPP模式适用的行业和领域范围，以及经济社会发展需要和公众对公共服务的需求，平衡不同行业和领域PPP项目，防止某一行业和领域

PPP项目过于集中”，是对行业和领域做出的均衡性评估。

5.《指引》规定对PPP项目的财政支出不能超过预算支出的10%

某一个项目能否列入PPP项目，主要看财政承受能力评估的结论，但仍然会有大批社会投资项目通过财政承受能力的评估论证。这个时候还需要一个规模条件，就是“每一年度全部PPP项目需要从预算中安排的支出责任，占一般公共预算支出比例应当不超过10%”。

PPP项目，特别是涉及公用基础设施的项目投资规模大，经营期限长，需要几十年连续财政资金的投入和补贴，且每年又会有新的PPP项目加入，因此，每年新的和旧的PPP项目都要在这10%的预算支出比例中。

三、财政承受能力论证工作

PPP项目的财政承受能力论证工作包括四项：责任识别、支出测算、能力评估和信息披露。PPP项目全生命周期管理把这些工作内容整合为一个总流程。在总流程中，首先要对单个PPP项目进行财政承受能力论证，识别出单个PPP项目的财政支出责任，测算出财政支出金额，然后对所有PPP项目的财政支出责任进行合计评估。《指引》明确规定，项目合同中涉及的政府支付义务，财政部门应结合中长期财政规划统筹考虑，将政府支付义务纳入同级政府预算，按照预算管理相关规定执行。《指引》为我国PPP项目开展财政承受能力论证提供了方向。

（一）工作主体

《指引》第六条规定：各级财政部门（或PPP中心）负责组织开展行政区域内PPP项目财政承受能力论证工作；省级财政部门负责汇总统计行政区域内的全部PPP项目财政支出责任，对财政预算编制、执行情况实施监督管理。第七条规定：财政部门（或PPP中心）应当会同行业主管部门，共同开展PPP项目财政承受能力论证工作。必要时可通过政府采购方式聘请专业中介机构协助。

根据上述两条规定，开展PPP项目财政承受能力论证的合规性主体有如下两类：

- 第一类：PPP项目本级财政部门会同行业主管部门开展，可以聘请专业中介机构协助开展财政承受能力论证工作。
- 第二类：如果设立有PPP中心，可以由项目本级PPP中心会同行业主管部门开展，也可以聘请专业中介机构协助开展财政承受能力论证工作。

除上述两类主体之外，其他主体开展PPP项目的财政承受能力论证工作，合规性有重大问题。在具体的实际工作中，有些PPP项目的财政承受能力论证是由PPP项目的实施机构编制，这是一种误区，须纠正。PPP项目需要由合规的主体来开展财政承受能力论证工作。

同时需要注意的是，开展PPP项目财政承受能力论证的主体是行政机关性质的财政部门，或者是事业单位的PPP中心，不管是财政部门还是PPP中心，它们在聘请第三方专业中介机构提供服务时，属于政府购买服务的范畴，也属于《中华人民共和国政府采购法》约束的范畴。因此，PPP项目本级财政部门或PPP中心在会同行业主管部门开展财政承受能力论证工作并聘请第三方专业中介机构予以协助时，必须符合政府采购法律法规的要求，而不能随意委托。

（二）责任识别

责任识别是充分识别出PPP项目全生命周期过程中的财政支出责任。《指引》规定，PPP项目全生命周期中的财政支出责任主要包括股权投资支出责任、运营补贴支出责任、风险承担支出责任、配套投入支出责任等。只有充分识别政府财政支出责任，财政承受能力论证才能真实有效，从而为PPP项目的开展提供依据。

- 股权投资支出责任是指在政府与社会资本方共同组建项目公司的情况下，政府承担的股权投资支出责任。如果社会资本方单独组建项目公司，政府不承担股权投资支出责任。
- 运营补贴支出责任是指在项目运营期间政府承担的直接付费责任。《政府购买服务管理办法（暂行）》中明确，政府购买所需的资金，应当在既有财政预算中统筹安排。在不同的付费模式下，政府承担的运营补贴支出责任不同。在政府付费模式下，政府承担全部运营补贴支出责任；在可行性缺口补助模式下，政府承担部分运营补贴支出责任；在使用者付费模式下，政府不承担运营补贴支出责任。
- 风险承担支出责任是指在项目实施方案中政府承担风险带来的财政或有支出责任。通常由政府承担的法律风险、政策风险、最低需求风险以及政府终止项目合同等突发情况，会产生财政或有支出责任。
- 配套投入支出责任是指政府提供的项目配套工程等其他投入责任，通常包括土地征收和整理、建设部分项目配套措施、完成项目与现有相关基础设施和公用事业的对接、投资补助、贷款贴息等。配套投入支出责任应依据项目实施方案合理确定。

（三）支出测算

识别出财政支出责任后，财政部门（或PPP中心）应当综合考虑各类支出责任的特点、情景和发生概率等因素，对项目全生命周期内的财政支出责任分别进行测算。

1.股权投资支出责任的测算

股权投资支出责任应当依据项目资本金要求以及项目公司股权结构合理确定。股权投资支出责任中的土地等实物投入或无形资产投入，应依法进行评估，合理确定价值。

股权投资支出责任的计算公式为：

股权投资支出数额=项目资本金×政府占项目公司的股权比例

在设立PPP项目公司时，政府方有可能不是以现金的方式出资，而是以土地、房产、设备、货物等非现金资产出资；政府提供配套投入时，也有可能会投入配套的土地、管网、道路等。在开展此类PPP项目的财政承受能力论证时，对于该等非现金资产的价值，因该等非现金资产将涉及所有权的转移（当然，提供的配套投入不一定会涉及所有权转移），不能以估算的方式实施，而必须依法评估。具体的法律、法规依据如下。

一是《中华人民共和国企业国有资产法》第四十七条规定："国有独资企业、国有独资公司和国有资本控股公司合并、分立、改制，转让重大财产，以非货币财产对外投资，清算或者有法律、行政法规以及企业章程规定应当进行资产评估的其他情形的，应当按照规定对有关资产进行评估。"当然，在委托评估机构时，也不能随意委托，具体见其第四十八条的规定："国有独资企业、国有独资公司和国有资本控股公司应当委托依法设立的符合条件的资产评估机构进行资产评估；涉及应当报经履行出资人职责的机构决定的事项的，应当将委托资产评估机构的情况向履行出资人职责的机构报告。”

二是《指引》第十五条规定：“股权投资支出应当依据项目资本金要求以及项目公司股权结构合理确定。股权投资支出责任中的土地等实物投入或无形资产投入，应依法进行评估，合理确定价值。”以及第二十二条的规定：“配套投入支出责任应综合考虑政府将提供的其他配套投入总成本和社会资本方为此支付的费用。配套投入支出责任中的土地等实物投入或无形资产投入，应依法进行评估，合理确定价值。”

2.运营补贴支出责任的测算

运营补贴支出责任应当根据项目建设成本、运营成本及利润水平合理确定，并按照不同付费模式分别测算。

对于采用政府付费模式的项目，在项目运营补贴期间，政府承担全部直接付费责任。政府每年的直接付费数额包括社会资本承担的年均建设成本（折算成各年度现值）、年度运营成本和合理利润。其计算公式为：

$$\text{当年运营补贴支出数额}=\frac{\text{项目全部建设成本}\times(1+\text{合理利润率})\times(1+\text{年度折现率})^{n}}{\text{财政运营补贴周期（年）}}+\text{年度运营成本}\times(1+\text{合理利润率})$$

对于采用可行性缺口补助模式的项目，在项目运营补贴期间，政府承担部分直接付费责任。政府每年直接付费数额包括社会资本承担的年均建设成本（折算成各年度现值）、年度运营成本和合理利润，再减去每年使用者付费的数额。其计算公式为：

$$当年运营补贴支出数额=\frac{项目全部建设成本\times(1+合理利润率)\times(1+年度折现率)^n}{财政运营补贴周期(年)}+年度运营成本\times(1+合理利润率)-当年使用者付费数额$$

在上述计算公式中：n代表折现年数；财政运营补贴周期是指财政提供运营补贴的年数；年度折现率应考虑财政补贴支出发生年份，并参照同期地方政府债券受益率合理确定；合理利润率以商业银行中长期贷款利率水平为基准，充分考虑可用性付费、使用量付费、绩效付费的不同情景，再结合风险等因素确定。在计算运营补贴支出时，应当充分考虑合理利润率变化对运营补贴支出的影响。

PPP项目实施方案中的定价和调价机制通常与消费者物价指数、劳动力市场指数等因素挂钩，它们都会影响运营补贴支出责任。在可行性缺口补助模式下，运营补贴支出责任受到使用者付费数额的影响，而使用者付费因定价和调价机制的变化而变化。在计算运营补贴支出数额时，应当充分考虑定价和调价机制的影响。

3. 风险承担支出责任的测算

在PPP项目中，准确识别出政府方承担的风险以及可能承担的支出责任，是对开展PPP项目财政承受能力论证的一个重大考验，也是一个相当困难的问题。《指引》规定：风险承担支出应充分考虑各类风险出现的概率和带来的支出责任，可采用比例法、情景分析法及概率法进行测算；如果PPP合同约定保险赔款的第一受益人为政府，则风险承担支出应为扣除该风险赔款的净额。三种方法的具体含义如下。

比例法：在各类风险支出数额和概率难以进行准确测算的情况下，可以按照项目的全部建设成本和一定时期内运营成本的一定比例确定风险承担支出责任。

情景分析法：在各类风险支出数额可以进行测算，但它们的出现概率难以确定的情况下，可针对影响风险的各类事件和变量进行“基本”、“不利”及“最坏”等情景假设，测算各类风险发生带来的风险承担支出责任。其计算公式为：

风险承担支出数额=基本情景下财政支出数额×基本情景出现的概率+不利情景下财政支出数额×不利情景出现的概率+最坏情景下财政支出数额×最坏情景出现的概率

概率法：在各类风险支出数额和发生概率均可进行测算的情况下，可将所有可变风险参数作为变量，根据概率分布函数，计算各种风险发生带来的风险承担支出责任。

4.配套投入支出责任的测算

配套投入支出责任应综合考虑政府拟提供的其他配套投入总成本和社会资本方为此支付的费用。配套投入支出责任中的土地等实物投入或无形资产投入应依法进行评估，合理确定价值。其计算公式为：

配套投入支出数额=政府拟提供的其他投入总成本-社会资本方支付的费用

（四）能力评估

财政部门（或PPP中心）识别和测算出单个项目的财政支出责任后，汇总年度全部已实施和拟实施的PPP项目，进行财政承受能力评估。财政承受能力评估包括财政支出能力评估以及行业和领域均衡性评估。

随着经济新常态的提出、“一带一路”倡议的落地，PPP模式掀起了新一轮热潮。但是，PPP项目的规模和数量并不是越多越好，其规模必须控制在一定的范围内，否则会增加政府的隐性债务，并导致PPP项目效率低下，所以进行财政承受能力评估，对于保障PPP项目的开展是真正必要的、有效的和满足公众需求的。

1.财政支出能力评估

财政支出能力评估是根据PPP项目预算支出责任，评估PPP项目实施对当前及今后年度财政支出的影响。

单个项目能否采用PPP模式，要看财政承受能力评估的结论。众多采用PPP模式的项目综合起来要通过财政承受能力论证，则必须满足《指引》的规定条件：每一年度全部PPP项目需要从预算中安排的支出责任，占一般公共预算支出的比例应当不超过10%。

这个10%的比例包含了每年新、旧PPP项目的财政支出责任。也就是说，PPP项目特别是涉及公用基础设施的项目投资规模大、经营期限长，需要几十年财政资金的连续投入和补贴，而且每年又会有新的PPP项目加入，每年所有PPP项目的财政支出责任占比应不超过一般公共预算支出比例的10%。在进行财政支出能力评估时，未来年度一般公共预算支出数额可参照前五年相关数额的平均值及平均增长率计算，并根据实际情况进行适当调整。

2.行业和领域均衡性评估

行业和领域均衡性评估是根据PPP模式适用的行业和领域范围、经济社会发展需要和公众对公共服务的需求，平衡不同行业和领域的PPP项目，防止某一行业和领域的PPP项目过于集中。

社会资本方愿意参与的PPP项目是收益较高、风险较小的项目，这样的项目主要集中在有较好收益来源的经营性项目中，这些项目往往集中在某一个或某几个领域。但在实践中，非经营性项目、无稳定收益来源的项目比较多，而社会公众对基础设施和公共服务的需求是多领域和多方位的。如果按照社会资本方的投资意愿，将PPP项目集中在某一领域或某些服务上，将会造成供需不平衡、资源浪费。

通过行业和领域均衡性评估，PPP项目在总体上能更公平、更公正地满足社会公众多领域和多方位的服务需求。

（五）信息披露

省级财政部门应当汇总区域内的项目目录，及时向财政部报告，财政部通过统一信息平台（PPP中心网站）发布。各级财政部门（或PPP中心）应当通过官方网站及报刊媒体，每年定期披露当地的PPP项目名录、项目信息及财政支出责任情况。各级财政部门（或PPP中心）应披露的财政支出责任信息包括PPP项目的财政支出责任数额及年度预算安排情况、财政承受能力论证考虑的主要因素和指标等。项目实施后，各级财政部门（或PPP中心）应跟踪了解项目运营情况，包括项目使用量、成本费用、考核指标等信息，并定期对外发布。

以上是PPP项目财政承受能力论证工作流程，我们可以用示意图来直观地表示，如图5-1所示。

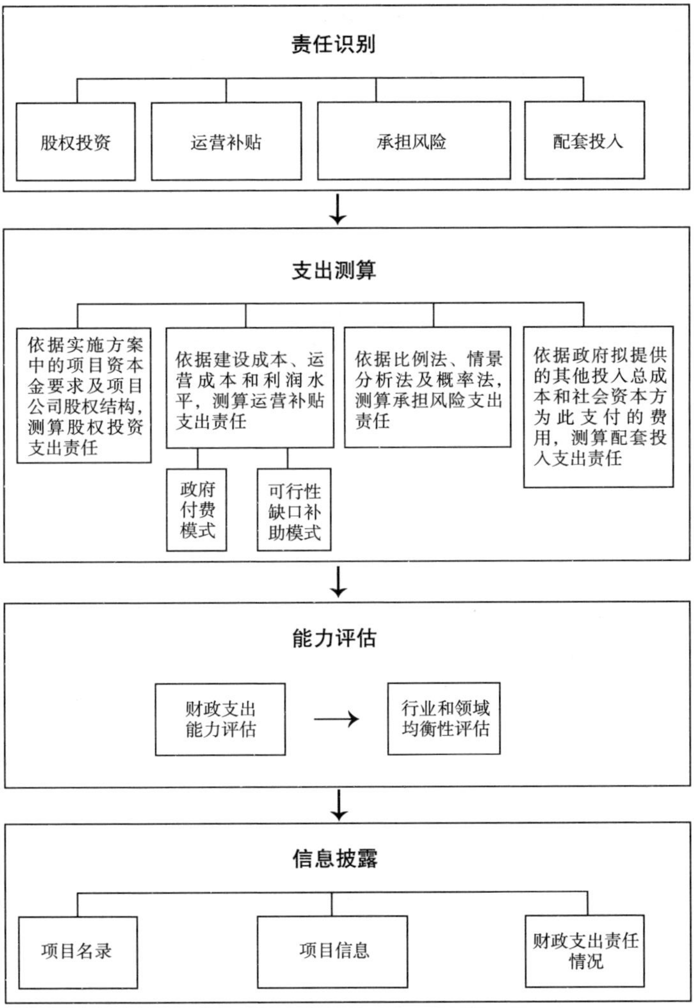

图5-1　PPP项目财政承受能力论证工作流程

PPP项目的财政承受能力论证，为PPP项目所必经的程序。在开展PPP项目的财政承受能力论证工作中，需要严格遵守各项法律、法规和政策的规定，尤其重要的是《中华人民共和国预算法》《中华人民共和国预算法实施条例》《政府和社会资本合作项目财政承受能力论证指引》

等的规定，遇到不清楚或者不能够确定的地方，一定要查找相应的法规政策依据，不能想当然地开展相应的工作，否则将严重影响PPP项目的顺利实施。

××××自治区公共资源交易平台系统PPP项目财政承受能力论证报告

第一章　编制目的、思路与依据

本PPP项目的实施机构为××××自治区（以下简称自治区）公共资源交易中心，2015年6月20日作为自治区PPP项目正式对外发布推介；项目物有所值评价已经完成，为了科学评估项目实施对当前及今后年度财政收支平衡状况的影响，并为PPP项目财政预算管理提供依据，需要对项目的各项支出责任清晰识别和测算。

一、报告编制目的

本报告对自治区公共资源交易平台系统项目进行投资财务分析，并就本项目以PPP模式实施进行财政承受能力论证，为自治区人民政府采用PPP模式实施本项目提供决策参考。

根据本项目物有所值评价报告及相关材料所示，政府方负有提供政府付费及拨付项目财政补贴的支出责任。政府在今后10年的项目全生命周期内，能否履行合同义务，关乎项目能否顺利推进实施。财政风险能否有效防范和控制，关乎PPP项目财政支出的规范管理和PPP项目实施能否有序推进、可持续发展。

因此，对政府在本PPP项目中的财政支出责任进行识别和测算，进行PPP项目财政承受能力论证，评估项目实施对政府当前及项目全生命周期内各年度财政支出的影响，对统筹处理好当期的即期支付与长远分期支出的关系和严格控制PPP项目建设的财政支出规模至关重要。

二、评估思路

财政部《关于印发政府和社会资本合作模式操作指南（试行）的通知》（财金〔2014〕113号）规定："为确保财政中长期可持续性，财政部门应根据项目全生命周期内的财政支出、政府债务等因素，对部分政府付费或政府补贴的项目，开展财政承受能力论证，每年政府付费或政府补贴等财政支出不得超出当年财政收入的一定比例。通过物有所值评价和财政承受能力论证的项目，可进行项目准备。”财政部《关于印发〈政府和社会资本合作项目财政承受能力论证指引〉的通知》（财金〔2015〕21号）规定：“每一年度全部PPP项目需要从预算中安排的支出责任，占一般公共预算支出比例应当不超过10%。省级财政部门可根据本地实际情况，因地制宜确定具体比例，并报财政部备案，同时对外公布。”根据以上规定，PPP项目财政承受能力评估，包括两个层次：首先是对单一PPP项目的财政承受能力进行评估；其次是对同一时期同级财政范围内已实施和拟实施的单一PPP项目的财政承受能力进行汇总，对各年度内PPP项目支出总额及在行业和领域分类上进行总体平衡。

三、报告编制依据

- 《中华人民共和国政府采购法》；
- 《中华人民共和国招标投标法》；
- 《中华人民共和国政府采购法实施条例》；
- 《中华人民共和国招标投标法实施条例》；
- 《中华人民共和国行政许可法》；
- 《政府和社会资本合作模式操作指南（试行）》；
- 《政府和社会资本合作项目财政承受能力论证指引》；
- 《政府和社会资本合作项目物有所值评价指引（试行）》；
- 《关于在公共服务领域推广政府和社会资本合作模式指导意见的通知》；
- 《关于推广运用政府和社会资本合作模式有关问题的通知》；

- 《关于规范政府和社会资本合作合同管理工作的通知》;
- 《政府和社会资本合作项目政府采购管理办法》;
- 《基础设施和公用事业特许经营管理办法》;
- 《整合建立统一的公共资源交易平台工作方案》;
- 《关于进一步规范电子招标投标系统建设运营的通知》;
- 《公共资源交易平台管理暂行办法》;
- 《××××自治区人民政府办公厅关于推广运用政府和社会资本合作模式增加公共产品供给的指导意见》;
- 《关于在公共领域推广运用政府和社会资本合作模式的实施意见》;
- 《××××自治区整合建立统一的公共资源交易平台实施方案》;
- 《××××自治区公共资源交易平台PPP项目可行性研究报告》。

第二章　责任识别

根据财金〔2015〕21号文，PPP项目全生命周期过程的财政支出责任，主要包括股权投资责任、运营补贴责任、风险承担责任、配套投入责任等。

一、股权投资支出责任

股权投资支出责任是指在政府与社会资本方共同组建项目公司的情况下，政府承担的股权投资支出责任。如果社会资本方单独组建项目公司，政府不承担股权投资支出责任。

本项目的项目公司由社会资本方单独出资设立，政府方不参加投资入股，因此本项目政府财政支出为零。

二、运营补贴支出责任

运营补贴支出责任是指在项目运营期间，政府承担的直接付费责任。在不同付费模式下，政府承担的运营补贴支出责任不同。在政府付费模式下，政府承担全部运营补贴支出责任；在可行性缺口补助模式下，政府承担部分运营补贴支出责任；在使用者付费模式下，政府不承担运营补贴支出责任。

本项目采用“使用者付费+可行性缺口补助+政府付费”模式，政府承担部分付费责任。政府每年直接付费数额包括：社会资本方承担的年均建设成本（折算成各年度现值）、年度运营成本和合理利润，再减去每年使用者付费的数额。

三、风险承担支出责任

风险承担支出责任是指在项目实施方案中政府承担风险带来的财政或有支出责任。通常由政府承担的法律风险、政策风险、最低需求风险以及政府方终止项目合同等突发情况，会产生财政或有支出责任。

由于项目的风险概率和风险后果值难以预测，因此本项目的风险承担成本结合实际情况按照可转移风险、可分担风险和不可转移风险进行分类，采用分类比例法进行测算。

- 可转移风险：项目建设期间可能发生的组织机构、施工技术、工程、投资估算、资金、市场、财务等风险。项目公司通过参加商业保险后，大部分风险可以有效转移，风险承担成本按项目建设成本的5%考虑，其中组织机构、施工技术、工程、投资估算、资金等风险由社会资本方承担，利率、通货膨胀带来的市场风险由政府方与社会资本方在一定范围内分别承担。依据谨慎性原则，对政府方承担此类风险的成本做出相对偏大的调整，政府方按照10%的总体比例承担此类风险。

- 可分担风险：项目建设和运营期间可能发生的法规政治风险、自然灾害等不可抗力风险，需要政府和社会资本方共担的风险，按照项目建设投资的1%考虑，社会资本方和政府各分担50%。
- 不可转移风险：主要项目运营期间的法律风险、政策风险等不可转移风险，由政府承担风险支出，按照项目运营成本的7%考虑。

四、配套投入支出责任

配套投入支出责任是指政府提供的项目配套工程等其他投入责任，通常包括土地征收和整理、建设部分项目配套措施、完成项目与现有相关基础设施和公用事业的对接、投资补助、贷款贴息等。

本项目配套投入支出责任主要指建设用实物投入和已完工程投资。为降低项目运营成本支出，减少财政负担，已经到位的政府配套土地投入，不作为项目资本，故不考虑配套投入支出责任。

第三章　支出测算

一、股权投资支出

本项目由社会资本公司运作，由社会资本方全额投入，政府不在项目公司占有股权，故政府股权投资支出为零。

二、风险承担支出

由于项目风险支出数额和概率难以准确测算，按照项目的全部建设成本和全生命周期内的运营成本的一定比例确定风险承担支出。

可转移风险成本=项目建设投资×风险比例×自留风险比例×政府股权比例=10 000×5%×20%×10%=10万元

可分担风险成本=项目建设投资×风险比例×政府分担比例=10 000×1%×50%=50万元

不可转移风险=运营成本×风险比例=299.99×5%≈15万元

由政府承担风险成本=可转移风险成本+可分担风险成本+不可转移风险成本=10+50+15=75万元（年均）

三、运营支出

（一）实际运营测算结果

在项目分析生命周期10年内，经测算社会资本共需支出17 250.30万元，考虑到在全生命周期内发生的具体时间，采用4%的折现率，社会资本方累计支出现值为13 931.91万元。

（二）当年运营补贴支出数额（取8%的利润率）

$$当年运营补贴支出数额=\frac{项目全部建设成本\times（1+合理利润率）(1+年度折现率)^{n}}{财政运营补贴周期（年）}+年度运营成本\times（1+合理利润率）$$

$=\{[10\,213\times（1+8\%）\times（1+4\%）^{9}]/10\}+299.99\times（1+8\%）\approx 1\,893.91$ 万元（平均值）

经测算，项目运营期10年内各年度运营支出现值合计18 939.10万元，平均每年1 893.91万元。

（三）价格调整机制对社会资本支出的影响

价格调整机制对社会资本支出的影响主要指价格调整和利润率对运营支出责任的影响，受消费物价指数、劳动力市场指数等因素影响，按照项目运营成本5%考虑，价格调整机制对社会资本支出的影响约为15万元，由社会资本方承担风险支出。鉴于本项目运营维护简单的特点，项目运营期内不再考虑每年增长变化因素进行调价。如果运营期内受消费物价指数、劳动力市场指数等因素影响成本增长超过5%时，可以按照程序申请调整服务费价格，具体调价方式在项目管理合同中双方协商确定。

第四章　财政承受能力评估

一、一般公共预算支出

根据提供的相关数据，填写自治区从2013—2017年度的一般公共预算收入和支出总额。

根据财政部《关于印发〈政府和社会资本合作项目财政承受能力论证指引〉的通知》(财金〔2015〕21号)第二十七条:“在进行财政支出能力评估时，未来年度一般公共预算支出数额可参照前五年相关数额的平均值及平均增长率计算，并根据实际情况进行适当调整。”即2018—2027年度一般预算收入、支出总额及可用于PPP项目的控制额预计，可参照2013—2017年度的一般预算收入和支出总额的平均值及平均增长率计算。

二、补贴支出比例

按照《关于印发〈政府和社会资本合作项目财政承受能力论证指引〉的通知》(财金〔2015〕21号)对项目的政府财政支出责任进行了测算，同时对自治区财政支出增长水平的预测值进行了调整，结果表明自治区公共资源交易平台系统项目提供财政补贴的10年内，政府每年实际支付项目补贴较为均衡。在本项目运营期内所有年份内，在已实施和拟实施的PPP项目中，政府的总支出比例为5%~6.52%，均未超过一般公共预算支出10%的控制额。

三、行业和领域均衡性分析评估

该项目属于电子信息化项目，是公共服务领域的PPP项目，是国家鼓励采用PPP模式的行业和领域范围。随着经济社会发展需要和公众对公共服务的需求提高，公共资源服务平台、公共资源交易平台、公共资源监督平台等均可采用PPP模式建设，而自治区仅有公共资源交易平台系统项目采用PPP模式，整个公共服务领域还有很大的发展空间。

第五章　结论与建议

本项目政府支出责任主要包括运营期付费支出和风险承担支出，自治区每一年度全部PPP项目需要从预算中安排的支出责任，占一般预算支出比例不超过10%，在财政承受能力范围内，项目适宜采用PPP模式。

从诸多方面的研究表明，本项目的投资建设切实可行并且具有较好的社会效益和经济效益，建议政府及相关部门给予大力支持，并从政策上加以扶持，以利于项目的顺利实施。

在PPP模式的合作伙伴选择上，建议尽量选择信誉好，有良好融资能力和在电子信息化领域具有投资建设、运营、管理经验的社会资本方，以便于推动项目的顺利实施。

第六章

PPP 项目实施方案法律法规与文本编制

一、实施方案概述

PPP项目实施方案是指政府或政府授权的主体针对具体实施的PPP项目编制的PPP项目计划文书，是提供政府进行PPP项目运行决策的重要依据，也是PPP合作关系展开的基石，体现PPP项目的核心条件，是指导PPP项目规范、有序运作的工作指南。

根据《关于印发政府和社会资本合作模式操作指南（试行）的通知》（财金〔2014〕113号）第十一条以及《基础设施和公用事业特许经营管理办法》（“六部委第25号令”）第十条规定，项目实施方案是PPP项目必备的重要文件之一。

由于PPP项目涉及的政府部门较多，专业性较强，实施周期漫长，为保证PPP项目的顺利实施，政府或其授权主体有必要针对PPP项目拟订实施方案，按照实施方案的内容逐步推进PPP项目的实施。通过编制PPP项目实施方案，对PPP项目实施内容、实施方法、实施步骤等做出全面、具体、明确的安排，政府和社会资本可以比较清晰地把握项目的基本情况，合理分配项目风险，选择适当的项目运作模式、建立合理的交易结构，为PPP项目采购做好准备。PPP项目实施方案以待实施项目的基本情况为基础，而项目的识别及选择是了解待实施项目基本情况的主要手段。

二、法律相关规定

关于PPP项目实施方案的内容，主要的法律规定有如下几项。

（一）《政府和社会资本合作模式操作指南（试行）》

项目实施方案包括项目概况、风险分配基本框架、项目运作模式、交易结构、合同体系、监管架构、采购方式选择。

（二）《基础设施和公用事业特许经营管理办法》

特许经营项目实施方案应当包括以下内容：

- 项目名称；
- 项目实施机构；
- 项目建设规模、投资总额、实施进度以及提供公共产品或公共服务的标准等基本经济技术指标；
- 投资回报、价格及其测算；
- 可行性分析，即降低全生命周期成本和提高公共服务质量及效率的分析估算等；
- 特许经营协议框架草案及特许经营期限；
- 特许经营者应当具备的条件及选择方式；
- 政府承诺和保障；
- 特许经营期限到期后的资产处置方式；
- 应当明确的其他事项。

（三）《关于市政公用领域开展政府和社会资本合作项目推介工作的通知》

对拟采用PPP模式的市政公用项目，实施方案应包含项目实施内容、产品及服务质量和标准、投融资结构、财务测算与风险分析、技术及经济可行性论证、合作伙伴要求、合同结构、政府支持方式、必要的配套措施等。

（四）《关于推进水污染防治领域政府和社会资本合作的实施意见》

对拟采用PPP模式的水污染防治项目，具体实施方案应包含项目实施内容、产品及服务质量和标准、投融资结构、财务测算与风险分析、技术及经济可行性论证、合作伙伴要求、合同结构、权益分配和风险分担、政府支持方式、配套措施等。

（五）《关于在收费公路领域推广运用政府和社会资本合作模式的实施意见》

对于实施PPP模式的收费公路项目，实施方案应包含项目实施内容、产品及服务质量和标准、投融资结构、财务测算与风险分析、技术及经济可行性论证、合作伙伴要求、合同结构、政府组织方式、必要的配套措施等。

（六）《关于开展社会资本参与重大水利工程建设运营第一批试点工作的通知》

对于拟采用PPP模式的重大水利工程项目，实施方案应包括项目基本情况、合作伙伴选择、项目公司组建及运作、融资运营模式和融资方案、财务测算、风险分析、政府支持方式、必要的配套措施等。

三、实施方案编制前期准备工作

（一）项目尽职调查

项目实施机构在聘请专业咨询顾问团队后，由顾问团队协助项目实施机构负责对PPP项目开展尽职调查工作。尽职调查包括项目内部调查与外部投资人调查两部分。

1.项目内部调查

项目实施机构拟定调研提纲，应至少从法律和政策、经济和财务、项目自身三个方面把握，主要包括：政府项目的批文和授权书，国家、省和地方对项目的关于土地、税收等方面的优惠政策、特许经营和收费的相关规定等；社会经济发展现状及总体发展规划、与项目有关的市政基础设施建设情况、建设规划、现有管理体制、现有收费情况及结算和调整机制等；项目的区位、占地面积、征地情况、环境影响评价报告、建设内容或资产范围、投资规模或资产价值、项目资金来源、配套设施的建设情况、获取回报的方式、是否要设立项目公司等情况。

2.外部投资人调查

根据项目基本情况、行业现状、发展规划等，与潜在投资人进行联系沟通，获得潜在投资人的投资意愿信息，并对各类投资人的投资偏好、资金实力、运营能力、项目诉求等因素进行分析研究，与潜在合适的投资人进行沟通，组织调研及考察。

（二）PPP项目可行性研究

项目尽职调查完成后，顾问团队应当协助实施机构进行PPP项目详细可行性研究工作。PPP项目详细可行性研究的目的在于帮助政府进一步明确项目的产出说明与规范，夯实工程经济参数，为实施方案的编制和项目财务测算提供基础资料。同时，详细可行性研究成果可以为社会资本方提供更详细的项目信息，起到改善项目的透明度、降低项目不确定性以及提升社会资本方参与热情的作用。

（三）制订实施方案编制计划

项目实施机构和顾问团队应当针对PPP项目实施方案的编制工作，组建专门的实施方案编制小组，制订实施方案并建立相关的协调机制。实施方案编制小组应当根据PPP项目可行性研究的成果，结合项目自身特点，并在与实施机构和相关部门、单位充分沟通的基础上编制项目实施方案。

四、项目实施方案的编制

PPP项目实施方案是指政府为实施PPP项目编制的计划性文件，是项目在开发准备环节，作为发起人或者牵头方的企业（项目方），在项目识别阶段的项目建议书和初步实施方案的基础上进行编制的。

根据《基础设施和公用事业特许经营管理办法》第九条规定：县级以上人民政府有关行业主管部门或政府授权部门可以根据经济社会情况发展需求，以及有关法人和其他组织提出的特许经营项目建议等，提出特许经营项目实施方案。因此，项目实施方案一般是由政府确定的行业主管部门或政府授权部门负责编制。而实施方案的内容，参考《基础设施和公用事业特许经营管理办法》第十条规定，特许经营项目实施方案应当包括以下内容：（一）项目名称；（二）项目实施机构；（三）项目建设规模、投资总额、实施进度，以及提供公共产品或公共服务的标准等基本经济技术指标；（四）投资回报、价格及其测算；（五）可行性分析，即降低全生命周期成本和提高公共服务质量效率的分析估算等；（六）特许经营协议框架草案及特许经营期限；（七）特许经营者应当具备的条件及选择方式；（八）政府承诺和保障；（九）特许经营期限到期后资产处置方式；（十）应当明确的其他事项。

虽然特许经营属于PPP模式的一种比较特殊的操作模式，但其规定项目实施方案的内容涵盖了PPP项目实施方案的基本内容，即实践中的PPP项目实施方案一般包括项目概况、风险基本分配与利益共享框架、项目运作模式、项目合作期限、交易结构、合同体系、监管架构及采购方式选择等内容。

（一）项目概况

项目概况主要包括基本情况、经济技术指标等。基本情况主要明确项目提供的公共产品或服务内容、项目采用PPP模式运作的必要性和可行性，以及项目运作的目标和意义。经济技术指标主要明确项目区位、占地面积、建设内容或资产范围、投资规模或资产价值、主要产出说明和资金来源等。而项目概况的重点内容是项目的范围。项目范围，是指在项目存续期限内政府与社会资本合作的范围和主要合作的内容。项目从立项到项目移交给政府的全生命周期，可能包括设计、投资、建设、运营、维护等工作内容，政府在编制项目实施方案时，必须结合具体情况确定项目的范围。

（二）风险分配与利益共享框架

PPP项目涉及政府、企业和社会公众等多方利益主体，利益与风险结构复杂，正确分配与处理好PPP项目的风险分配与利益共享并不是一件简单的事。在国内PPP项目投资的实践案例中，既存在因市场调研不足和决策失误等造成的运营亏损，也存在地方政府政策变更等不稳定因素造成的经营风险。在PPP项目投资的推进中，价格调整、财政补贴和税收优惠等机制的透明性和稳定性，将直接影响社会资本方投资。同时，PPP项目涉及各方利益，如何趋利避害，以尽可能发挥PPP项目的优势，如何从长远角度考虑项目投入和产出，处理好短期利益和长期利益的关系，兼顾好社会大众的公共利益与项目投资的市场收益平衡都关系到PPP项目能否顺利进行。处理好多方关系的风险分配与利益共享，是PPP项目成功的关键因素之一。

PPP项目存在着三大关系：伙伴关系、风险分担与利益共享。风险分担与利益共享都是建立在伙伴关系这一前提之下的，PPP项目的伙伴关系也形象地反映在风险分担与利益共享方面。因此协调好PPP项目的风险分担与利益共享，即可维护好PPP项目的伙伴关系，也就能让PPP项目顺利地发展与成长。

1.风险分担

在PPP项目中，政府与社会资本方合理分担风险的这一特征，是其区别于政府与社会资本方其他交易形式的显著标志。例如，政府采购过程，之所以还不能称为合作伙伴关系，是因为双方在此过程中是让自己尽可能小地承担风险。而在PPP项目中，政府却是尽可能大地承担自己有优势方面的伴生风险，而让对方承担的风险尽可能小。一个明显的例子是，在隧道、桥梁、干道建设项目的运营中，如果因一般时间内车流量不够而导致社会资本方达不到基本的预期收益，政府可以对其提供现金流量补贴，这种做法可以在“分担”框架下，有效地控制社会资本方因车流量不足而引起的经营风险。与此同时，社会资本方会按其相对优势承担较多的甚至全部的具体管理职责，而这个领域，正是政府“低效风险”的易发领域，由此，风险得以规避。如果每种风险都能由最善于应对该风险的合作方承担，毫无疑问，整个基础设施建设项目的成本就能最小化。

风险识别和评估过程需要经历多个程序，包括风险识别、风险评估、风险定位、风险管理以及缓和措施。对每一个PPP项目而言，风险管理都是必要的，要在项目全生命周期中来定位风险。在PPP项目中，存在着如下的项目风险。

政策风险　在项目实施过程中由于政府政策的变化而影响项目的盈利能力，被称为政策风险。PPP项目失败的原因主要归结于法律法规与合同环境的不够公开透明，政府政策的不连续性，变化过于频繁。政策风险是社会资本方难以预料与防范的。目前一些地方政府出台了有关法规，为PPP的进一步广泛与成功应用提供了政策支持，也在一定程度上化解了社会资本方的政策风险。

汇率风险 在当地获取的现金收入不能按预期的汇率兑换成外汇，被称为汇率风险。其原因可能是货币贬值，也可能是政府将汇率人为地定在一个很不合理的水平上，这毫无疑问会减少收入的价值，降低项目的投资回报。

技术风险 技术风险直接和项目实际建设与运营相联系，该风险应由社会资本方承担。以BOT为例，社会资本方在基础设施建成后需运营与维护一定时期，因此社会资本方最为关注运营成本的降低。运营成本的提高将减少社会资本方的投资回报，这将促使社会资本方高质量地完成基础设施的建设，以减少日后的运营成本。

财务风险 基础设施经营的现金收入不足以支付债务和利息，从而可能造成债权人求诸法律的手段逼迫项目公司破产，造成PPP模式应用的失败。公司理财能通过设计合理的资本结构等方法、手段最大限度地减少财务风险。社会资本方可能独自承担此类风险。如果债务由公共部门或融资担保机构提供了担保，则公共部门和融资担保机构也可分担部分财务风险。

营运风险 在实际运营过程中，由于基础设施项目的经营状况或服务提供过程中受各种因素的影响，项目盈利能力往往达不到社会资本方的预期水平而造成较大的营运风险。社会资本方可以在基础设施运营或服务的提供过程中通过创新手段来提高效率，增加营运收入或减少营运成本，从而降低营运风险，所以社会资本方理应是营运风险的主要承担者。社会资本方可以通过一些合理的方法将PPP运用过程中的营运风险控制在一定的范围内或转嫁。

此外还有环境以及社会风险、法律风险和不可抗力风险等。从以上叙述来看，PPP项目运营中面临的风险因素极其复杂，合理分担风险是保障PPP模式顺利运营的前提。由于风险复杂，识别和度量PPP项目风险比较困难，所以想用好PPP这把利器，需遵循大型项目建设的一般规律，将项目风险在参与方之间进行合理地、公平地分担。政府和社会资本方应平等参与，坚持风险分担最优原则，根据PPP项目具体情况在政府和社会资本方之间建立合理公平的风险分担机制，避免将社会资本方更多地单方面暴露在各种风险中。要按照风险分配优化、风险收益对等和风险可控等原则，综合考虑政府风险管理能力、项目回报机制和市场风险管理能力等要素，在政府和社会资本方之间合理地分配项目风险。

一般而言，PPP项目的风险分配框架如下：

- 承担风险的一方当事人对风险具有控制力；
- 承担风险的一方能够通过一定的措施将风险合理地转移；
- 承担风险的一方对于控制该风险具有更大的经济利益或动机；
- 风险分配框架实现了效率最大化的目标；
- 风险最终发生，承担风险的一方不能将风险产生的费用和损失转让给合同对方当事人。

具体PPP项目的风险分配需要根据项目的实际情况，以各方的风险承受能力为限，实践中可能根据政府和社会资本方谈判情况的不同拟订不同的计划。原则上，项目设计、建造、财务和运营维护等商业风险由社会资本方承担，法律、政策和最低需求等风险由政府承担，不可抗力等风险由政府和社会资本方合理共担。然而，特别需要注意，在项目合同中，应明确约定对市场需求风险、法律政策变化风险、竞争风险和其他相关风险（例如社会公众反对）的承担。实践中政府承担的风险主要有：土地获取风险、项目审批风险、政治风险、不可抗力风险等。而社会资本方承担的风险主要有：项目融资风险，项目设计、建设和运营相关的风险，项目审批风险。

2.利益共享

利益共享是PPP模式的另一个特征。在这里需要明确的是，PPP模式中政府与社会资本方并不是分享利润，政府反而需要对社会资本方可能的高额利润进行控制，即不允许社会资本方在项目执行过程中形成超额利润。其主要原因是：任何PPP项目都是公益性项目，不以利润最大化为目的。如果双方想从中分享利润，其实是很容易的一件事情，只要允许提高价格，就可以使利润大幅度提高。不过，这样做必然会带来社会公众的不满，最终还可能会引起社会的混乱。既然形式上不能与社会资本方分享利润，那么如何与社会资本方实际地共享利益呢？实际上，共享利益除了共享PPP模式的社会成果之外，也包括使作为参与者的私人部门、民营企业或机构取得相对平和、稳定的投资回报。

一个PPP项目涉及多方利益，首先是政府公共部门，它代表公众追求的是公平；其次是社会资本方，它追求的是高效率和高收益；再次是公众希望得到更多物美价廉的公共产品或服务。因此，社会资本方和政府对项目的出发点是不同的，社会资本方以利益最大化为目的，而政府是要在控制成本的前提下完成项目建设，因此要控制社会资本方的收益。对于社会资本方而言，在国内基础设施特许经营的项目中，对项目的预期内部收益率一般为8%~12%。对于政府而言，一般希望把收益率控制在10%以内。

项目是否能达到预期的内部收益率是社会资本方决定是否投资的重要标准。PPP项目中价格的确定也就成了一个难题，价格太高，违背了项目的出发点；价格太低，对社会资本方不利，甚至导致项目流标，因为政府在设计项目时，没有给企业留出利润空间，企业也就不愿意投标。因此，为了更加符合PPP项目的风险分担与利益共享的理念，在PPP项目招标前，政府应与企业沟通，而不应依旧走过去的那种“政府发标、企业应标”的路子。

在市场化条件下，对政府主管部门来说，理解并把握好内部收益率这一概念既有利于理解投资人的投资行为，也有利于结合实际情况更好地包装项目，这样政府才能更成功、更有效地在PPP项目中引入社会资本。

（三）项目运作模式

PPP项目的运作模式，是指针对具体PPP项目政府和社会资本方建立合作关系，对合作事项做出的具体安排。PPP项目的全生命周期可能包括设计、建造、运营、维护的一项或多项事务，同时根据项目的特性确定收费机制、项目投资收益水平、风险分配基本框架、融资需求、改扩建需求和期满处置等因素，从而达成的一系列制度安排。

对于我国PPP的运作模型，财政部和国家发改委的文件中均有说明。从财政部文件看，PPP的运作模式包括：委托运营（O&M）、管理合同（MC）、建设—运营—移交（BOT）、建设—拥有—运营（BOO）、转让—运营—移交（TOT）、改建—运营—移交（ROT）。从发改委文件看，PPP的运作模式包括：建设—运营—移交（BOT）、建设—拥有—经营—转让（BOOT）、建设—拥有—运营（BOO）。对于建设—转移（BT）是否属于PPP的运作模式，目前争议较大，财政部和发改委的文件中均不包括。总之，目前国家提倡的PPP模式，一般都要包括运营在内。不同的项目运作模式适用于不同的PPP项目，发改委文件中对以下三类项目适用的运作模式进行了规范。

- 经营性项目。对于具有明确的收费基础，并且经营收费能够完全覆盖投资成本的项目，可通过政府授予特许经营权，采用BOT、BOOT等模式推进。

- 准经营性项目。对于经营收费不足以覆盖投资成本、需政府补贴部分资金或资源的项目，可通过政府授予特许经营权附加部分补贴或直接投资参股等措施，采用BOT、BOO等模式推进。
- 非经营性项目。对于缺乏“使用者付费”基础、主要依靠“政府付费”回收投资成本的项目，可通过政府购买服务，采用BOO、O&M等市场化模式推进。

PPP的具体运作模式的选择主要由收费定价机制、项目投资收益水平、风险分配基本框架、融资需求、改扩建需求和期满处置等因素决定。结合我国基础设施建设需求、经济发展状况和PPP项目运作实践，适合我国基础设施项目的PPP模式如表6-1所示。

表6-1　我国基础设施项目PPP主要模式

类型（英文）	类型（中文）	定义	合同期限	备注
O&M Operations & Maintenance	委托运营	指政府将存量公共资产的运营维护职责委托给社会资本方或项目公司，社会资本方或项目公司不负责用户服务的PPP项目运作模式	一般不超过8年	政府保留资产所有权，只向社会资本方或项目公司支付委托运营费
MC Management Contract	管理合同	指政府将存量公共资产的运营、维护及用户服务职责授权给社会资本方或项目公司的项目运作模式	一般不超过3年	政府保留资产所有权，只向社会资本方或项目公司支付管理费；通常作为TOT的过渡模式
LOT Lease–Operate–Transfer	租赁—运营—移交	指将存量及新建公共资产的运营管理职责、维护职责以及用户服务职责转移给社会资本方的PPP运作模式，政府仍然承担公共资产投资的职责并保留公共资产的所有权	一般为20~30年	对于存量项目，LOT模式属于MC模式范畴

（续表）

类型（英文）	类型（中文）	定义	合同期限	备注
BOT Build-Operate-Transfer	建设—运营—移交	指由社会资本方或项目公司承担新建项目设计、融资、建造、运营、维护和用户服务职责，合同期满后项目资产及相关权利等移交给政府的项目运作模式	一般为20~30年	
BOO Build-Own-Operate	建设—拥有—运营	指由社会资本方或项目公司承担新建项目设计、融资、建造、运营、维护和用户服务职责，必须在合同中注明保证公益性的约束条款，社会资本方或项目公司长期拥有项目所有权的项目运作模式	长期	由BOT模式演变而来
TOT Transfer-Operate-Transfer	转让—运营—移交	指政府将存量资产所有权有偿转让给社会资本方或项目公司，并由其负责运营、维护和用户服务，合同期满后资产及其所有权等移交给政府的项目运作模式	一般为20~30年	项目有偿转让后，政府暂无资产所有权。TOT模式较BOT模式风险小，投资回报率适当
ROT Rehabilitate-Operate-Transfer	改建—运营—移交	指政府在TOT模式的基础上，增加改扩建内容的项目运作模式	一般为20~30年	ROT模式属于TOT模式范畴

PPP项目的交易结构多种多样，且一些创新的交易结构也不断地涌现，所以具体项目在设计和选择交易结构时需考虑诸多因素，如：项目类型、政府的市场化目标以及投资人的投资目标、政府或国企的参与方

式、项目建设范围或资产范围、资产权属、项目运营安排、计划实施进度、政府监管体系、价格水平、收费机制等。以下我们对主要的四类PPP项目交易结构进行相关分析和探讨，以期在遇到具体的PPP项目时能正确地选择交易结构。

1.BOT模式

BOT为Build-Operate-Transfer的简称，即为“建设—经营—转让”。其具体含义为政府和项目公司之间达成协议，政府给予项目公司特许权，让项目公司在特许权期限内通过自己的资金募集方式，投资建设某一基础设施项目，并对其运营维护以收回成本并取得盈利。在特许权期限时间之后，项目公司将基础设施项目无偿转让给政府。

BOT结构的特点：

- 投资者自负盈亏，因此必须对经营项目进行详细的评估；
- 投资者或项目公司一般只拥有项目的经营权，而无所有权；
- 一般适用于高速公路、机场、铁路、供水、停车场等项目。

BOT的运作模式可分为四个阶段：项目准备阶段、融资建设阶段、项目移交阶段和政府运作阶段。在项目准备阶段，要确定项目、项目招投标、立案确定以及协商谈判；在融资建设阶段，要组建项目公司、安排融资、融资实施；在项目移交阶段，要管理项目资产、维护基金和运营管理权。在政府运作阶段，要确保项目从设计、建设到运营和维护按照合同规定的要求进行。BOT模式的流程见图6-1。

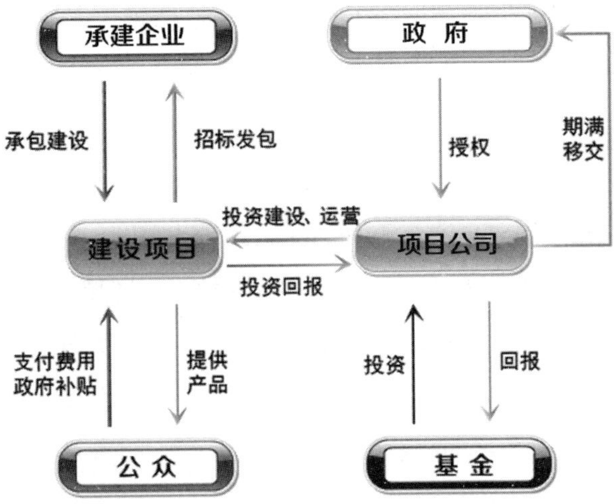

图6-1　BOT模式的流程

2.BOO模式

BOO为Build-Own-Operate的简称，即为“建设—拥有—经营”，是BOT的一种衍生模式。其具体含义是由政府或所属机构对基础设施项目的建设和经营提供一种特许权协议作为项目融资的基础，然后由本国公司或外国公司作为项目的投资者和经营者安排融资、承担风险、开发建设并经营该项基础产业项目，但是本国公司或外国公司并不将此项基础产业项目移交给相应的政府或所属机构。

BOO模式的运作过程如下。

- 项目准备阶段：确定BOO项目、颁布BOO特许权、招标。
- 项目开发阶段：成立项目公司、项目设计、各合作参与方签订特许权协议。
- 项目建设阶段：项目公司通过承包商、顾问咨询机构、工程监管公司组织建设、施工，安排进度、计划、资金运营。

- 项目运营阶段：项目公司进行运行、维护、管理，收入用以项目公司偿还贷款及作为公司盈利。

3.TOT模式

TOT为Transfer-Operate-Transfer的简称，即为“移交—经营—移交”。其具体含义为政府把正在运营过程中的公共基础设施项目的经营权，在一定期限内有偿移交给社会资本方，社会资本方获得项目经营权之后，在给定的期限内经营项目，而项目的收益则归属于社会资本方，社会资本方在特许经营期满后，将公共基础设施项目无偿移交回政府。

TOT结构的特点：

- TOT是通过转让已建成项目的产权和经营权来融资的；
- 政府通过TOT吸引社会资本方购买现有的资产。

TOT结构的优势：

- 盘活存量资产，提高资产利用率；
- 扩大社会投资总量；
- 投资风险较低；
- 法律环节少，方便管理；
- 融资对象广泛。

TOT结构的运作阶段：

- 制订TOT方案并审批；
- 项目发起人设立项目公司，政府将项目所有权转让给项目公司；
- TOT项目招标，投资者获得一定期限内全部或部分运营许可权运营；
- 期满移交。

4.ROT模式

ROT为Renovate-Operate-Transfer的简称，即为“改建—经营—移交”。其具体含义为在获得政府特许授予专营权的基础上，对过时、陈旧的项目设施、设备进行改造更新，在此基础上由投资者经营20~30年后再转让给政府。这是BOT模式适用于已经建成，但已陈旧过时的基础设施改造项目的一个变体，其差别在于“建设”变化为“改建”。

ROT结构的运作阶段：

- 可行性研究阶段，及时评估改建方案的财务模式；
- 融资和签订合同；
- 改建实施；
- 运营收益；
- 期满移交。

（四）项目合作期限

项目合作期限是指政府与社会资本方在PPP项目中建立的合作关系的期限，一般是指政府和社会资本方正式开始履行PPP项目协议的权利义务至PPP项目协议约定的终止期限。项目合作期限是项目实施方案的重要内容。项目实施方案中关于项目合作期限的主要内容是项目合作期限的确定和项目合作期限的形式。

1.项目合作期限的确定

项目合作期限是PPP项目的重要经济技术指标，通常需要政府相关部门综合考虑项目的经济技术指标，同时需要考虑项目对公共服务领域的影响。在实践中，技术层面需主要考虑以下因素。

- 一是项目的技术生命周期。因为PPP项目的主要目的是提高公共产品或服务的效率，随着技术的发展，项目采用的技术生命周期必然存在一个可行的生命周期。
- 二是项目设计期间和建设期间的长短。项目在设计时必须考虑整个项目的设计期间，不同的设计期间对应不同的建设标准，反映到经济层面是投资数额的变化；同时建设期间表明项目不可能实现运营，因此建设期间长意味着建设投资成本高，可能需要延长项目合作期限以保证社会资本方的合理收益。

经济层面需主要考虑以下因素。

- 一是项目资产的经济生命周期以及重要的整修时点。PPP项目的终极目的是向社会公众提供公共产品或服务，因此公众对项目提供的公共产品或服务的态度直接影响项目的存续和运营；同时，项目在长期的运营过程中，为保证项目的运营质量和效率，需要对项目进行维护和更新，而维护的责任和义务需要增加项目的投入，因此必须考虑经济生命周期和重要的整修节点。
- 二是项目的投资回收期。政府引入社会资本方投资基础设施和公共服务项目，必须保证社会资本方在合作过程中能够收回投资成本，保证合理收益，因此项目合作期限必须大于等于项目的投资回收期。

项目合作期限的确定还要考虑项目对公共服务领域的影响因素。政府及行业主管部门开展的PPP项目，必须符合城市的中长期规划，如《基础设施和公用事业特许经营管理办法》第九条规定："特许经营项目应当符合国民经济和社会发展总体规划、主体功能区规划、区域规划、环境保护规划和安全生产规划等专项规划、土地利用规划、城乡规划、中期财政规划等，并且建设运营标准和监管要求明确。"因此政府在编制PPP项目实施方案，确定PPP项目合作期限时，必须考虑政府所需的公共产品或服务的供给期间。而且政府在确定PPP项目的建设，提供公共产品或服务的过程中，因为政府的财政预算有限度，所以必须考虑财政承受能力。根据财政部《政府和社会资本合作项目财政承受能力论证指引》第二十五条规定："每一年度全部PPP项目需要从预算中安排的支出责任，占一般公共预算支出比例应当不超过10%。省级财政部门可根据本地实际情况，因地制宜确定具体比例，并报财政部备案，同时对外公布。"即政府开展需承担支付责任的PPP项目时，若合作期限缩短，则政府承担的财政支出责任增大，必须考虑政府财政承受能力，确定合理的项目合作期限。

2.项目合作期限的形式

在综合考虑项目的相关因素，确定项目合作期限后，如何合理地设置项目合作期限，即项目合作期限的形式，也是项目实施方案必须明确的内容。根据项目运作模式和付费机制的不同，项目合作期限的规定方式也不同。常见的项目合作期限的形式包括以下两种：一是自合同生效之日起一个固定的期限；二是分别设置独立的设计建设期限和运营期限，并规定运营期限为项目开始运营之日起一个固定期限。

在实践中，即使设计建设期限与运营期限分别设置，项目实施方案一般也要固定项目的整个合作期限，再分别设置设计建设期限和运营期限，因此分别设置设计建设期限和运营期限在合同履行的实践过程中并无实际意义。但是将设计建设期限与运营期限分开设置，可以有效地区分项目的设计建设阶段和运营阶段。针对合作项目，可以设置阶段性的项目履约情况检验，为政府监督管理PPP项目提供明确的时间节点。同时针对社会资本方，分别设置设计建设期限和运营期限，在政府提供项目合作期限作为社会资本方竞争因素的情况下，社会资本方可以结合自身在设计建设或运营等方面的优势，提供更符合企业状况的竞争性条件，从而实现项目物有所值的目标，形成对项目公司的有效激励。

（五）交易结构

交易结构是指实施PPP项目所设定的交易体系，主要包括项目投融资结构、回报机制和相关配套政策的安排。项目投融资结构主要说明项目资本性支出的资金来源、性质和用途，项目资产的形成和转移等。回报机制主要说明社会资本方取得投资回报的资金来源，包括使用者付费或用户付费、可行性缺口补助和政府付费等支付方式，如图6-2所示。而相关配套安排是由项目以外相关机构提供的土地、水、电、气和道路等配套设施和项目所需的上下游服务。

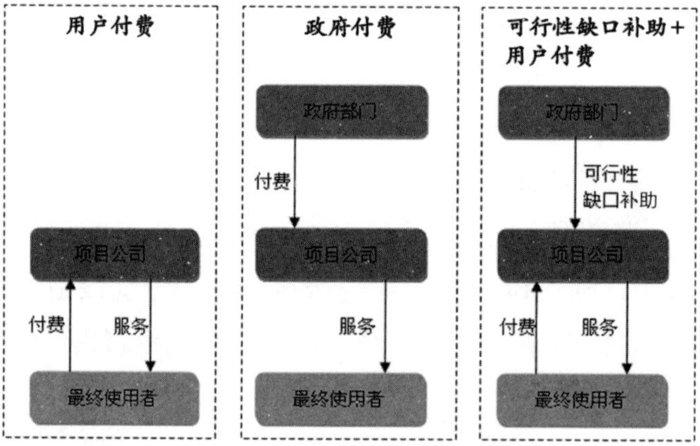

图6-2　PPP项目回报机制方式

1.项目投融资结构

项目投融资结构主要说明项目资本性支出的资金来源、性质和用途，项目资产的形成和转移等。政府为合作项目提供投资补助、基金注资、担保补贴、贷款贴息等支持，应明确具体方式及必要条件；若需要设定对投融资的特别监管措施，应明确监管主体、内容、方法和程序，以及监管费用的安排等事项；同时，对投融资各方应规定违约责任，对存在违约行为的各方应追究相关责任。

2.回报机制

回报机制是政府和社会资本方合作的重要基础，不同的回报机制表明风险分配方案和收益回报的差异。编制项目实施方案时，拟定回报机制对于PPP项目的实施至关重要。常见的回报机制包括政府付费、使用者付费和可行性缺口补助三种方式。

（1）政府付费

政府付费是指由政府直接付费购买公共产品或服务，付费主体是政府而非项目的最终使用者。在实践中，根据项目类型和风险分配方案的不同，在政府付费机制下，政府付费的主要依据是项目的可用性、项目的使用量和项目的绩效中的一个或多个要素。

首先是政府可用性付费 政府可用性付费是指政府或其授权主体依据社会资本方或项目公司所提供的公共产品或服务是否符合合同约定的标准和要求来付费。可用性付费通常与项目的设施容量或服务能力相关，而不考虑项目设施或服务的实际需求，因此社会资本方或项目公司一般不需要承担需求风险，只要所提供设施或服务符合合同约定的性能标准即可获得付费。在实践中，可用性付费可适用于大部分社会公共服务类，一些具体项目也可能与绩效付费机制搭配，即若社会资本方或项目公司提供的产品或服务的质量未达到项目合同的约定标准，则政府将按照一定比例扣减付款金额。政府采用可用性付费的项目，是政府承担对于社会资本方或项目公司提供的产品或服务的需求风险，表明政府对于产品或服务的需求风险更有控制能力，且更关注该项目设施或服务的可用性。

可用性付费项目的重要节点是项目提供的产品或服务的可能性。在项目开始阶段便可确定项目的投资成本，在项目开始运营后，政府即按照原先约定的金额向项目公司付款，但如果存在不可用的情形，则根据不可用的程度扣减实际的付款。可用性付费的核心要素是确定项目可用和不可用的标准，即政府在编制项目实施方案时，必须合理设定项目“不可用”的认定标准，在实践中通常需要考虑以下因素：该标准是否客观，即是否符合项目的实际情况和特点，是否可以测量和监控等；该标准是否合理，即是否超出社会资本方的能力范围，是否为实施本项目所必需的等。在实践中，采用可用性付费机制的项目对社会资本方而言风险更低、可融资性更高，但项目运营期间政府通常只能通过项目公司报告或政府抽查的方式对于项目进行监控，监控力度较弱，难以保证项目随时处于可用状态，导致单纯的可用性付费项目缺乏有效的收益激励机制。因此，政府在编制项目实施方案时可以考虑将可用性付费与绩效付费或使用量付费搭配使用。

其次是政府使用量付费　政府使用量付费是指政府主要依据社会资本方或项目公司所提供的产品或服务的实际使用量来付费。政府使用量付费项目的需求风险主要由项目公司承担。政府在选定使用量付费机制开展项目时，必须对项目的需求进行调研，确保社会资本方对产品或服务的需求风险拥有足够的控制能力，否则必然影响政府和社会资本方持续稳定的合作关系。使用量付费机制的基本原则是由政府依据项目设施或服务的实际使用量向社会资本方或项目公司付费，付费多少与实际使用量直接挂钩。为有效地控制项目的需求风险，在政府使用量付费的PPP项目中，政府和社会资本方通常会在项目合同签订前根据项目的性质、预期使用量、项目融资结构及还款计划等设置分层级的使用量付费机制。通常设定一个“最低使用量”和“最高使用量”。政府和社会资本方设定最低使用量的目的是：在实际运营的使用量低于最低使用量时，不论实际使用量多少，政府均按约定的最低使用量付费。最低使用量的付费安排可以在一定程度上降低项目公司承担实际需求风险的程度，提高项目的可融资性。最高使用量是指政府与社会资本方或项目公司约定一个项目的最高使用量，在实际使用量高于最高使用量时，政府对于超过最高使用量的部分不承担付款义务。最高使用量的付费安排为政府的支付义务设置了一个上限，可以有效地防止政府因项目使用量持续增加而承担过度的财政风险。

再次是政府绩效付费　政府绩效付费是指政府依据项目公司所提供的公共产品或服务的质量进行付费。绩效付费通常与政府可用性付费或者政府使用量付费搭配使用。采用政府绩效付费的项目，政府通常与社会资本方或项目公司明确约定项目的绩效标准，并将政府付费与项目公司的绩效表现挂钩，如果项目公司未能达到约定的绩效标准，则会扣减相应的费用。政府在编制项目实施方案时，应根据项目的特点和实际情况设置适当的绩效标准，其通常需要考虑以下因素：绩效标准是否客观，即该标准是否符合项目的实际情况和特点，是否可以测量和监控等；绩效标准是否合理，即该标准是否超出项目公司的能力范围，是否为实施本项目所必需的等。在实践中，为保证项目绩效的准确可控，政府和社会资本方通常约定项目绩效的监测方法，明确政府的监控措施。

（2）使用者付费

使用者付费机制是指由最终消费用户直接付费购买公共产品或服务。项目通过向用户收费以回收项目的建设和运营成本并获得合理收益。使用者付费一般由社会资本方或项目公司承担全部或者大部分的项目需求风险。使用者付费项目常见于高速公路、桥梁、地铁、供水、供热等有稳定收益的基础设施和公共服务领域。

具体PPP项目是否适合采用使用者付费机制，通常需要结合项目特点和实际情况进行综合评估。适合采用使用者付费机制的项目通常需要具备以下条件。

- 一是项目使用需求可预测。项目需求量是社会资本方进行项目财务测算的重要依据，项目需求量是否可预测以及预测需求量的多少是决定社会资本方是否愿意承担需求风险的关键因素。通常社会资本方只有能够在一定程度上确定其可以通过使用者付费收回投资成本并且获得合理收益的情形下，才有参与PPP项目的动机。
- 二是向使用者收费具有实际可操作性，即社会资本方或项目公司向使用者收取费用，在收费制度上必须具有可操作性。若由于项目的特点导致社会资本方向使用者收费的成本过高，将直接影响项目公司收取费用的积极性和项目的整体收益水平。
- 三是符合法律和政策的规定。因为PPP模式适用于基础设施和公共服务领域，因此社会资本方制定公共产品或服务的价格时，必须考虑相关法律和政策对公共产品或服务价格的限制，即某些项目实行的是政府定价或指导价。若项目提供公共产品或服务的价格过低，导致无法满足社会资本方的合理收益需求，则项目不适合采用使用者付费模式，而应考虑采用可行性缺口补助机制。

对政府而言，采用使用者付费机制的PPP项目可以最大限度地将需求风险转移给项目公司，不需要政府提供财政补贴，同时还可以通过与需求挂钩的回报机制激励项目公司提高项目产品或服务的质量。但需要强调的是，除非需求量可预测且较为明确或者政府提供其他的补助或承诺，否则使用者付费项目的可融资性相对较低。如果融资难度和融资成本过高，则可能会导致项目无法实施；同时由于项目公司承担较大的需求风险，在需求不足时，项目公司为了确保能够收回成本，有可能会要求提高公共产品或服务的定价或者变相降低产品或服务的质量。

在实践中，使用者付费的定价方式主要包括以下三种：一是根据《中华人民共和国价格法》等相关法律法规及政策规定确定；二是由双方在PPP项目合同中约定；三是由项目公司根据项目实施时的市场价格定价。其中，除了最后一种方式是以市场价为基础外，对于前两种方式，均需要政府参与或直接决定有关PPP项目的公共产品或服务定价。政府参与项目的公共产品或服务定价，需考虑如下因素。

- 一是需求的价格弹性，即使用者对于价格的容忍程度。收费价格上涨到一定程度后，可能会导致使用量的下降。
- 二是项目公司的目标，即在综合考虑项目的实施成本、项目合作期限、预期使用量等因素的情况下，收费定价能否使项目公司获得合理的收益。
- 三是项目本身的目标，即能否实现项目预期的社会效益和经济效益。
- 四是有关定价是否超出使用者可承受的合理范围。

根据PPP实践，政府参与PPP项目的公共产品或服务定价通常可以采取以下几种具体方式。

- 一是由政府设定该级政府所辖区域内某一行业的统一价。由于该统一价无法因具体项目而调整，如果社会资本方在提交响应文件时测算出有关统一价无法覆盖其成本，则通常允许其要求政府提供一定的补贴。
- 二是由政府设定该级政府所辖区域内某一行业的最高价。在具体项目中，项目公司仅能够按照该最高价或者低于该最高价的价格进行财务评估，如果社会资本方在提交响应文件时测算出即使采用最高价也无法使其收回成本时，则通常允许其要求政府提供可行性缺口补助。

- 三是由双方在合同中约定具体项目收费的价格。
- 四是由双方在合同中约定具体项目收费的最高价。

此外，在一些PPP项目中，双方还有可能约定具体项目收费的最低价，实际上是将PPP项目的部分建设和运营成本直接转移给使用者。

在采用使用者付费机制的项目中，由于项目公司的成本回收和收益取得与项目的实际需求量直接挂钩，为降低项目的需求风险，确保项目能够顺利获得融资支持和稳定回报，政府必须考虑是否增加唯一性条款，即承诺在一定期限内不在项目附近新建竞争性项目。在一些情形下，使用者需求激增或收费价格上涨，将可能导致项目公司获得超出合理预期的超额利润，针对这种情形，政府在设计付费机制时可以考虑设置一些限制超额利润的机制，包括约定投资回报率上限，超出上限的部分归政府所有，或者就超额利润部分与项目公司进行分成等。但基本的原则是无论如何限制，付费机制都能保证项目公司获得合理的收益，并且能够鼓励其提高整个项目的效率。

（3）可行性缺口补助

可行性缺口补助是在政府付费机制与使用者付费机制之外的一种折中选择。对于使用者付费无法使社会资本方获取合理收益，甚至无法完全覆盖项目的建设和运营成本的项目，可以由政府提供一定的补助，以弥补使用者付费之外的缺口部分，使项目具备商业上的可行性。但此种付费机制的基本原则是“补缺口”，而不能使项目公司因此获得超额利润。

国际上关于可行性缺口补助的定义、适用范围和补贴方式尚无统一的界定。在我国，可行性缺口补助的形式多种多样，如投资补助和价格补助。投资补助是指在项目建设投资较大，无法通过使用者付费完全覆盖时，政府可无偿提供部分项目建设资金，以缓解项目公司的前期资金压力，降低整体融资成本。通常政府的投资额应在制订项目融资计划时或签订PPP项目合同前确定，并作为政府的一项义务在合同中予以明确。投资补助的拨付通常不会与项目公司的绩效挂钩。价格补助是指在涉及民生的公共产品或服务领域，为平抑公共产品或服务的价格水平，保障民众的基本社会福利，政府通常会对特定产品或服务实行政府定价或政府指导价。如果因该定价或指导价较低导致使用者付费无法覆盖项目的成本和合理收益，政府通常会给予项目公司一定的价格补助，如地铁票价补助。

此外，政府还可通过无偿划拨土地、提供优惠贷款、贷款贴息、投资入股、放弃项目公司中政府股东的分红权，以及授予项目周边的土地、商业等开发收益权等方式，有效地降低项目的建设和运营成本，提高项目公司的整体收益水平，确保项目的商业可行性。

3.配套政策

配套政策是指政府为了保证PPP项目的顺利实施，在编制PPP项目实施方案时通常会考虑对PPP项目提供的配套政策，通过约定的方式将政府提供的优惠、奖励等转化为政府履行的义务。政府允诺的配套政策的主要目的是提高PPP项目的效率，促进社会资本方参与PPP项目。根据PPP项目的具体特点和可能合作内容的不同，需要政府提供的项目配套政策也可能完全不同。在实践中，较为常见的政府配套政策有以下几个方面。

（1）负责或协助获取项目相关土地使用权的配套政策

PPP项目的土地使用权的取得对于项目的开展实施具有重要的意

义。大部分PPP项目，尤其是基础设施建设项目或其他涉及建设的项目，均会涉及项目用地问题。而政府允诺的关于土地使用权的配套政策是在项目合作中涉及的土地方面的权利义务规定，通常包括土地使用权的取得、相关费用的承担以及土地使用权的限制等内容。根据《中华人民共和国土地管理法》的规定，建设用地使用权的取得分为有偿和划拨两种方式。采用划拨方式的，必须符合《中华人民共和国土地管理法》第五十四条规定的土地使用用途："（一）国家机关用地和军事用地；（二）城市基础设施用地和公益事业用地；（三）国家重点扶持的能源、交通、水利等基础设施用地；（四）法律、行政法规规定的其他用地。"而PPP项目属于城市基础设施和公益事业，政府决定采用划拨方式供给项目用地的，必须在编制项目实施方案时予以说明，并明确土地划拨所需的相关审批手续。采用有偿方式的，根据《中华人民共和国土地管理法实施条例》第二十九条规定："国有土地有偿使用的方式包括：（一）国有土地使用权出让；（二）国有土地租赁；（三）国有土地使用权作价出资或者入股。"即政府必须明确土地有偿取得的方式。

在PPP项目实践中，由政府方和项目公司中更有能力、更有优势承担取得土地责任的一方负责取得土地，即通常由政府方负责提供土地使用权，并且以划拨方式提供土地使用权，因为政府方对土地使用拥有一定控制权和管辖权。在我国的法律框架下，土地所有权一般归国家或集体所有，由对土地使用权有一定控制力的政府方负责取得土地使用权更为便利；而且根据《中华人民共和国土地管理法》及其他相关法律的规定和实践，对于城市基础设施用地和公益事业用地以及国家重点扶持的能源、交通、水利等基础设施用地，大多采用划拨的方式，因此由政府方负责取得土地使用权对于项目的实施一般更为经济且更有效率。如果项目公司完全有权、有能力根据我国法律规定自行取得土地使用权的，则可以考虑由项目公司自行取得土地使用权，但政府方应提供必要的协助。

首先是取得土地使用权的费用。在取得土地使用权的过程中可能会涉及的费用包括：土地出让金、征地补偿费用（具体可能包括土地补偿费、安置补助费、地上附着物和青苗补偿费等）、土地恢复平整费用以及临时使用土地补偿费等。在PPP项目实践中，负责取得土地使用权与支付相关费用的有可能不是同一主体，即使由政府方负责取得土地使用权以及完成相关土地征用和平整工作，也可以要求项目公司支付一定的相关费用，项目公司应当具体承担哪些费用和承担多少，需要根据费用的性质、项目的具体情况、项目的投资回报等进行综合评估。

其次是土地使用权的限制。政府在编制项目实施方案时必须考虑针对土地使用权做出一定的限制。根据《中华人民共和国土地管理法》规定，出让的国有土地使用权可以依法转让、出租、抵押和继承；划拨的国有土地使用权在依法报批并补缴土地使用权出让金后，可以转让、出租、抵押。但是，由于土地是为专门实施特定的PPP项目而划拨或出让给社会资本方的，为保证项目的稳定，一般会约定未经政府批准，社会资本方或项目公司不得将该项目涉及的土地使用权转让给第三方或用于该项目以外的其他用途。

（2）提供相关连接设施

部分PPP项目的实施，可能无法由社会资本方独自完成，需要政府给予一定的配套支持，包括建设部分项目配套设施、完成项目与现有相关基础设施和公用事业的对接等。在实践中，相关连接设施的提供方式主要包括：全部由政府负责建设或由项目公司和政府方共同负责建设。

相关连接设施全部由政府负责建设的，为确保该连接设施建设与项目建设和运营配合，项目实施方案一般会规定提供的连接设施的建设标准和时间期限。明确建设标准可以确保政府所建设的连接设施能够与项目设施相连接，并且符合项目正常运营的要求；明确时间期限的主要目的是保证提供连接配套设施不影响PPP项目的政策运营。在实践中，若政府提供连接设施未按照约定的期限完成，将导致项目完工后无法开始运营。为预防政府无法按照约定的期限提供相关连接设施，项目实施方案一般会约定救济措施，即项目公司通过救济措施可以获得一定的救济，如项目期限延长、损害赔偿等。跟土地获取一样，虽然政府承诺提供连接设施，但连接设施的费用可由双方在合同中约定。

相关连接设施由项目公司和政府共同负责建设的，在项目实施方案中应明确约定项目公司和政府工作界面的划分和沟通机制。工作界面划分是指应清晰界定项目公司和政府各自承担的工作内容和范围，而沟通机制是项目公司和政府在负责相关连接设施的建设过程中，涉及连接设施的连接协调工作，即需要协调两部分工作的工程进度，保证工程进度的统一。在实践中，常见的做法是明确约定各方的义务和责任范围，具体内容包括应建设的工程范围、建设的标准以及完工时间和进度要求等。沟通机制中的项目公司和政府双方拥有互相通知和报告的义务，以确保一方能够及时了解对方设施的建设情况。

（3）办理有关政府审批手续

通常PPP项目的设计、建设、运营等工作需要获得政府的相关审批后才能实施。为了提高项目实施的效率，政府在项目实施方案中可能会承诺协助项目公司获得有关的政府审批。尤其是项目公司无法自行获得或者由政府方办理会更为便利的审批，项目实施方案甚至可能会直接规定由政府方负责办理并提供合法有效的审批文件。但政府承诺的具体审批范围以及承诺的方式，需要根据法律法规的有关规定、项目具体情况以及获得相关审批的难易程度做具体评估。

（4）防止不必要的竞争性项目

防止不必要的竞争性项目的承诺对于社会资本方承担项目需求风险的PPP项目而言属于必备条款，因为在社会资本方承担项目需求风险的项目中，项目公司需要通过提供预测需求数量的公共产品或服务以回收投资并获取收益，因此必须确保项目运营能够实现预测的需求量。若政府不同意防止不必要的竞争性项目，对于承担项目需求风险的项目公司，项目附近有性能和技术条件相似的项目，将会严重影响项目运营的需求量，不利于调动社会资本方的投资积极性。因此，为保证项目运营过程中稳定的需求数量，政府必须对项目的需求数量进行较精确的预测，并评估其他类似项目对项目运营需求量的影响，若类似项目对需求量的影响较大，为吸引社会资本方参与PPP项目，政府可以在项目实施方案中承诺在项目运营期限内不在项目附近兴建任何竞争性的项目，并最终将项目实施方案中的承诺约定在政府和社会资本方签订的PPP项目协议中。

（六）合同体系

项目实施方案中的合同体系内容，是指政府在编制项目实施方案时对构建政府和社会资本方合作关系的安排设想，即政府与社会资本方如何通过一系列合同合理地构建双方的权利义务体系。根据项目的不同特点，相应的合同体系也会不同。常见的合同包括PPP项目合同、股东合同、履约合同（工程承包合同、运营服务合同、原料供应合同、产品购买合同）、融资合同和保险合同等。PPP项目常见的基本合同体系及参与方如图6–3所示。

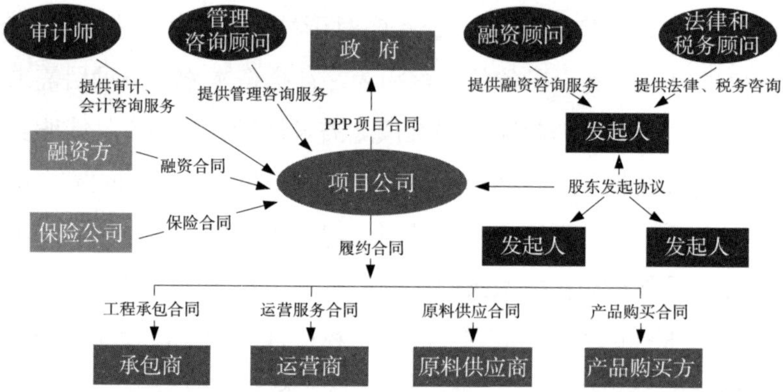

图6-3 PPP项目常见的基本合同体系及参与方

1.PPP项目合同

在PPP项目合同体系中，各个合同之间并非完全独立，而是紧密衔接、相互贯通的，合同之间存在着一定的“传导关系”，项目合同是其中最核心的法律文件。

PPP项目合同是项目实施机构与中选社会资本方签订（若需要成立专门项目公司的，由项目实施机构与项目公司签订）的约定项目合作主要内容和双方基本权利义务的协议。其目的是在项目实施机构与社会资本方之间合理地分配项目风险，明确双方的权利义务关系，保障双方能够依据PPP项目合同合理主张权利，妥善履行义务，确保PPP项目在全生命周期内的顺利实施。PPP项目合同是其他合同产生的基础，也是整个PPP项目合同体系的核心。PPP项目合同的核心内容是项目边界条件，主要包括权利义务、交易条件、履约保障和调整衔接等边界。权利义务边界主要明确项目资产权属、社会资本方承担的公共责任、政府支付方式和风险分配结果等。交易条件边界主要明确项目合同期限、项目回报机制、收费定价调整机制和产出说明等。履约保障边界主要明确强制保险方案以及由投资竞争保函、建设履约保函、运营维护保函和移交维修保函组成的履约保函体系。调整衔接边界主要明确应急处置、临时接管和提前终止、合同变更、合同展期、项目新增改扩建需求等应对措施。

2. 股东合同

股东合同由项目公司的股东签订，用以在股东之间建立长期的、有约束力的合约关系。股东合同通常包括以下主要条款：PPP条件、项目公司的设立和融资、项目公司的经营范围、股东权利、履行PPP项目合同的股东承诺、股东的商业计划、股权转让，股东会、董事会、监事会组成及其职权范围，股息分配、违约、终止及终止后处理机制、不可抗力、适用法律和争议解决等。

3. 履约合同

履约合同是项目公司与承包商、运营商等签订的合同，按照签订合约方的不同，履约合同又可分为工程承包合同、运营服务合同、原料供应合同、产品购买合同等。

4. 工程承包合同

项目公司一般只作为融资主体和项目管理者而存在，本身不一定具备自行设计、采购、建设项目的条件，因此可能会将部分或全部设计、采购、建设工作委托给工程承包商，签订工程承包合同。项目公司可以与单一承包商签订总承包合同，也可以分别与不同承包商签订合同。承包商的选择要遵循相关法律法规的规定。由于工程承包合同的履行情况往往直接影响PPP项目合同的履行，进而影响项目的贷款偿还和收益情况，因此，为了有效地转移项目建设期间的风险，项目公司通常会与承包商签订一个在固定价格、固定工期“交钥匙”的合同，将工程费用超支、工期延误、工程质量不合格等风险全部转移给承包商。此外，工程承包合同中通常还会包括履约担保和违约金条款，进一步约束承包商履行合同义务。

5.运营服务合同

根据PPP项目运营内容和项目公司管理能力的不同，项目公司有时会考虑将项目全部或部分的运营和维护事务外包给有经验的运营商，并与其签订运营服务合同。个别PPP项目，其运营维护事务的外包可能需要事先取得政府的同意。但是，PPP项目合同中约定的项目公司的运营和维护义务并不因项目公司将全部或部分运营维护事务分包给其他运营商实施而被豁免或解除。

6.原料供应合同

有些PPP项目在运营阶段对原料的需求量很大，原料成本在整个项目运营成本中占比较大，同时受价格波动、市场供给不足等影响，无法保证能够随时在公开市场上以平稳的价格获取原料，继而可能会影响整个项目的持续稳定运营，例如燃煤电厂项目中的煤炭。因此，为了防控原料供应风险，项目公司通常会与原料的主要供应商签订长期原料供应合同，并且约定一个相对稳定的原料价格。在原料供应合同中，一般会包括以下条款：交货地点和供货期限、供货要求和价格、质量标准和验收、结算和支付、合同双方的权利义务、违约责任、不可抗力、争议解决等。除上述一般性条款外，原料供应合同通常还会包括“照供不误”条款，即要求供应商以稳定的价格、稳定的质量品质为项目提供长期、稳定的原料。

7.产品购买合同

在PPP项目中，项目公司的主要投资收益来源于项目提供的产品或服务的销售收入，因此保证项目产品或服务有稳定的销售对象，对于项目公司而言十分重要。根据PPP项目付费机制的不同，项目产品或服务的购买者可能是政府，也可能是最终使用者。以政府付费的供电项目为例，政府的电力主管部门或国有电力公司通常会事先与项目公司签订电力购买协议，约定双方的购电和供电义务。此外，在一些产品购买合同中，还会包括“照付不议”条款，即项目公司与产品的购买者约定一个最低采购量，只要项目公司按照该最低采购量供应产品，不论购买者是否需要采购该产品均应按照该最低采购量支付相应价款。

8.融资合同

从广义上讲，融资合同可能包括项目公司与贷款方签订的项目贷款合同、担保人就项目贷款与贷款方签订的担保合同、政府与贷款方和项目公司签订的直接介入协议等多个合同。其中，项目贷款合同是最主要的融资合同。在项目贷款合同中一般包括以下条款：陈述与保证、前提条件、偿还贷款、担保与保障、抵销、违约、适用法律与争议解决等。同时，出于贷款安全性的考虑，贷款方往往要求项目公司以其财产或其他权益作为抵押或质押，或由其母公司提供某种形式的担保或由政府做出某种承诺，这些融资保障措施通常会在担保合同、直接介入协议以及PPP项目合同中具体体现。

9.保险合同

由于PPP项目通常资金规模大、生命周期长，负责项目实施的项目公司及其他相关参与方通常需要对项目融资、建设、运营等不同阶段的不同类型的风险分别进行投保。通常可能涉及的保险种类包括货物运输保险、建筑工程保险、针对设计或其他专业服务的专业保障保险、针对间接损失的保险、第三者责任保险、政治风险保险等。

10.其他合同

在PPP项目中还可能会涉及其他合同，例如与专业中介机构签署的投资、法律、技术、财务、税务等方面的咨询服务合同。

（七）监管架构

监管架构是指政府在PPP项目中履行监督管理责任的体系。虽然政府监督管理PPP项目的目的是保证项目的顺利进行，规范高效地提供公共产品或服务，但由于PPP项目不同阶段的工作重点不同，导致政府监督管理的重点也存在差异，而且由于PPP项目涉及的行业较多，可能需要不同的政府部门对PPP项目实施监管。因此有必要构建PPP项目的监管架构。

监管架构主要包括授权关系和监管方式。授权关系主要是政府对项目实施机构的授权，以及政府直接或通过项目实施机构对社会资本方的授权。例如，在北京地铁四号线PPP项目中，北京市政府对北京基础设施投资有限公司进行授权。监管方式主要包括履约管理、行政监管和公众监督等。

政府或政府授权机构作为监督方，在建设过程中对项目进度、工程质量、投资成本等方面的监管较为完善，但在实践中不乏一些项目因监管不到位而引致的建设成本超支、工程进度放缓、工程劣质等情况。因此，在合同履行过程中，政府方应注重对工程项目的监督。就具体监管模式而言，可采用三级监管模式。第一级监管由政府指定或设立专门的监管机构，以法律和合作协议为基础，对项目质量、工期、成本等进行监督；第二级监管可委托监理方进行第三方监管，监理方作为独立第三方，与项目没有直接利益关系，可作为政府监管的良好补充；第三级监管，在一些特定项目中，可设置监管委员会，由监管委员会对项目的质量、成本、安全等进行监管，并向相关部门反映。

（八）采购方式选择

编制项目实施方案的最终目的是进行PPP项目采购工作，推进PPP项目的实施。PPP项目采购，是指政府为达成权利义务平衡、物有所值的PPP项目合同，遵循公开、公平、公正和诚实信用原则，按照相关法规要求完成PPP项目识别和准备等前期工作后，依法选择社会资本方合作的过程。选择社会资本方是整个PPP项目的发起点，如何通过竞争性的方式选择合适的社会资本方参与PPP项目对于项目的稳定持续至关重要。在实践中，主要适用的是政府采购规范体系来选择社会资本方。

在PPP模式规范体系不完善的条件下，实践中一般将PPP项目选择社会资本方纳入政府采购范畴，如财政部发布的《财政部关于推广运用政府和社会资本合作模式有关问题的通知》（财金〔2014〕76号）要求，地方各级财政部门要会同行业主管部门，按照《中华人民共和国政府采购法》及有关规定，依法选择项目合作伙伴；要综合评估项目合作伙伴的专业资质、技术能力、管理经验和财务实力等因素，择优选择诚实守信、安全可靠的合作伙伴。此外财政部制定的《政府和社会资本合作项目政府采购管理办法》主要内容是规范政府选择PPP项目社会资本方的行为。在政府采购规范体系中，依托于《中华人民共和国政府采购法》，具体规范包括《中华人民共和国政府采购法实施条例》《政府采购非招标采购方式管理办法》《政府采购竞争性磋商采购方式管理暂行办法》

和《政府和社会资本合作项目政府采购管理办法》等规章制度，采用政府采购法规体系来选择社会资本方。《政府和社会资本合作项目政府采购管理办法》第四条规定："PPP项目采购方式包括公开招标、邀请招标、竞争性谈判、竞争性磋商和单一来源采购。项目实施机构应当根据PPP项目的采购需求特点，依法选择适当的采购方式。公开招标主要适用于采购需求中核心边界条件和技术经济参数明确、完整、符合国家法律法规及政府采购政策，且采购过程中不作更改的项目。"因此PPP项目选择社会资本方的方式包括公开招标、邀请招标、竞争性谈判、竞争性磋商和单一来源采购，在实践中由政府或其授权主体根据项目的性质和实际情况选择合适的采购方式。

但应该注意的是，国家发改委颁布的PPP模式政策并未将PPP项目选择社会资本方视为政府采购，国家发改委制定的《国家发展改革委关于开展政府和社会资本合作的指导意见》（发改投资〔2014〕2724号）规定：实施方案审查通过后，配合行业管理部门、项目实施机构，按照《中华人民共和国招标投标法》《中华人民共和国政府采购法》等法律法规，通过公开招标、邀请招标、竞争性谈判等多种方式，公平择优选择具有相应管理经验、专业能力、融资实力以及信用状况良好的社会资本作为合作伙伴。《中华人民共和国政府采购法》只是选择社会资本方式的众多法律之一，此外《基础设施和公用事业特许经营管理办法》第十五条规定：实施机构根据经审定的特许经营项目实施方案，应当通过招标、竞争性谈判等竞争方式选择特许经营者；特许经营项目建设运营标准和监管要求明确、有关领域市场竞争比较充分的，应当通过招标方式选择特许经营者。即特许经营项目也未纳入政府采购规范体系。

虽然实践中PPP项目选择社会资本的方式，其适用的规范体系并无明确规定，但综合财政部和国家发改委的相关政策文件可知，选择社会资本的操作方式基本明确，因此政府在编制项目实施方案时，应依据

《中华人民共和国政府采购法》《中华人民共和国招标投标法》及行政法规、规章的相关规定，根据PPP项目的采购需求特点，依法选择适当的采购方式，确保选择的采购方式符合法律规定的适用条件。

五、项目实施方案的审核与批准

政府编制PPP项目实施方案是政府实施PPP项目的重要依据，对于政府部门了解项目基本情况和合作的基本条件至关重要。PPP项目是引入社会资本来提供公共产品或服务，影响社会公共利益，而且PPP项目合作期限长，为保证PPP项目的合规性，必须对项目实施方案进行审查，以确保项目的可运行性，在一定的支出成本下保障项目收益。对方案进行审核的重点为物有所值评价以及财政承受能力论证两个方面。对于未通过论证的，调整实施方案，重新论证。二次仍未通过论证的，不再采用PPP模式。通过论证的实施方案还须经地方政府进行方案审核，经过审批后才能组织实施。

对于一个项目是否采用PPP模式进行运营，一个不可缺少的环节就是从定性和定量两个方面开展物有所值评价工作，对实施方案进行审核。定性评价重点关注项目采用PPP模式与采用政府传统投资方式相比能否增加供给、优化风险分配、提高运营效率、促进创新和公平竞争等。定量评价主要通过对PPP项目全生命周期内政府支出成本现值与公共部门比较值进行比较，计算项目的物有所值量值，判断PPP模式是否降低项目全生命周期成本。

同时，为确保财政中长期可持续性，财政部门应根据项目全生命周期内的财政支出、政府债务等因素，对部分政府付费或政府补贴的项目，开展财政承受能力论证，每年政府付费或政府补贴等财政支出不得超出当年财政收入的一定比例。通过物有所值评价和财政承受能力论证的项目，可进行项目准备。在PPP项目正式签订合同时，财政部门（或PPP中心）应当对合同进行审核，确保合同内容与财政承受能力论证保持一致，防止因合同内容调整导致财政支出责任出现重大变化。财政部门要严格按照合同执行，及时办理支付手续，切实维护地方政府信用，保障公共服务的有效供给。

在实践中，目前政府并未设置专门的部门负责PPP项目事务的管理，且规范层面对PPP项目实施方案的审查形式和负责主体并无明确的规定。根据财政部《关于印发政府和社会资本合作模式操作指南（试行）的通知》（财金〔2014〕113号）第十二条规定，实施方案通过财政部门的物有所值和财政承受能力论证的，由项目实施机构报政府审核。但是，对于基础设施和公用事业特许经营项目，根据《基础设施和公用事业特许经营管理办法》第八条与第十三条规定，审批程序略加烦琐。具体程序如下：

- 县级以上地方政府建立部门协调机制；
- 项目提出部门依托部门协调机制，会同发展改革、财政、城乡规划、国土、环保、水利等有关部门审查实施方案；
- 经审查认为实施方案可行的，各部门出具书面审查意见；
- 项目提出部门综合各部门书面审查意见，报本级政府或其授权部门审定。

以上规定的对象是特许经营项目实施方案的审批机制，但该规定的主旨同样适用于PPP项目。由于目前关于PPP模式的规范政策不完善，也未建立专门的政府部门负责PPP项目的监督管理，为提高政府实施PPP项目的效率，财政部及国家发改委积极推进县级以上人民政府建立有关部门参加PPP项目的协调机制，负责统筹有关政策措施，并组织协调特许经营项目实施和监督管理PPP项目。因此，针对政府或其授权主体编制的项目实施方案，应该由政府建立的PPP项目协调机制，即会同发展改革、财政、城乡规划、国土、环保、水利等有关部门进行审查，并根据职责对项目分别出具审查意见。政府相关部门针对PPP项目实施方案出具书面审查意见后，由政府或其授权主体综合各部门的书面审查意见，报本级人民政府或其授权部门审定特许经营项目实施方案，确定项目实施机构。项目实施机构可以由行业主管部门、事业单位、行业运营公司或其他相关机构担任。

因此，参考各地开展PPP项目的实践经验及《基础设施和公用事业特许经营管理办法》的相关规定可知，政府或其授权主体编制项目实施方案后，项目实施方案需要由各级政府相关职能部门审查，出具书面审查意见，最终交政府或政府授权主体批准。

另外，根据《国务院办公厅转发财政部 发展改革委 人民银行关于在公共服务领域推广政府和社会资本合作模式的指导意见的通知》（国办发〔2015〕42号）第十九条规定，针对PPP项目要求建立实施方案联评联审机制，对实施方案中已经明确的内容，在项目合同签署后，不再做实质性审查，以简化项目审核流程，减少审批环节。因此，建议针对PPP项目要建立联评联审机制，并将需要相关部门审查批准的事项，尽可能全面地编入实施方案中。

六、编制实施方案应关注的法律问题

根据《关于印发政府和社会资本合作模式操作指南（试行）的通知》（财金〔2014〕113号）第十一条以及《基础设施和公用事业特许经营管理办法》第十条规定，实施方案是PPP项目应当编制的法律文件之一。由于项目不同，编制实施方案应关注的法律问题也不尽相同，因此，本书仅就编制PPP项目实施方案所涉及的具有共性的法律问题归纳并简析如下。

（一）关于实施方案的编制主体与项目实施机构的确定

根据《关于印发政府和社会资本合作模式操作指南（试行）的通知》（财金〔2014〕113号）第十条、第十一条与第十五规定，实施方案应由项目实施机构组织编制。项目实施机构由政府或政府指定的有关职能部门或事业单位担任。同时，政府对于项目实施机构的授权，又是项目采购文件中必备的法律文件之一，因此，政府应根据项目的具体情况，出具授权确定项目实施机构，并明确具体授权范围。

对于基础设施和公用事业特许经营项目，根据《基础设施和公用事业特许经营管理办法》第九条与第十四条规定，项目实施方案由县级以上政府有关行业主管部门或政府授权部门提出，而项目实施机构则由有关部门或单位担任，由县级以上政府予以授权明确具体授权范围。从措辞看，实施方案的提出部门与实施机构不完全一致，但是，可以通过政府授权解决。

另外，根据《国家发展和改革委员会关于开展政府和社会资本合作的指导意见》（发改投资〔2014〕2724号）规定，实施方案也应由项目实施机构组织编制。但是，可以作为项目实施机构的主体则较为宽泛，包括相应的行业管理部门、事业单位、行业运营公司或其他相关机构，按照地方政府的相关要求确定即可。

（二）关于社会资本的限制

根据《关于印发政府和社会资本合作模式操作指南（试行）的通知》（财金〔2014〕113号）第二条规定，已建立现代企业制度的境内外企业法人均可以作为社会资本，其中不包括本级政府所属融资平台公司及其他控股国有企业。其后，对于本级政府所属融资平台公司的此项限制，又通过《国务院办公厅转发财政部 发展改革委 人民银行关于在公共服务领域推广政府和社会资本合作模式的指导意见的通知》（国办发〔2015〕42号）进行了修改，该文件等十三条规定，同时具备下述三个条件的，可以作为社会资本参与地方政府和社会资本合作项目：

- 已经建立现代企业制度、实现市场化运营；
- 承担的地方政府债务已纳入政府财政预算、得到妥善处置；
- 明确公告今后不再承担地方政府举债融资职能。

而对于本级政府所属控股国有企业，则没有规定可以作为社会资本参与的例外。当然，不属于本级政府所属的控股国有企业，则可以作为社会资本参与本级政府的PPP项目；同样，本级政府所属控股国有企业也可以作为社会资本参与非本级政府的PPP项目。

另外，针对不同的社会资本，应注意如下法律问题：

- 国有企业作为社会资本，应符合《中华人民共和国企业国有资产法》《企业国有资产监督管理暂行条例》等国有企业的相关规定；
- 外国企业作为社会资本，应符合《外商投资产业指导目录（2017年修订）》规定的外资准入限制以及《中华人民共和国中外合资经营企业法》《中华人民共和国中外合作经营企业法》等相关规定。

（三）关于项目公司的总投资与注册资本

1.关于总投资

根据《国务院关于固定资产投资项目试行资本金制度的通知》第二条规定，总投资是指项目的固定资产投资与铺底流动资金之和，具体以经批准的动态概算为依据。

2.关于注册资本

注册资本以总投资额为基数予以确定。根据《国务院关于调整和完善固定资产投资项目资本金制度的通知》规定，各行业固定资产投资项目的最低资本金（注册资本）比例，以总投资额为基数，根据不同的行业，为20%至40%不等。但是，城市地下综合管廊、城市停车场项目以及经国务院批准的核电站等重大建设项目，可以在规定的最低资本金比例基础上适当降低。外商投资项目应按照《国家工商行政管理局关于中外合资经营企业注册资本与投资总额比例的暂行规定》确定。该资本金对项目公司来说是非债务性资金，社会资本方不得让项目公司承担这部分资金的任何利息和债务。

（四）关于项目的运作模式

根据《关于印发政府和社会资本合作模式操作指南（试行）的通知》（财金〔2014〕113号）第十一条规定，项目运作模式主要包括委托运营、管理合同、建设—运营—移交、建设—拥有—运营、转让—运营—移交和改建—运营—移交等。具体运作模式的选择主要由收费定价机制、项目投资收益水平、风险分配基本框架、融资需求、改扩建需求和期满处置等因素决定。尽管上述运作模式没有排除建设—移交模式，且《关于制止地方政府违法违规融资行为的通知》（财预〔2012〕463号）第二条也未禁止建设—移交模式，但是，应注意《关于进一步做好政府和社会资本合作项目示范工作的通知》（财金〔2015〕57号）第六条规定，如果采用建设—移交模式，财政部将不能将该项目作为示范项目，进而政府无法获得财政部的奖励。在实践中，因为解决存量资产等因素，有可能使一部分PPP项目下的建设—运营—移交模式被认定为建设—移交模式。

（五）关于交易结构

根据《关于印发政府和社会资本合作模式操作指南（试行）的通知》（财金〔2014〕113号）第十一条规定，交易结构主要包括项目投融资结构、回报机制和相关配套安排。

1.关于投融资结构

投融资结构主要应说明项目资本性支出的资金来源、性质和用途，项目资产的形成和转移等。其中，应注意《中华人民共和国担保法》第三十七条及《中华人民共和国物权法》第一百八十四条中关于学校、幼儿园、医院等以公益为目的的事业单位、社会团体的教育设施、医疗卫生设施和其他社会公益设施不得抵押的规定。

2.关于回报机制

回报机制主要应说明社会资本方取得投资回报的资金来源，包括使用者付费、可行性缺口补助和政府付费等支付方式。《关于印发政府和社会资本合作模式操作指南（试行）的通知》（财金〔2014〕113号）附2中对于此三种支付方式给予了解释。其中，政府付费主要包括可用性付费、使用量付费和绩效付费。同时，根据《基础设施和公用事业特许经营管理办法》第二十一条以及《国务院关于加强地方政府性债务管理的意见》第四条规定，应注意下述两点：

- 政府不得承诺固定投资回报，对PPP项目的注资、财政补贴等行为必须依法合规；

- 政府不得违法为任何单位和个人的债务以任何方式提供担保。

3.关于相关配套安排

相关配套安排主要应说明由项目以外相关机构提供的土地、水、电、气和道路等配套设施和项目所需的上下游服务。项目需要捆绑土地时，应注意下述两点。

- 应履行法定的程序，提前与规划、国土资源管理、土地储备、财政等部门沟通进行捆绑土地的筹划。一级土地开发可能涉及征地、拆迁、土地整理、适当的市政配套设施建设，应当根据《中华人民共和国土地管理法实施条例》《土地储备管理办法》等规定实施。二级土地开发涉及商业、商品住宅等经营性用地的土地使用权出让时，应当根据《中华人民共和国物权法》《招标拍卖挂牌出让国有建设用地使用权规定》等规定通过招标、拍卖等公开竞价的方式出让。此等程序烦琐耗时，如果项目施工时间确定的比较紧迫，则难以实现捆绑土地的目的。
- 政府无权向社会资本方直接返还土地出让收入。根据《中华人民共和国预算法》《国有土地使用权出让收支管理办法》等规定，土地出让的收入与支出应分别纳入政府性基金收支预算。

（六）关于特许经营

不是所有的PPP项目均应当作为特许经营项目实施。根据《国务院办公厅转发财政部 发展改革委 人民银行关于在公共服务领域推广政府和社会资本合作模式的指导意见的通知》（国办发〔2015〕42号）第十二条规定，鼓励在能源、交通运输、水利、环境保护、农业、林业、科技、保障性安居工程、医疗、卫生、养老、教育、文化等公共服务领域采用PPP模式。对于其中在能源、交通运输、水利、环境保护、市政工程等特定领域需要实施特许经营的，按照《基础设施和公用事业特许经营管理办法》执行。可见，PPP项目不等于特许经营项目。因此，在编制实施方案时，应注意确认该项目是否需要实施特许经营。例如，医疗养老机构的PPP项目，《国务院办公厅转发卫生计生委等部门关于推进医疗卫生与养老服务相结合指导意见的通知》中就列举了特许经营、公建民营、民办公助三种PPP模式。

（七）关于项目期限

项目期限主要体现在《关于进一步做好政府和社会资本合作项目示范工作的通知》（财金〔2015〕57号）、《关于印发政府和社会资本合作模式操作指南（试行）的通知》（财金〔2014〕113号）与《基础设施和公用事业特许经营管理办法》中。《关于进一步做好政府和社会资本合作项目示范工作的通知》（财金〔2015〕57号）第六条规定，对于示范项目，项目期限原则上不低于10年。此规定意味着低于10年的项目，不能作为示范项目。《关于印发政府和社会资本合作模式操作指南（试行）的通知》（财金〔2014〕113号）规定合同期限见表6-2。

表6-2　PPP项目合同期限

运作模式	合同期限（一般情况下）
O&M	不超过8年
MC	不超过3年
BOT	20~30年
BOO	一般不涉及项目期满移交
TOT	20~30年
ROT	20~30年

《基础设施和公用事业特许经营管理办法》则规定期限最长不超过30年，应当根据行业特点、所提供公共产品或服务需求、项目生命周期、投资回收期等综合因素确定。但是，对于投资规模大、回报周期长的项目可以超过30年。关于表6-2中的期限是否包括建设期的问题，有意见认为相关规定中未明确，因此，建设期可以不计入上述期限，也可以计入。但是，《关于印发政府和社会资本合作模式操作指南（试行）的通知》（财金〔2014〕113号）规定，全生命周期是指项目从设计、融资、建设、运营、维护至终止移交的完整周期，即建设期包括在全生命周期内，故此，表6-2中的期限应当理解为包括建设期。

（八）关于采购方式选择

根据《关于印发政府和社会资本合作模式操作指南（试行）的通知》（财金〔2014〕113号）第十一条规定，项目采购应根据《中华人民共和国政府采购法》及相关规章制度执行，采购方式包括公开招标、竞争性谈判、邀请招标、竞争性磋商和单一来源采购。项目实施机构应根据项目采购需求特点，依法选择适当的采购方式。例如：社会资本本身具备自行建设的资质，希望项目公司成立后自行建设，在此背景下，可以选择采用招标方式选定社会资本。因为《中华人民共和国招标投标法实施条例》第九条规定，已经通过招标方式选定的特许经营项目投资人依法能够自行建设的，可以不进行招标。但是，在实践中会遇到以下问题：该条针对的是特许经营项目，存在非特许经营项目是否可依此自行建设的问题；如果有其他符合条件的社会资本方参与投标，真正想参与的社会资本方未必一定会中标。

另外，即使采用招标以外的竞争性磋商的采购方式选定了社会资本方，对于大型基础设施与公用事业项目的建设，在社会资本方成立项目公司后，也仍然需要根据《中华人民共和国招标投标法》第三条规定，采用招标方式选定建设主体，因此，真正想自行建设的社会资本方仍然未必会中标。

另外，对于回报机制采取可行性缺口补助的项目，政府仅提供财政补贴而不参股，是否应当适用《中华人民共和国政府采购法》选择采购方式的问题，需要根据《中华人民共和国政府采购法实施条例》来解答，其第二条规定：因财政补贴应当作为财政性资金纳入预算管理，对于既使用财政性资金又使用非财政性资金的项目，使用财政性资金采购的部分，适用《中华人民共和国政府采购法》；对于财政性资金与非财政性资金无法分割采购的项目，统一适用《中华人民共和国政府采购法》。因此，政府参股与否不是认定是否适用《中华人民共和国政府采购法》的依据，而由是否使用财政性资金予以认定。

××××自治区公共资源交易平台系统 PPP项目实施方案

第一章 前言

1.1 项目背景

党的十八届三中全会提出“积极发展混合所有制经济”。国有资本、集体资本、非公有资本等交叉持股、相互融合的混合所有制经济，是基本经济制度的重要实现形式，有利于国有资本放大功能、保值增值、提高竞争力，有利于各种所有制资本取长补短、相互促进、共同发展。在推进城市建设管理创新领域，允许社会资本通过特许经营等方式参与城市基础设施投资和运营。

PPP模式是指政府与社会资本方之间，为了提供某种公共产品或服务，以特许权协议为基础，彼此之间形成一种伙伴式的合作关系，并通过签署合同来明确双方的权利和义务，以确保合作的顺利完成，最终使合作各方达到比预期单独行动更为有利的结果。PPP模式成为政府解决公共项目资金和运营难题的有效抓手。政府的积极性来自对资金和运营压力的缓解，社会资本方的参与动机在于提供优质产品和服务的同时获取稳定的收入，公共资源交易平台的建设也是这样。

1.2 编制依据

- 《中华人民共和国政府采购法》；
- 《中华人民共和国招标投标法》；
- 《中华人民共和国政府采购法实施条例》；
- 《中华人民共和国招标投标法实施条例》；
- 《中华人民共和国行政许可法》；
- 《政府和社会资本合作模式操作指南（试行）》；

- 《政府和社会资本合作项目财政承受能力论证指引》；
- 《政府和社会资本合作项目物有所值评价指引（试行）》；
- 《关于在公共服务领域推广政府和社会资本合作模式指导意见的通知》；
- 《关于推广运用政府和社会资本合作模式有关问题的通知》；
- 《关于规范政府和社会资本合作合同管理工作的通知》；
- 《政府和社会资本合作项目政府采购管理办法》；
- 《基础设施和公用事业特许经营管理办法》；
- 《整合建立统一的公共资源交易平台工作方案》；
- 《关于进一步规范电子招标投标系统建设运营的通知》；
- 《公共资源交易平台管理暂行办法》；
- 《××××自治区人民政府办公厅关于推广运用政府和社会资本合作模式增加公共产品供给的指导意见》；
- 《关于在公共领域推广运用政府和社会资本合作模式的实施意见》；
- 《××××自治区整合建立统一的公共资源交易平台实施方案》；
- 《××××自治区公共资源交易平台PPP项目可行性研究报告》。

1.3 编制原则

为了确保本项目的成功运作和目标的实现，在运作过程中贯彻执行以下原则：

- 严格执行法律、法规、规章和政策规定的原则；
- 项目实施过程坚持“公平、公正、公开”的原则；
- 保护国家、职工、债权人和其他各方合法权益的原则；
- 坚持通过法定竞争机制选择政府合作伙伴的原则；
- 建立××××自治区公共资源交易平台PPP项目一体化运营管

理机制的原则；

- 坚持通过法定程序进行特许经营权转让和移交的原则；
- 理顺政企关系，完善特许经营制度的原则；
- 坚持广泛调研，借鉴国内外类似项目先进经验的原则。

第二章　项目概况

2.1 项目基本情况

2.1.1 项目名称

××××自治区公共资源交易平台系统PPP项目。

2.1.2 项目类型

新建项目，属于信息化建设公用事业类项目。

2.1.3 项目提供的公共服务

本项目覆盖××××自治区（以下简称自治区）、市、县三级监管部门用户，以及自治区、市、县三级交易甲方（招标人、采购人、出让人等）、代理机构、投标人（供应商、竞买人等）等交易主体和社会公众。系统用户主要为社会公众、交易主体、监管机构和系统维护人员。系统主要通过政务外网为平台机构、监管部门提供服务，最高并发量为150，预计占用带宽为16.74M；系统通过互联网为社会公众、交易主体、行业协会提供服务，最高并发量为1 000，预计占用带宽为111.61M。

2.1.4 项目所处阶段

项目准备阶段。

2.2 项目采用PPP模式运作的必要性和可行性

2.2.1 项目采用PPP模式运作的必要性

采用PPP模式与采用政府传统投资方式相比，将减小财政压力、增加公共服务供给、优化风险分配、提高效率、促进创新和公平竞争、有效落实政府采购政策。

项目投资规模大，财政资金压力大

本项目改造总投资估算为10 000万元，属于需求长期稳定、回报周期长的信息化建设公用事业工程。如果公共资源交易平台整合建设由政府财政大包大揽，政府将不得不继续向公共资源交易平台投入持续的资金，将会对自治区政府形成很大的财政压力。对政府来说，采用PPP模式的投入要小于传统方式的投入，两者之间的差值是政府采用PPP模式的收益。

项目周期长，风险大

本项目周期为10年，投资项目存在各方面的风险，按照风险分配优化、风险收益对等和风险可控等原则，综合考虑政府风险管理能力、项目回报机制和市场风险管理能力等要素，政府和社会资本方可以合理地分配项目风险。财务、运营维护等商业风险由项目公司承担，政府承担建设、法律、政策风险和一部分市场风险和不可抗力风险，大大降低了政府的风险承担成本。

公共资源交易平台对服务能力要求高

规范的PPP模式能够将政府的发展规划、市场监管、公共服务职能，与社会资本的管理效率、技术创新动力有机结合，实现资源的优化配置，充分发挥社会资本的专业分工优势，减少政府对微观事务的过度参与，提高公共服务的效率、质量、效益。

2.2.2 采用PPP模式运作的可行性

根据《国务院办公厅关于印发整合建立统一的公共资源交易平台工作方案的通知》(国办发〔2015〕63号，以下简称《工作方案》)“鼓励通过政府购买服务等方式，引导社会力量参与平台服务供给，提高服务质量和效率”和《××××自治区整合建立统一的公共资源交易平台实施方案》“公共资源交易平台可以通过购买服务等方式，利用社会力量建设并符合标准要求的场所”的规定，本项目适宜也有必要采用PPP模式。

国务院的相关规定

2014年9月国务院正式发布了《国务院关于加强地方政府性债务管理的意见》(国发〔2014〕43号)，再次强调“剥离融资平台公司政府融资职能”，并且首次提出“融资平台公司不得新增政府债务”。面对地方城镇化建设对基础设施建设的需要与国家收紧地方政府债务规模之间的矛盾，国办〔2014〕43号文给出解决问题的办法是推广使用PPP模式，鼓励社会资本通过特许经营等方式，参与城市基础设施等有一定收益的公益性事业投资和运营。

2015年8月10日，国务院办公厅印发了《工作方案》，提出将工程建设项目招标投标、土地使用权和矿业权出让、国有产权交易、政府采购等公共资源交易纳入规范化、法制化轨道，实行全流程透明化管理。作为深入推进简政放权、放管结合、优化服务改革，创新事中事后监管，建设现代市场体系的重大举措，统一公共资源交易平台的建立对于提高政府管理水平和效率，防止权力寻租和滋生腐败，促进创业创新与公共资源的便捷有效对接，具有重要意义。

《工作方案》明确提出了整合目标：2016年6月底前，地方各级人民政府基本完成公共资源交易平台整合工作。2017年6月底前，在全国范围内形成规则统一、公开透明、服务高效、监督规范的公共资源交易平台体系，基本实现公共资源交易全过程电子化。在此基础上，逐步推动其他公共资源进入统一平台进行交易，实现公共资源交易平台从依托有形场所向以电子化平台为主转变。

国务院相关部委的规范性政策

国务院各部委相继出台了有关鼓励和允许社会资本参与公共基础设施建设和经营的政策，2015年5月《国务院办公厅转发财政部 发展改革委 人民银行关于在公共服务领域推广政府和社会资本合作模式指导意见的通知》（国办发〔2015〕42号）指出：在能源、交通运输、水利、环境保护、农业、林业、科技、保障性安居工程、医疗、卫生、养老、教育、文化等公共服务领域，鼓励采用PPP模式，吸引社会资本参与。

2016年6月24日，为贯彻落实《工作方案》，规范公共资源交易平台运行、服务和监督管理，国家发改委、工业与信息化部、财政部等14个部门联合制定了《公共资源交易平台管理暂行办法》，明确了公共资源交易平台是包含公共资源电子交易系统、公共资源交易监管系统和公共资源交易电子服务系统的，为市场主体、社会公众、行政监督管理部门等提供公共资源交易综合服务的体系。

具体的操作指引文件相继出台，自治区规范项目操作

在公共服务领域推广PPP模式，是转变政府职能、激发活力、打造经济新增长点的重要改革举措。财政部先后发布了《关于印发政府和社会资本合作模式操作指南（试行）的通知》（财金〔2014〕113号）和《关于印发〈政府和社会资本合作项目财政承受能力论证指引（试行）〉

的通知》(财金〔2015〕21号)等一系列规范性文件，发改委、财政部等六部委联合下发了《基础设施和公用事业特许经营管理办法》指导、规范PPP模式实施的项目。

2015年7月16日，自治区人民政府办公厅印发了《××××自治区人民政府办公厅关于推广运用政府和社会资本合作模式增加公共产品供给的指导意见》，为自治区精心组织推广运用PPP模式各项工作给出了指导意见。

2015年12月2日，自治区财政厅、自治区发展和改革委员会和中国人民银行××中心支行联合发布了《关于在公共领域推广运用政府和社会资本合作模式的实施意见》，为自治区实施PPP项目明确了程序和要求，推出了推进PPP改革的政策措施，拓宽了公共领域项目建设的融资渠道。

2016年12月9日，自治区财政厅印发了《关于加大财政扶持力度推动PPP改革的通知》，明确提出要通过建立健全PPP财政保障机制和PPP财政激励机制来切实加快自治区PPP的改革步伐，发挥财政政策的功能作用，鼓励和引导社会资本方积极参与，推动更多的项目采用PPP模式。

2016年1月29日，自治区国土资源厅印发了《××××自治区整合建立统一的公共资源交易平台实施方案》：在2016年6月底前，自治区、市两级基本完成公共资源交易平台整合工作，其中，土地使用权和矿业权出让等交易市场将纳入整合范围。

众多社会资本在公共设施行业有成熟的PPP运作经验

国内公共设施行业市场化逐渐发展成熟，行业资本方市场已经培育发展起来。公共设施工程项目一直是社会资本方高度关注的基础设施领域，国内也已形成了一批具有公共设施项目投资和建设经验的资本方，特别是已经有公共设施PPP项目正在实施，其经验可以继续在本项目中被借鉴应用。

2.3 建设公共资源交易平台的目标

2.3.1 归并集中各类公共资源交易活动，形成统一的有形市场

建立统一管理与监督机构，能够实现立项授予权、工程发包权和监督执法权的分离，有利于加大查处力度，从源头上预防和惩治腐败；有利于推进自治区市场经济体制改革，强化监督管理，维护市场秩序，建立统一、开放、竞争、有序的现代市场体系，实现资源共享和市场化配置。

2.3.2 转变政府职能、创新监管体制

公共资源市场化配置的确可以提高整个资源的利用效率，但如果在市场化过程中存在违规操作或暗箱操作，将不仅不会盘活公共资源，反而会导致公共资源的流失。公共资源交易平台要建立以法律监督为主线，以纪检监察监督、审计监督、内部监督、社会综合监督为辅线，从而形成一整套自上而下、内外共管、全方位、多层次、合理有效的多元化公共资源交易监督管理体系和运行机制。公共资源交易平台能做到事前、事中、事后监督到位，并形成制度化促进公共资源交易向法制化轨道迈进。

2.3.3 吸引社会参与，促进公平竞争

政府要统筹推进公共资源交易平台整合，以完善管理规则，优化市场环境，促进公平竞争。公共资源交易平台鼓励通过政府购买服务等方式，引导社会力量参与平台服务供给，提高服务质量和效率。

2.3.4 促进公共服务、实现资源共享

立足公共资源交易平台的公共服务职能定位，能够整合公共资源交易信息、专家和场所等资源，加快推进交易全过程电子化，实现交易全流程公开透明和资源共享。

2.4 建设公共资源交易平台采用PPP模式的意义

2.4.1 有利于转变政府职能，减轻财政负担

党的十八届三中全会强调，要进一步简政放权，建设统一开放、竞争有序的市场体系。国务院明确要求，要转变政府职能，处理好政府与市场的关系。采用PPP模式建设公共资源交易平台使政府从过去的公共资源交易服务的提供者变成一个纯粹的监管者，抽身于交易之外，有利于交易监控的实施。公共资源交易平台通过公司化运营，服务质量得到保障，同时减轻财政支出压力；政府在加强监督的同时，降低直接和间接的监督成本，并实现利益相关方的多赢。

2.4.2 有利于规范公共资源交易平台服务行为

将纯官办转化为“公私合营”，符合“政府主导、市场驱动”和“政府主导、共建共享、公益服务”的原则要求，能有效地破除公共资源交易市场定位不清晰、“管办不分”、同体监督、违规干预市场主体的行为和乱收费问题。

2.4.3 有利于行政监管和防止腐败

采用PPP模式建设公共资源交易平台能够规范公共资源交易过程不够公开透明，规范行政监管与市场操作边界不清晰，防止监管缺位、越位和错位问题，防止滥用权力、以权谋私和权钱交易等腐败现象。

2.4.4 有利于增加公共基础设施供给

采用PPP模式，政府仅需一小部分资金，剩余资金可用于其他公共设施项目建设，在拓展项目建设的融资渠道的同时，有利于整合社会资源，盘活社会存量资本，增加公共设施供给。

2.4.5 有利于推动公共资源交易市场化、专业化、集约化

国家鼓励电子招标投标交易平台进行平等竞争。电子招标投标发展方向是市场化、专业化、集约化，三化的核心是市场化；专业化是平台的技术属性、集约化是平台市场竞争的结果。

2.4.6 有利于技术创新和避免低水平重复建设造成的资源浪费

在互联网、大数据、云计算、云平台时代，在政府主导下，把公共资源交易平台服务由市场主体参与共建共享，政府制定制度规则，转变为制度规则执行落实于市场主体，这样不仅可以减轻政府的财政负担，又可以促进技术创新并将市场资源引入公共服务的进程当中，提高了资源使用效能和建设，提高了运营效率。

2.4.7 有利于防止费用的超支

采用PPP模式，只有当项目已经完成并得到政府批准使用后，市场主体才能开始获得收益，因此采用PPP模式有利于提高效率和降低成本投入。政府部门和市场主体结合形成优势互补。政府可专注于交易规则的制定和监管，公共资源交易平台项目公司专注于市场运营，以最有效的成本为公众提供高质量的服务。研究表明，与传统的投资方式相比，采用PPP模式能够为政府节约财政资金节约20%，并且建设周期较短。

2.4.8 有利于促进公共资源交易平台建设运营的市场化

利用市场主体提供的资产和服务能为公共资源交易平台提供更多的资金和技能，促进了公共项目投资机制的优化，推动了在公共资源交易平台建设管理等方面的创新，不断提高公共资源交易平台服务质量和服务水平。

2.5 成立专门的协调机制和指定项目实施机构

2.5.1 成立专门的协调机制

为推动项目的顺利推进和规范运作，建议成立由自治区政府办公室、自治区工业和信息化委员会、自治区发改委、自治区财政厅、自治区环境保护厅、自治区住房和城乡建设厅等相关单位组成的项目专门协调机制，设立办公室处理日常工作。其中：自治区工业和信息化委员会为项目实施机构的主管部门，全面领导项目的实施管理工作；自治区发改委指导各相关单位进行相关前期工作要件的办理，完成对项目可行性研究报告、初步设计的审查和上报工作；自治区财政厅负责本项目物有所值和财政承受能力论证的评审，落实项目政府采购职责，负责PPP项目政府补贴的筹措和纳入财政预算的落实；自治区环境保护厅负责按建设节点完成项目的环境影响评价报告的审批工作；自治区住房和城乡建设厅负责按建设节点完成项目的审批工作。

2.5.2 指定项目实施机构

自治区公共资源交易中心为项目的实施机构，负责选择专业咨询公司为项目的实施进行技术、法律、招标、合同等方面指导，负责项目准备、监管和移交等工作，具体包括：统筹协调本项目的准备、投资、建设、运营与移交工作；负责项目的各种前期手续的办理；负责项目社会资本方的选择，制定社会资本准入条件和标准；经过自治区政府授权，与项目公司签订项目合同；在项目期限内，对项目公司的运营和维护进行监管等。专门协调机制的其他成员单位予以配合。

2.6 项目技术经济指标

2.6.1 项目区位

本项目部署于自治区电子政务云平台，涵盖14个地市级交易中心和19个县级交易中心。

2.6.2 项目建设内容

本项目建设内容具体包含以下几个部分。

- 公共资源电子服务系统建设：公共资源交易服务门户网站群、信息发布服务子系统、专家信息管理子系统、主体信息管理子系统、信用信息管理子系统和监管信息管理子系统等。
- 公共资源电子交易系统建设：工程建设项目（住建、水利、交通、铁路等）招投标子系统、政府采购交易子系统、权益类交易子系统、医药和医疗器械采购子系统等。
- 公共资源电子监管系统建设：事中综合监管系统、事前权力运行监管系统和事后权力运行监管系统。
- 应用支撑平台建设：为系统的运行提供应用服务器中间件、数据库软件等基础软件。
- 基础设施平台建设：根据系统建设需求，向自治区电子政务外网机房申请满足系统运行所需的服务器、存储器、网络、安全等基础设施。

2.6.3 项目主要产出说明

本项目将各级各部门分散设立的工程建设项目招标投标、土地使用权和矿业权出让、国有产权交易、政府采购、医药和医疗器械采购等交易市场，整合建立统一的公共资源交易平台，实现信息资源共享和规范交易；建立自治区、市联网的电子交易公共服务系统，统一规范公共资源电子化交易规则和程序，实现公共资源交易的标准化、电子化与网络化；全面整合各行业、各部门正在使用的电子化交易系统，统一纳入公共资源电子化交易系统，实现各部门的电子化交易系统与公共资源交易平台的交易信息共享；充分利用“互联网+”电子政务创新，建立统一的公共资源电子化权力运行监管系统，规范公共资源交易事前、事中、事后全过程的权力运行，推动公共资源交易权力运行监管模式由现场监督转变为线上线下监督相结合。

项目建成以后，将在自治区范围内形成监管方式、交易平台、信息系统和规则统一，公开透明、服务高效、监督规范的公共资源交易平台体系，基本实现公共资源交易电子化、网络化、标准化；纵向实现国家、自治区、市三级联网，横向实现公共资源交易平台与交易综合监管平台联网。在此基础上，逐步推动其他公共资源进入统一平台进行交易，实现公共资源交易平台从依托有形场所向以电子化平台为主转变。

2.6.4 项目资金来源

项目资金由项目公司自筹，分为项目公司注册资本金及项目公司融资。其中注册资本金由项目公司股东出资，不低于项目投资估算的20%，其余部分为项目融资，由项目公司负责。

2.7 项目公司和股权情况

2.7.1 项目公司

本项目需要成立项目公司。根据《国务院关于调整和完善固定资产投资项目资本金制度的通知》（国发〔2015〕51号），为有效防范资金风险，保障项目的顺利实施，建议项目公司注册资本金暂定为2 000万元，首次注入资本金不得少于400万元，其余资本金随项目融资需要及时缴纳。

2.7.2项目公司股权结构

本项目由社会资本方独资成立项目公司，占全部股权。

第三章　项目风险分配框架

3.1 风险分配原则

3.1.1风险最优分配原则

PPP模式致力于在政府和社会资本方之间实现最优风险分配而非政府风险转移的最大化，因此并非所有的风险都会被政府转移给社会资本方。在风险转移水平由低至高的区间内，存在一个最优风险转移水平，如果政府和社会资本方的风险分配处于最优风险转移水平，项目将实现价值最大化。如果将风险不恰当地转移给社会资本方，政府可能会由于转移了自身可以更有效管理的风险而向社会资本方支付更多的费用，或由于留存了社会资本方可以更有效管理的风险而承担更高的成本。不恰当的风险转移甚至可能危及政府和社会资本方合作关系的长期稳定性。

在受制于法律约束和考虑公共利益的前提下，每个可识别风险均应独立分配给能够以最小成本、最有效管理它的一方承担，即PPP项目的风险最优分配原则。当然，无论风险分配给哪一方，都应拥有选择如何处理和最小化该风险的自由。

风险分配应考虑的因素包括：项目的性质，各方对风险管理的优势和能力（可能随时间和风险应对技术的发展而发生变化），产出说明书的灵活性（是否有影响风险管理方式的限制性条款），以往项目的风险转移水平（体现了各方管理特定风险的历史表现和未来管理该风险的潜在能力），市场对风险的普遍态度，公共利益因素，其他政策考虑。

3.1.2 风险与收益对等原则

PPP项目的风险分配主要通过合理约定的方式进行，在风险分配时应遵循风险与收益对等原则。合同条款中应既关注合同主体对于风险管理成本和风险损失的承担，又尊重其获得与风险相匹配的收益水平的权利。如果风险管理成本大于与之对应的收益，风险转移不可能在自愿的情况下发生，只有各参与方从风险分担中均得到好处，风险分配才有意义。

3.1.3 风险可控原则

在PPP项目多年的运行过程中，一些风险可能会出现政府和社会资本方都无法预料的变化，导致风险发生概率上升或风险发生时财务损失增加。为保证政府和社会资本方合作关系的长期稳定，在项目合同中，应按项目参与方的财务实力、技术能力、管理能力等因素设定风险损失承担上限，不能由某一方单独承担超过其承受能力的风险。否则，社会资本方可能无法保证公共产品或服务的提供效率，政府便会拒绝履约，最终影响双方维持合作伙伴关系的积极性。

基于上述原则，为解决风险分配这一贯穿PPP项目全生命周期的核心问题，节约政府和社会资本方风险分配方案的谈判时间，降低交易成本，经常将风险分配标准化流程引入PPP项目的风险分配中。

3.2 项目主要风险分析

3.2.1 项目设计、建设和运营维护相关风险

项目需完成设计、建设和运营等工作，所以项目面临诸多相关的风险：项目设计不达标；建设成本超支、试运行不达标、技术未达到相应的经济指标等；工期延误，未按预定建设期限完工；技术风险以及移交资产不达标风险等。在应对以上风险时，需制定明确的建设标准，对建设过程中一些不好控制的投资进行量化，超过投资的部分要有明确安排。

3.2.2 选择社会资本方的风险

项目的社会资本方以《财政部关于印发〈政府和社会资本合作项目政府采购管理办法〉的通知》(财库〔2014〕215号)来选择。本项目公益性强，经济和社会效益并重，运营者的经营能力和市场信誉直接影响着项目未来的运营状况。因此在选择社会资本方时，要注重对社会资本方公共资源平台运营能力的考核。

3.2.3 项目融资的风险

项目融资也存在着一定的风险，如融资结构不合理、金融市场不健全、融资的可行性等因素引起的风险，其中最主要的表现形式是资金筹措困难。在选定中标者之后，政府与选中的社会资本方草签特许权协议，选中的社会资本方需凭草签的特许权经营协议在规定的融资期限内完成融资，特许经营协议方可正式生效。如果在给定的融资期内未能完成融资，社会资本方将会被取消资格，其投标保证金也将被没收。

3.2.4 项目的监管风险

PPP模式有助于打破垄断，筹集建设资金。由于本项目的公共性、

地域性和对社会经济的重要影响，必然要求政府为了公共的利益对项目进行全方位的监管。政府监管的力度和效用性对项目的运营有着重要的影响。

3.2.5 组织机构风险

组织机构风险主要指项目组织设置方案不适于项目的建设或运营，项目法人代表、企业管理层不能胜任项目的组织与管理，影响项目的实施。

3.2.6 财务风险

财务风险包括资本结构不合理、财务管理不完善、服务价格风险分配设计不合理、运营成本超支等。此类风险的应对机制是组建有经验的运营团队，或选择专业队伍对项目设施的运营维护进行委托，约定运营商应承担的义务和违约责任，以便传递风险。

此外，主要成本因素如电价、社会平均工资水平、药剂费用、折旧费用等在漫长的经营期内也面临着自然上涨的风险，而这些因素的价格上涨将直接导致成本上升，并影响投资人的投资回收期和项目的稳定运营，影响项目的收益。建议通过发挥调价公式和一般补偿机制的作用加以应对。

3.2.7 社会责任风险

由于公用事业企业有其特殊性，需要承担一定的与社会公众的切身利益相关的社会责任。所以，在公用事业特许经营企业的股权转让过程中，政府相关部门需要承担一定的风险。

3.2.8 项目决策、审批延误风险

此类风险可能导致项目周期过长，增加项目前期成本。

3.2.9 法律法规等风险

税收政策变化、环保标准变化、投资政策变化、汇率政策变化、利率政策变化、一般法律变更、专项法律变更、产品服务标准提高等会导致项目收益减少、项目运作成本增加。因此要合理分配此类风险，规避因此类风险导致的合同无法执行。

本项目所涉及的政府补贴缴纳增值税的相应税收风险，暂按设定条件来考虑。此风险属于应由政府方承担的税收法律、法规风险的调整范围。

3.2.10 不可抗力风险

不可抗力风险通常分为两类。

- 因自然因素导致的不可抗力风险：由于不能合理预见的自然灾害（如地震、洪水、台风等）、病疫等事件导致本项目失败或收益大幅度减少的风险。
- 因非自然因素导致的不可抗力风险：由于不可合理预见的战争、暴乱、罢工等事件发生导致本项目失败或收益大幅度减少的风险。

不可抗力风险应当由政府和社会资本方合理共担。

3.3 风险分配方案

3.3.1 社会资本方承担的风险

项目设计、建设和运营维护相关风险，组织机构风险、融资风险、财务风险等由社会资本方承担。鉴于以上大多属于商业行为，社会资本方具有较丰富的商业经验，对此类风险的承担相对更为合理。社会资本方在项目融资技术和融资市场方面较政府更为熟悉和更有经验，能更好地降低风险。社会资本方还可以利用自身经验来避免设计中的缺陷，全面审查开发过程中的各种技术及方法，从而降低设计和建设过程中的各种风险，但政府在这方面就显得经验不足，因此这些风险由社会资本方来承担较为合理。

3.3.2 政府方承担的风险

选择社会资本方的风险、项目的监管风险、社会责任风险，项目决策、审批延误风险，法律法规风险由政府承担。

3.3.3 政府方和社会资本方共担的风险

不可抗力风险由双方合理共同承担。因为任意一方都没有能力承担该风险的后果，由任意一方承担都会减少其对风险控制的积极性；各方均没有控制能力，所以通常由各利益相关方通过设计有关机制（如调价、可变特许期、缓冲基金等）共同承担。政府和社会资本方应按比例共同承担不可抗力风险。

本项目风险分配情况详见表6–3。

表6–3　项目风险分配基本框架

编号	风险种类	风险承担方
1	项目设计、建设和运营维护相关风险	社会资本方
2	组织机构风险	社会资本方
3	融资风险	社会资本方
4	财务风险	社会资本方
5	选择社会资本方的风险	政府
6	项目的监管风险	政府
7	社会责任风险	政府
8	项目决策、审批延误风险	政府
9	法律法规风险	政府
10	不可抗力风险	政府和社会资本方共担

3.4风险防范措施

3.4.1降低政治风险

政治风险至少可包括三类：其一是国家风险，如政治体制的崩溃，对项目实行国有化等；其二是国家政治、经济政策的稳定性风险，如税收制度的变更；其三是社会治安、公众利益和公众参与所产生的风险，尤其是权益保护意识增强所产生的风险。

3.4.2提供政策法律保障

制定一套完善、完备的相关法律法规制度是PPP模式顺利、有效运行的基础和前提。PPP模式作为一种合同式的投资方式，涉及担保、税收、外汇、合同、特许权等诸多方面，政府需要制定一套完善、完备的相关法规与政策，并为可预见的变化留有调整的余地，比如税负方面的调整和修改、环保标准和要求的变化、法律的修改、劳资关系的调整、土地租让政策的变化以及其他政府宏观经济政策的变化等，由此保障PPP项目在合同期限内的政策稳定性，使PPP项目得以顺利而有效地运行。

3.4.3提供一定的外在条件支持

政府应在物质方面保障项目所需的原材料供应、提供可使用的劳动力等辅助性设施；提供一定的税收、外汇、土地使用等优惠政策；通过简化审批手续和过程，提高政府效率，成立协调小组等来规范服务及提高行政效率；防止在一定区域的同类项目竞争，提供知识产权保护和其他秘密信息等保护。

3.4.4依法进行合作与监督

项目公司依据特许合同约定负责筹资、建设及经营，政府遵循合作与信任、平等互惠原则对项目的具体实施过程中遇到的问题和障碍提供必要的支持。只要项目公司按照特许权合同和有关法律从事投资建设经营活动，政府就应充分给予建设经营的自主权。但是，PPP模式不同于传统的承包做法，也不同于完全的私有化，政府依法监督使项目公司依据合同约定和法律规定满足公共产品或服务需求仍然是必要的。政府监管主要分为事前准入监管、事中过程监管和事后绩效监管三类并贯穿于整个过程。

3.4.5设计合理的收益与风险承担机制

政府根据项目的财务特点确立合理的交易结构是社会资本进入的必要条件。风险分担机制则是PPP项目的核心。一般通过对项目现金流进行预测和测算分析，判断项目自身的收入能否覆盖所有的支出并实现基本的回报要求，再按照“最优风险分配原则”对项目风险在各相关主体间进行分配，由此使社会资本方获得与风险水平相匹配的收益。

3.4.6提供审慎的承诺

PPP模式周期比较长，在具体项目承诺上政府应谨慎。政府的承诺要合理合法，并建立在对未来环境变化和风险因素客观评估的基础上，尤其是对回报率、收费标准、终止合同条件、汇率和利率变化等事项的承诺方面，预留调整空间并设计合理合法的调整机制，由此既可保证项目生产或运营的可持续性，使社会资本方的投资成本及运营成本得以补偿并获得合理回报，又避免政府失信违约或陷于对PPP项目监管的被动局面。

第四章 项目运作模式

4.1 PPP项目运作模式简介

根据财政部《关于印发政府和社会资本合作模式操作指南（试行）的通知》（财金〔2014〕113号）的表述，项目运作模式主要包括委托运营、管理合同、建设—运营—移交、建设—拥有—运营、转让—运营—移交和改建—运营—移交等。

委托运营（O&M），是指政府将存量公共资产的运营维护职责委托给社会资本方或项目公司，政府保留资产所有权，社会资本方或项目公司不负责用户服务的PPP项目运作模式。合同期限一般不超过8年。

管理合同（MC），是指政府将存量公共资产的运营、维护及用户服务职责授权给社会资本方或项目公司的项目运作模式。政府保留资产所有权，只向社会资本方或项目公司支付管理费。管理合同通常作为转让—运营—移交的过渡模式，合同期限一般不超过3年。

建设—运营—移交（BOT），是指由社会资本方或项目公司承担新建项目设计、融资、建造、运营、维护和用户服务职责，合同期满后项目资产及相关所有权等移交给政府的项目运作模式。合同期限一般为20~30年。

建设—拥有—运营（BOO），由BOT模式演变而来，二者区别主要是BOO模式下的社会资本方或项目公司拥有项目所有权，但必须在合同中注明保证公益性的约束条款，一般不涉及项目期满移交。

转让—运营—移交（TOT），是指政府将存量资产所有权有偿转让给社会资本或项目公司，并由其负责运营、维护和用户服务，合同期满后资产及相关所有权移交给政府的项目运作模式。合同期限一般为

20~30年。

改建—运营—移交（ROT），是指政府在TOT模式的基础上，增加改扩建内容的项目运作模式。合同期限一般为20~30年。

具体项目运作模式选择需要综合考虑项目收费定价机制、项目投资收益水平、风险分配基本框架、融资需求等因素确定。

4.2 本项目运作模式的选择

4.2.1 项目合作范围及期限

本项目特许经营期为10年，项目公司承担项目建设并负责项目的整体运营、维护管理和移交职责。合同期满后项目公司将项目资产及相关权利等完整无偿地移交给政府或政府指定的机构。

本项目特许经营期为10年，具体起始日期以特许协议约定为准。第11个运营年度起至特许经营期结束期间的系统维护费用，双方届时再另行协商。

4.2.2 项目的具体运作模式

本项目属自治区公共资源电子化系统建设项目，采用BOT运作模式（见图6–4）。本项目建立有效合理的投资回报机制，通过“政府购买服务”以及合理的特许经营收费加政府可行性缺口补助来稳定社会资本方的预期收益。

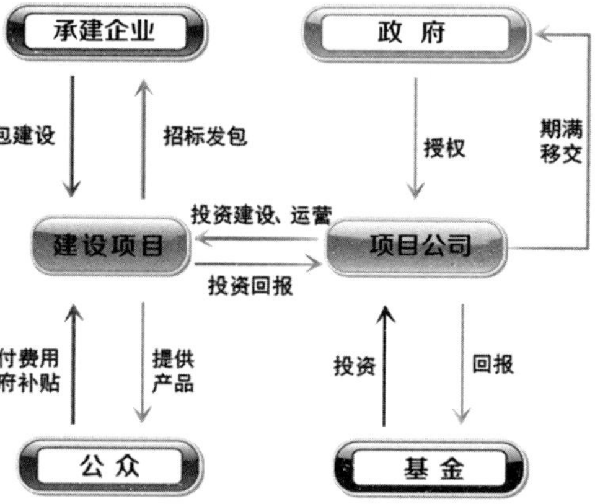

图6-4　本项目采用的BOT模式的流程图

第五章　交易结构

本项目由自治区公共资源交易中心担任实施机构，负责本项目的采购、协议签署与后续监管；由中选社会资本方独资成立项目公司，负责项目的投融资、建设、运营维护、管理工作；项目公司通过“使用者付费+可行性缺口补助+政府付费”的复合型回报机制，收回投资成本并获得合理利润。合作期满后，项目公司向自治区公共资源交易中心或其指定的机构无偿移交项目公司资产及权益。

5.1 项目投融资结构

5.1.1 项目的资本性支出来源

项目总投资估算为10 000万元，由社会资本方独资组建项目公司，项目公司注册资本金暂定为2 000万元，资本金由社会资本方出资，持股100%，其余项目所需资金由项目公司负责融资。项目公司可以为本项目融资之目的，将其在PPP协议下的各项权益（如政府特许经营权、保险收益权等）设置质押或其他担保权益。项目公司在办理相关融资手续时需政府方提供协助，政府方应协调相关部门给予帮助，但政府方不做担保。

5.1.2 项目资产的形成和转移

由项目资本性支出所形成的资产为本项目的项目资产，包括项目转让所形成的固定资产，投资所形成的权益等。在合作期满后，项目资产由项目公司无偿地移交给自治区公共资源交易中心或其指定机构。

5.2 项目回报机制

本项目以BOT模式运行。由于项目本身具有的公益性及可收费性，使用者付费不足以满足项目公司收回投资成本，结合本项目的项目产出特点、激励性、支付灵活性、项目可融资性及行业特点等因素，确定项目的回报机制为“使用者付费+可行性缺口补助+政府付费”。其中交易系统按照“谁使用、谁付费”的原则进行服务收费，通过“使用者付费”回收投资成本，并在使用者付费不足以满足项目公司成本回收和合理回报的情况下，由政府以财政补贴或其他优惠政策的形式，给予项目公司经济补助，推进实施PPP项目；而监管、服务系统是依靠“政府付费”回收投资成本的非经营性类型，通过政府购买服务推进实施PPP项目。

对于本项目，项目公司接受政府授权，由项目公司负责平台系统的建设及运营维护工作，政府保留资产所有权。项目公司开展电子交易服务工作时，可以获取部分使用者付费，但是使用者付费在短期内无法满足项目公司正常运营对现金流的要求，因此政府方需要根据项目的实际运作情况，对项目公司进行补贴。

5.3 相关配套安排

5.3.1 项目所需土地安排

本项目不涉及产权转移，项目所需土地为政府方所有，仅提供项目公司无偿使用。

5.3.2 项目所需水、电、气和道路等配套设施

除本项目边界范围内的各项运营、维护工作外，正常运营所需的水、电等与项目相关的外部配套设施应由实施机构及相关部门负责统筹协调，保障本项目所用水、电（包括电量、电压）等配套设施满足项目实施的需要。

第六章　项目合同体系

本PPP项目的参与方包括政府、社会资本方、融资方、承包商和分包商、原料供应商、专业运营商、保险公司以及专业机构等。在PPP项目中，项目参与方通过签订一系列合同来确立和调整彼此之间的权利义务关系，构成PPP项目的合同体系。

6.1 项目合同体系拟定原则

PPP模式下的项目合同体系主要包括PPP项目合同、融资合同、工程承包合同、运营服务合同、原料供应合同、产品购买合同和保险合同等。其中，PPP项目合同是其中最核心的法律文件。

本项目的合同体系可以分为两个层次：

- 第一层次是由实施机构、中选社会资本之间签订的一揽子主要合同，形成以PPP项目协议为核心的合同体系；

- 第二层次是项目公司在项目推进过程中与各有关主体签署的协议体系，包括项目公司与金融机构签署的融资协议、与建设单位签署的工程总承包合同、与设备供应商签署的设备采购合同、与保险机构签署的保险合同等。

本项目合同结构设计见图6–5。

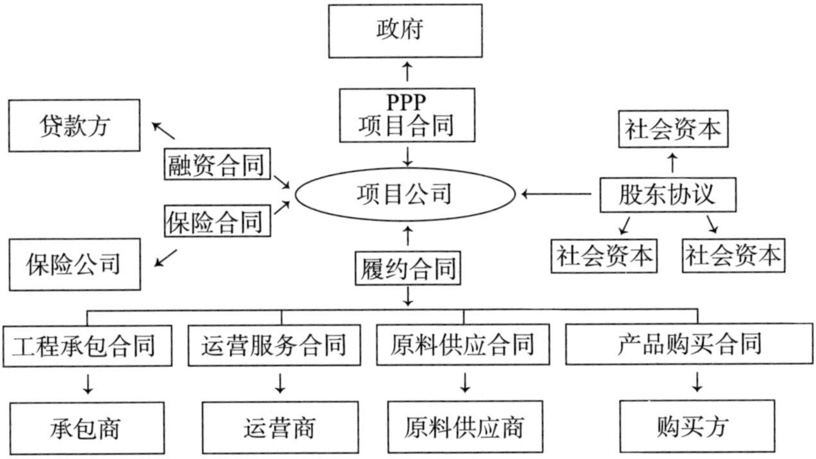

图6–5　项目合同结构图

6.2 项目合同简介

6.2.1 PPP项目合同

PPP项目合同是PPP合同体系中最核心的法律文件。项目边界条件是PPP项目合同的核心内容，主要包括权利义务、交易条件、履约保障和调整衔接等边界。根据《国务院关于创新重点领域投融资机制鼓励社会投资的指导意见》(国发〔2014〕60号)有关要求和《政府和社会资本合作项目通用合同指南(2014年版)》，国家六部委联合发布的《基础设施和公用事业特许经营管理办法》明确投资人和政府的职责及权利，具体拟定原则如下。

- 强调合同各方的平等主体地位。合同各方均是平等主体，以市场机制为基础建立互惠合作关系，通过合同条款约定并保障权利和义务。
- 强调提高公共服务质量和效率。政府通过引入社会资本和市场机制，促进重点领域建设，增加公共产品有效供给，提高公共资源配置效率。
- 强调社会资本方获得合理回报。鼓励社会资本方在确保公共利益的前提下，降低项目运作成本、提高资源配置效率、获取合理投资回报。
- 强调公开透明和阳光运行。针对项目建设和运营的关键环节，明确政府监管职责，发挥专业机构作用，提高信息公开程度，确保项目阳光运行。
- 强调合法合规及有效执行。项目合同要与相关法律法规和技术规范做好衔接，确保内容全面、结构合理、具有可操作性。
- 强调国际经验与国内实践相结合。借鉴国外先进经验，总结国内成功实践，积极探索，务实创新，以适应当前深化投融资体制改革的需要。

6.2.2 融资合同

从广义上讲，融资合同可能包括项目公司与贷款方签订的项目贷款合同、担保人就项目贷款与贷款方签订的担保合同、贷款方和项目公司签订的直接介入协议等多个合同。其中，最主要的融资合同是项目贷款合同。通常由于融资金额较大，项目公司会作为借款人与金融机构等签订项目贷款合同。一般来讲，项目贷款合同中约定的主要条款包括：陈述与保证、先决条件、偿还贷款、担保与保障、抵销、违约、适用法律与争议解决等。

6.2.3 工程承包合同

本项目中，项目公司只作为融资主体和项目管理者而存在，本身不具备自行设计、改造项目的能力，因此可能会将部分设计、改建工作委托给工程承包商，签订工程承包合同。项目公司可以就项目的设计、改建、施工与单一承包商签订总承包合同，也可以分别与不同承包商签订合同。承包商的选择要依据相关法律法规的规定。

6.2.4 运营服务合同

项目公司在接受政府方授权，履行系统运营维护职责时，需要与社会资本方具有资质的专业运营公司签订运营服务合同，委托专业运营公司执行运营维护职责。

6.2.5 保险合同

由于本项目资金规模大、生命周期长，参与方在考虑签订保险合同时，通常需要考虑针对融资、建设、运营等多个阶段的风险进行投保以及当地是否可以提供这些类型的保险等。通常涉及的保险类型包括运输阶段的货物保险、建筑工程一切险等针对设计或其他专业服务的专业保障保险、针对间接损失的保险 、第三者责任保险、政治风险保险等。

6.2.6 其他合同

在不同PPP项目中还可能会涉及其他的合同，例如与专业顾问单位签署的咨询顾问合同、财务顾问合同、税务顾问合同以及法律顾问合同等。

6.3 项目核心边界条件

6.3.1 权利义务边界

社会资本方承担的公共责任

社会资本方应负责项目的运营维护工作，及时解决公众的合理诉求；负责项目运营的安全工作，保证项目设施及公众财产不受损失，并承担由此而产生的责任；积极为当地符合条件的人员提供就业岗位。

项目资产权属

项目公司对项目的投资、建设，形成本项目的资产。本项目不涉及产权移交，在运营期间因更新重置、升级改造以及资产转让形成的项目资产产权为政府方所有。合作期满后，项目公司无偿向实施机构或其指定机构移交项目的全部资产。

政府支付方式

可行性缺口补助是政府以财政补贴的方式向项目公司支付费用。政府以购买服务的方式向项目公司支付服务、监管系统的可用性服务及运营维护服务。项目公司根据合同约定，定期向实施机构提出付费申请，经审核确认后，自治区财政厅向项目公司支付相关费用。

风险分配结果

《关于印发政府和社会资本合作模式操作指南（试行）的通知》（财金〔2014〕113号）要求按照风险分配优化、风险收益对等和风险可控等原则，综合考虑政府风险管理能力、项目回报机制和市场风险管理能力等要素，在政府和社会资本间合理地分配项目风险。

本项目原则上，项目设计、建造、财务及运营维护等商业风险由社会资本方承担，法律、政策等风险由政府承担，不可抗力等风险由政府和社会资本方合理共担。

通过组织专家对本项目进行风险识别、风险分析及风险预测，根据PPP项目的风险分配原则，本项目建议风险分配基本框架如前述表6–3所示。

6.3.2 交易条件边界

项目合同期限

项目合同期限要综合考虑以下因素：

- 自治区人民政府持续需要系统运营服务的时间；
- 项目的经济生命周期及重要的整修时点；
- 项目的技术生命周期；
- 项目公司的投资回收期；
- 自治区财政承受能力；
- 现行法律法规关于项目合作期限的规定。

本项目经综合考虑，以BOT模式运作，暂定合同期限10年。

项目回报机制

本项目以BOT模式运行。由于项目本身具有的公益性及可收费性，使用者付费不足以满足项目公司收回投资成本，结合本项目的项目产出特点、激励性、支付灵活性、项目可融资性及行业特点等因素，确定项目的回报机制为“使用者付费+可行性缺口补助+政府付费”。其中交易系统按照“谁使用、谁付费”的原则进行服务收费，通过“使用者付费”回收投资成本，并在使用者付费不足以满足项目公司成本回收和合理回报的情况下，由政府以财政补贴或其他优惠政策的形式，给予项目公司经济补助，推进实施PPP项目；而监管、服务系统是依靠“政府付费”回收投资成本的非经营性类型，通过政府购买服务推进实施PPP项目。

对于本项目，项目公司接受政府授权，由项目公司负责平台系统的建设及运营维护工作，政府保留资产所有权。项目公司开展电子交易服务工作时，可以获取部分使用者付费，但是使用者付费在短期内无法满足项目公司正常运营对现金流的要求，因此政府方需要根据项目的实际运作情况，对项目公司进行补贴。

政府付费调整机制

在项目合作期限内，按照合同约定的调整机制，对监管、服务系统的政府付费、可行性缺口补助进行调整。当实际成本涨幅超过预算成本时，经物价部门审核后调整政府付费和可行性缺口补助。

6.3.3 履约保障边界

强制保险方案

项目在运营期间可能遇到不可预见或不可控制的风险，项目公司应按行业的国家管理规定办理和维持合理的运营保险。本项目强制保险内容主要包含：财产一切险、第三者责任保险、环境责任保险。除本条所述强制险种外，项目公司应根据谨慎运营惯例购买相应的险种。

履约保函体系

根据《关于印发政府和社会资本合作模式操作指南（试行）的通知》（财金〔2014〕113号）的要求及项目的实际需要，本项目履约保函体系如下。

投资履约保函：社会资本方应于本合同签订前且在采购保证金退还之前，向实施机构提供可接受的金融机构出具的投资履约保函，格式应为实施机构同意的格式，作为社会资本方履行在本合同项下的投资义务和其他违约赔偿义务的担保。金额为人民币100万元。

投资履约保函在项目竣工验收合格且项目公司提交运营维护保函之日到期，项目公司无尚未履行完毕的融资期内的相关义务的，实施机构应在到期日起五个工作日内退还投资履约保函。

如果实施机构在项目合作期内根据本合同的有关规定提取投资履约保函项下的款项，项目公司应确保在实施机构提取后的十个工作日内，将投资履约保函的数额恢复到本合同约定的数额，且应向实施机构提供投资履约保函已足额恢复的证据。实施机构提取投资履约保函的权利不影响实施机构在本合同项下的其他权利，并且不免除项目公司不履行本项目义务而对实施机构所负的责任和义务。项目公司未在前述期限内补足或恢复投资履约保函相应金额的，实施机构有权发出催告，项目公司应在催告之日起三十日内予以补足；项目公司在前述期限内仍未补足的，则实施机构有权提取投资履约保函项下的余额，并有权解除本合同。如项目公司未提交投资履约保函，则本合同不生效，项目公司应承担缔约过失责任，采购人有权取消项目公司的成交资格。

运营维护保函：项目公司应在项目使用之日起五个工作日内向实施机构提供运营维护保函，格式应为实施机构接受的其他格式的银行保函，作为其履行整个运营期义务的保证。金额为人民币100万元。

运营维护保函在合作期满之日到期，项目公司无尚未履行完毕的项目运营期内的相关义务的，实施机构应在到期日起五个工作日内退还运营维护保函。

如果实施机构在项目运营期内根据本合同的有关约定提取运营维护保函项下的款项，项目公司应确保在实施机构提取后的十个工作日内，将运营维护保函的数额恢复到本合同约定的数额，且应向实施机构提供运营维护保函已足额恢复的证据。实施机构提取运营维护保函的权利不影响实施机构在本合同项下的其他权利，并且不免除项目公司不履行维护本项目义务而对实施机构所负的责任和义务。

移交保函：项目公司应在运营期结束前三十日内向实施机构出具移交保函，担保事项为项目公司按照约定时间完成移交、项目设施恢复性大修、项目设施存在隐蔽性缺陷等。格式应为实施机构接受的其他格式的银行保函，作为其履行移交义务的保证。金额为人民币100万元。

移交保函在移交结束之日到期，项目公司无尚未履行完毕的移交的相关义务的，实施机构应在到期日起五个工作日内退还移交保函。

如果实施机构在项目移交完成前根据本合同的有关规定提取移交保函项下的款项，项目公司应确保在实施机构提取后的十个工作日内，将移交保函的数额恢复到本合同约定的数额，且应向实施机构提供移交保函已足额恢复的证据。实施机构提取移交保函的权利不影响实施机构在本合同项下的其他权利，并且不应免除项目公司不履行移交本项目义务而对实施机构所负的责任和义务。

6.3.4 调整衔接边界

应急处置

自治区公共资源交易中心、社会资本方及项目公司参照《中共中央办公厅、国务院办公厅印发〈关于建立健全重大决策社会稳定风险评估机制的指导意见（试行）〉的通知》（中办发〔2012〕2号）等相关文件，制订本项目应急处置预案。

- 自治区公共资源交易中心、社会资本方及项目公司各自成立应急事项处置工作小组，在项目应急处置管理工作中发挥主导作用。
- 防范预警：对可能发生的突发事件进行定期分析、研究处置对策，制订有针对性的处置预案，做到预防在先。
- 当突发事件发生后，启动应急预案，灵活便捷地开展处置工作，第一时间上报相关组织。

- 对事件后果进行评估。

提前终止

以下情况项目可提前终止项目：

- 项目公司发生严重违约事件时，政府有权发出终止协议的意向通知；
- 政府部门严重违约事件时，项目公司有权发出终止协议的意向通知；
- 发生不可抗力时，特许经营协议签订双方无法协商一致继续履行各自义务，双方均有权向对方发出终止协议的意向通知；
- 项目的其他协议提前终止，特许经营协议自动提前终止。

当项目发生提前终止情况时，自治区公共资源交易中心应支付项目公司相应补偿，具体的补偿原则和补偿标准在项目合同中明确。

合同变更

当项目合同发生变更时，双方应当通过友好协商解决。协商应在任一方提出变更之日后五日内举行，未能协商一致的，应采用民事诉讼的方式解决争议。

合同展期

本项目实施周期较长，为了确保项目实施的灵活性，在项目合同中设置关于延长项目合作期限的条款。

延长项目合作期限的基本原则是：在法律允许的范围内，对于在项目合作期限内发生非项目公司应当承担的风险而导致项目公司损失的情形下，项目公司可以请求延长项目合作期限。

常见的延期事由包括：

- 因政府方违约导致项目公司延误履行其义务；
- 因发生政府方应承担的风险导致项目公司延误履行其义务；
- 经双方同意且在合同中约定的其他事由。

在项目协议有效期满后，若社会资本方仍有意愿继续运营，可与自治区人民政府协商将合同展期，展期长度根据实际情况确定。

6.4 项目PPP合同主要内容

6.4.1 特许权

经自治区人民政府授权，自治区公共资源交易中心与项目公司签署PPP合同，并授予项目公司特许权：

- 授权项目公司在合作期内，以BOT模式投资、建设、运营项目。
- 享有PPP合同约定的权利和义务。
- 根据PPP合同规定，在特许期内通过运营、管理、维护本项目所有设施，提供服务，获得政府付费、使用者付费及政府可行性缺口补助。
- 当特许期期满时，项目公司将本项目资产无偿地移交给自治区公共资源交易中心或其指定机构，且不得在项目资产上设置担保、抵押。

6.4.2 自治区公共资源交易中心的权利与义务

- 明确项目的建设需求，并在合同中予以明确。
- 指定各行业主管部门履行或协助合同项下对应约定的事项。
- 在符合适用法律要求的情况下，有权对项目公司履行PPP合同项下的相关义务进行监督和检查。
- 有权根据法律规定和合同的约定，对平台管理服务进行行业监管。

- 要求项目公司报告项目运营相关信息。
- 在发生严重违约及紧急事件时，有权力（但不得被要求）介入，暂代项目公司运行维护项目设施。
- 如果发生项目公司违约的情况，有权要求项目公司纠正违约，向项目公司收取违约金，提前终止或采取合同约定的其他措施。
- 根据适用法律和项目合同约定，在本项目特许期到期时，无偿取得本项目的资产。
- 根据合同约定，为项目公司投资、融资、改造、运营维护本项目提供必要的支持条件。
- 除适用法律或合同的特殊规定外，应保持项目公司的特许权在整个特许期内持续有效。
- 在特许期内，按照合同约定向项目公司支付运营补助。
- 因自身问题导致关键工期延误的，向项目公司支付相应赔偿。
- 因自身问题导致项目运营维护成本增加时，给予项目公司合理补偿。
- 因自身问题导致项目提前终止的，根据合同约定对项目公司进行补偿。

各部门应行使法律、法规及合同赋予的权利并履行规定的义务。

6.4.3 项目公司的权利与义务

- 按照合同约定，享有项目的特许权。
- 根据合同规定，获得使用者付费及政府付费。
- 根据项目的实际运营情况，获得政府相应的补贴。
- 在征得自治区公共资源交易中心书面同意的情况下，出于项目融资的目的有权将项目权益进行抵押、担保或质押。
- 由政府方造成项目公司运营成本增加时，有权根据合同约定获得补偿。

- 在本项目提前终止的情况下，有权根据项目合同约定获得补偿。
- 在自治区公共资源交易中心违反合同相关条款的情况下，有权按照合同约定获取相应的补偿。
- 当特许期期满后，如果自治区公共资源交易中心继续采用特许经营方式选择经营者，项目公司有优先权。
- 按照合同约定提交相应阶段的保函。
- 负责筹措本项目合同项下建设所需的全部资金，进行所有必要的融资安排并按时投资、建设、维护更新。
- 按照谨慎运营原则和合同约定购买相关保险。
- 在整个运营期内，项目公司自行承担费用、责任和风险，负责运营和维护项目设施。
- 在运营期内，项目公司必须遵守国家和省、市颁布的各项法律、法规及政策，依法经营，认真履行经营管理责任。
- 接受自治区公共资源交易中心及其他政府职能部门对项目运营的监督，提供相关资料。
- 执行因自治区公共资源交易中心要求或法律、标准变化导致的运营维护标准的变更。
- 接受自治区公共资源交易中心按照适用法律及合同约定进行的临时接管和其他管制措施。
- 如果出现违约行为，项目公司向自治区公共资源交易中心缴纳违约金，并及时改正。
- 未经自治区公共资源交易中心同意，不得将项目相关权益转让给第三方。
- 在特许期到期后，按照规定将项目设施无偿地移交给自治区公共资源交易中心及其指定机构，保证项目设施处于良好的可使用状态，并且全部设施不得设置任何抵押、质押等担保权益或产权约束，亦不得存在任何种类和性质的索赔权。

此外，项目公司应行使法律、法规、政策和项目合同赋予的其他权利并履行规定的其他义务。

6.4.4 投资及责任

项目公司负责筹措本项目合同项下设计、建设等所需的全部资金，进行所有必要的融资安排并按合同约定投资、运营。自治区公共资源交易中心应保证项目工程建设符合国家相关法律、法规及强制性标准，并通过工程竣工验收。

6.4.5 运营与维护

在特许期内，项目公司按照国家有关技术规范、行业标准、产出说明要求及谨慎运营惯例，对本项目所有设施提供运营、维护在内的相关服务，确保本项目设施正常使用。项目公司根据合同约定，自行承担费用、风险和责任，运营维护项目设施。

项目公司应始终按照下列规定运营并维护项目设施。

- 适用的法律法规和标准。
- PPP合同的规定。
- 运营维护手册以及与项目设施有关设备的使用手册、指导和建议。
- 谨慎运营惯例。
- 项目公司应该确保项目设施始终处于良好的运营状态，并能够以安全、连续和稳定的方式提供符合法律及本合同要求的服务。
- 项目公司应按照合同约定，每月提供运营成本资料以及自治区公共资源交易中心合理要求提供的有关项目的公司财务状况和其他资料。

- 项目公司应确保对更新、运营和维护项目的情况进行详细记录，并准许自治区公共资源交易中心或相关职能部门在给予合理通知后，于正常工作时间对其运营维护情况进行检查并查阅和复制上述记录。
- 根据项目经营情况，如果自治区人民政府认为项目公司未能按照本合同的规定运营或维护项目，且项目公司在收到政府通知后的30个工作日或双方另行商定的合理期限内，未能就上述情况进行补救的，则政府有权自行或者委托第三方介入项目运营和维护工作，费用和风险均由项目公司承担。政府有权在向项目公司提供详细的费用和支出记录后，从运营维护保函项下提取该款项。

6.4.6保险

在特许经营期内，项目公司应根据适用的法律和谨慎运营的惯例，根据约定和需要，为本项目内容购买保险和维持保险。

6.4.7价格的调整

在项目合作期限内，按照合同约定的调整机制，对监管、服务系统的“政府付费”、交易可行性缺口补助进行调整。当实际成本涨幅超过预算成本时，经物价部门审核后调整政府付费和可行性缺口补助。

当由于法律、法规、政府规定、城市规划变化等因素导致运营成本变化的，可以根据本合同的规定对使用者付费的单价进行调整。

6.4.8特许经营期到期后的股权转让和项目设施移交

当特许经营期到期后，项目公司应向自治区公共资源交易中心或其指定机构无偿地移交本项目设施。在特许经营期期满前12个月，自治区公共资源交易中心或其指定机构和项目公司应共同成立移交委员会，负责过渡期内有关特许经营期到期后项目移交的相关事宜。本项目的移交范围、移交标准、移交验收程序、移交日项目设施的状况、保险的转让、合同转让、风险转移、移交费用等具体条款将在PPP合同中约定。

6.4.9 一般补偿

一般补偿事件

一般补偿事件包括以下方面。

- 在运营期内，因自治区公共资源交易中心要求发生项目公司运营成本或资本性支出的增加。
- 在运营期内，因自治区公共资源交易中心层面的政策变更导致的运营服务要求变更，发生项目公司运营成本或资本性支出的增加。
- 为了维护公共利益和安全，自治区公共资源交易中心由于紧急事件而介入，暂代项目公司运营和维护项目设施，造成项目公司的损失或支出费用。

补偿形式

自治区公共资源交易中心对项目公司采取的补偿方式有两种形式：一次性补偿（货币形式补偿）、延长特许经营期。

具体补偿范围、补偿标准将在PPP合同中予以明确。

6.4.10 特许经营权的终止

- 距特许期正常终止日12个月前，如果自治区人民政府决定仍采用特许经营方进行本项目的运营，则项目公司可向自治区人民政府发出书面申请，请求自治区人民政府再次授予其运营和维护本项目设施的特许权。在同等条件下，项目公司应具有与自治区人民政府订立特许经营协议的优先权。

- 当自治区公共资源交易中心与项目公司任何一方严重违约时，守约方有权提出终止。如果因自治区公共资源交易中心严重违约导致本合同终止，自治区公共资源交易中心将以合理的价格收购本项目设施，并给予项目公司相应的补偿。如果因项目公司严重违约导致本合同终止，自治区公共资源交易中心折价收购项目公司的股权。
- 特许经营期到期，特许经营权终止，项目公司应将本项目设施按照移交方案要求无偿地移交给自治区公共资源交易中心或其指定机构。
- 如果自治区公共资源交易中心因公共利益需要提前终止本合同，自治区公共资源交易中心收回本项目设施，并给予项目公司相应的补偿。
- 因不可抗力事件导致各方无法履行本合同且无法就继续履行本合同达成一致，任何一方有权提出终止合同。自治区公共资源交易中心以合理价格收购项目股权。提前终止后的具体补偿原则和补偿标准在本合同中予以明确。

6.4.11 协议的转让

未经自治区公共资源交易中心和贷款人、贷款代理人事先书面同意，项目公司不得转让其在本合同或其他项目协议项下的权利，除为了本项目融资目的以外，未经自治区公共资源交易中心事先书面同意，项目公司不得出让、转让、抵押、质押项目设施或任何其他重要资产，也不得对上述资产、权利设置任何留置权或担保权益或者以其他方式处置这些资产、权利。

6.4.12 争议的解决

当协议双方发生争议时，双方无法通过协商或调解方式解决时，可以采用民事诉讼的方式解决争议。

第七章　项目监管架构

监管架构主要包括授权关系和监管方式。授权关系主要是政府对项目实施机构的授权，以及政府直接或通过项目实施机构对社会资本方的授权；监管方式主要包括履约管理、行政监管和公众监督等。项目监管架构见图6–6。

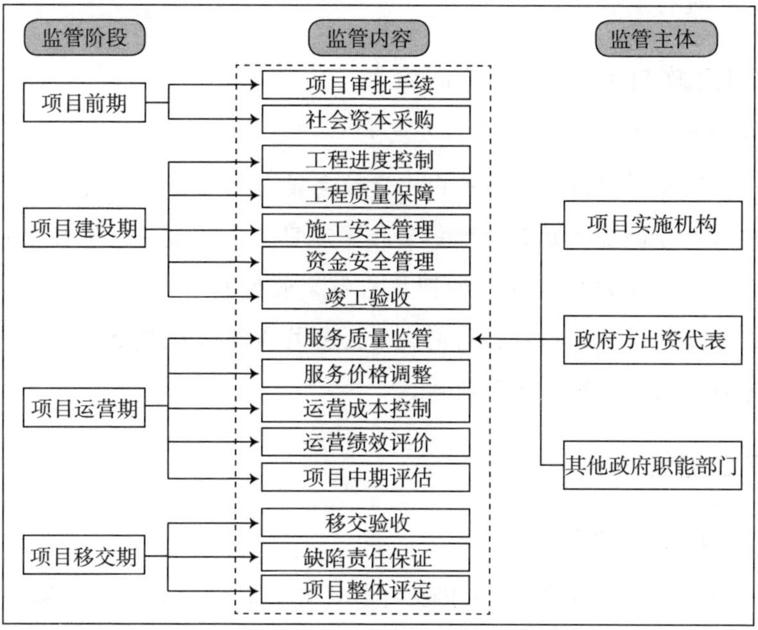

图6–6　项目监管架构

自治区公共资源交易中心作为本项目的政府监管主体，与用户监督、利益相关者监督共同构成本项目的监管架构。

7.1 授权关系

7.1.1 政府对项目实施机构的授权

自治区人民政府授权自治区公共资源交易中心为项目的实施机构，负责选择专业咨询公司为项目的实施进行技术、法律、招标、合同等方面的指导，负责项目准备、监管和移交等工作，具体包括：统筹协调本项目的建设、运营与移交工作；具体负责项目的各种前期手续的办理；项目社会资本的选择，制定社会资本准入条件和标准；经过自治区人民政府授权，与项目公司签订项目合同；在项目期限内，对项目公司的运营和维护进行监管等。

7.1.2 政府对社会资本的授权

本项目由自治区公共资源交易中心担任实施机构，负责本项目的采购、协议签署与后续监管；由中选社会投资方独资组建项目公司，负责本项目的投融资、运营管理等工作。项目公司通过“政府付费+使用者付费+可行性缺口补助”的回报机制，收回投资成本并获得合理利润。在合作期满后，项目公司向自治区公共资源交易中心或其指定机构无偿地移交项目公司资产及权益。

7.2 监管方式

7.2.1 履约监管

由自治区公共资源交易中心依据项目合同对项目公司实施合同监管；由项目涉及的其他政府部门对项目公司进行行政监管；政府在履行监管职能时，不排除引入第三方咨询机构代表自治区人民政府对项目公司的履约情况进行监督或中期评估。

政府部门监督通常要求：

- 在不影响项目正常运营的情况下入场检查；
- 定期获得有关项目运营情况的报告及其他相关资料（例如项目建设进度、运营维护计划、经审计的财务报告、事故报告等）；
- 审阅项目公司拟定的运营方案并提出意见；
- 委托第三方机构开展项目中期评估和后评价；
- 在特定情形下，介入项目的建设运营工作。

7.2.2 行政监管

考虑本项目的特殊性，行政主管部门享有对项目公司监督的义务及权利。

7.2.3 公众监管

公众对项目公司提供的服务进行监督，并有权对其服务向自治区人民政府、自治区公共资源交易中心进行投诉或提出意见。

为确保公众监管的便捷性，要求项目公司进行信息披露和公开，原则是：除法律明文规定可以不予公开的信息外（如涉及国家安全和利益的国家机密），其他的信息均可依据项目公司和政府方的合同约定予以公开披露。

在项目的实施过程中，项目公司在运营期间需要公开披露的信息主要包括项目产出标准、运营绩效等。

第八章 项目采购方式选择

8.1 采购依据

《中华人民共和国政府采购法》《中华人民共和国政府采购法实施条例》。

8.2 本项目采购方式的选择

本项目采用BOT的运营模式，对项目进行建设及运营管理。由于本项目的特许经营范围、项目资产等边界条件、权利义务关系不清晰，需要磋商项目的具体特许经营范围、设计、建设运营、维护的要求等，因此适合采用竞争性磋商的采购方式。

8.3 采购程序

本项目采用竞争性磋商进行社会资本的采购，自治区公共资源交易中心应向自治区财政部门提出竞争性磋商采购方式申请。

竞争性磋商按照下列基本程序进行。

8.3.1 采购公告发布及报名

竞争性磋商公告应在省级以上人民政府财政部门指定的媒体上发布。公告应包括项目实施机构和项目名称、项目结构和核心边界条件、是否允许未进行资格预审的社会资本参与采购活动等内容。提交响应文件的时间自公告发布之日起不得少于10日。

8.3.2 资格审查及采购文件发售

已进行资格预审的，评审小组在评审阶段不再对社会资本资格进行审查。允许进行资格后审的，由评审小组在响应文件评审环节对社会资本进行资格审查。采购文件售价不得以营利为目的。采购文件的发售期限自发售之日起不得少于5个工作日。

供应商应当按照磋商文件的要求编制响应文件，并对其提交的响应文件的真实性、合法性承担法律责任。

采购人、采购代理机构可以要求供应商在提交响应文件截止时间之前交纳磋商保证金。磋商保证金应当采用支票、汇票、本票或者金融机构、担保机构出具的保函等非现金形式交纳。磋商保证金数额应当不超过采购项目预算的2%。供应商未按照磋商文件要求提交磋商保证金的，响应无效。

8.3.3采购文件的澄清或修改

提交首次响应文件截止之日前，实施机构可对已发出的采购文件进行必要的澄清或修改，澄清或修改的内容应作为采购文件的组成部分。澄清或修改的内容可能影响响应文件编制的，实施机构应在提交首次响应文件截止时间至少5日前，书面通知所有获取采购文件的社会资本方；不足5日的，应顺延提交响应文件的截止时间。

8.3.4响应文件评审

项目实施机构应按照采购文件规定组织响应文件的接收和开启。评审小组对响应文件进行两阶段评审。第一阶段，确定最终采购需求方案。评审小组可与社会资本方进行多轮谈判，具体程序按照《政府采购非招标采购方式管理办法》(财政部令第74号)及有关规定执行。第二阶段为综合评分阶段。当采购需求方案确定后，由评审小组对社会资本方提交的最终响应文件进行综合评分，编写评审报告，并提交候选社会资本方的排序名单，具体程序按照《政府采购货物和服务招标投标管理办法》(财政部令第87号)及有关规定执行。

其中磋商小组由采购人代表和评审专家共3人以上单数组成，其中评审专家人数不得少于磋商小组成员总数的2/3。采购人代表不得以评审专家身份参加本部门或本单位采购项目的评审。采购代理机构人员不得参加本机构代理的采购项目的评审。

磋商小组在评审过程中发现供应商有行贿、提供虚假材料或者串通等违法行为的，应当及时向财政部门报告。

下列情况属于未能在实质性上响应的投标，将按无效标处理：

- 没有按磋商文件要求提供磋商保证金的；
- 响应文件内容不完整的；
- 供应商资格不符合磋商文件要求的；
- 响应文件没有法定代表人或其授权代理人签字或加盖公章；
- 响应文件中附有采购人不能接受的条件或对合同中约定的采购人和供应商的义务有重大的限制，且纠正这些偏差将会对其他实质上响应磋商文件要求的供应商的竞争地位产生不公正的影响；
- 不符合磋商文件规定的其他实质性要求。

响应文件有上述情形之一的，即构成未对磋商文件做出实质性响应，将按无效标处理，不允许供应商通过修改或撤销其不符合要求的内容，使之成为具有响应性的投标。

8.3.5 采购人确定评审报告、成交供应商

采购人或者采购代理机构应当在成交供应商确定后2个工作日内，在省级以上财政部门指定的政府采购信息发布媒体上公告成交结果，同时向成交供应商发出成交通知书，并将磋商文件随成交结果同时公告。

采购人与成交供应商应当在成交通知书发出之日起30日内，按照磋商文件确定的合同文本以及采购标的、规格型号、采购金额、采购数

量、技术和服务要求等事项签订政府采购合同。

采购人或者采购代理机构应当在采购活动结束后及时退还供应商的磋商保证金，但因供应商自身问题导致无法及时退还的除外。未成交供应商的磋商保证金应当在成交通知书发出后5个工作日内退还，成交供应商的磋商保证金应当在采购合同签订后5个工作日内退还。

有下列情形之一的，磋商保证金不予退还：

- 供应商在提交响应文件截止时间后撤回响应文件的；
- 供应商在响应文件中提供虚假材料的；
- 除因不可抗力或磋商文件认可的情形以外，成交供应商不与采购人签订合同的；
- 供应商与采购人、其他供应商或者采购代理机构恶意串通的；
- 磋商文件规定的其他情形。

成交供应商拒绝签订政府采购合同的，采购人可以按照排序由高到低的原则确定其他供应商作为成交供应商并签订政府采购合同，也可以重新开展采购活动。拒绝签订政府采购合同的成交供应商不得参加对该项目重新开展的采购活动。

8.3.6 采购意外终止的情况说明

出现下列情形之一的，采购人或者采购代理机构应当终止竞争性磋商采购活动，发布项目终止公告并说明原因，重新开展采购活动。

- 因情况变化，不再符合规定的竞争性磋商采购方式适用情形的；
- 出现影响采购公正的违法、违规行为的；
- 在采购过程中符合要求的供应商或者报价未超过采购预算的供应商的（采购供应商不足3家）；
- 在采购活动中因重大变故，导致采购任务取消，采购人或者采购代理机构应当终止采购活动，通知所有参加采购活动的供应商，并将项目实施情况和采购任务取消原因报送本级财政部门；

- 若提交响应文件的供应商少于3家的，采购人将组织重新采购；当重新采购供应商依旧不足3家时，可将情况报告当地财政部门，申请采用单一来源采购方式或其他采购方式进行采购。

第七章

PPP项目资格预审文件法律法规与文本编制

PPP项目的采购阶段，是连接PPP项目准备阶段和PPP项目执行阶段的重要阶段，也是PPP项目全生命周期中承上启下的一个重要环节。根据财政部《政府和社会资本合作模式操作指南（试行）》（以下简称《指南》）、《政府和社会资本合作项目政府采购管理办法》（以下简称《办法》）的规定，PPP项目采购均应当实行资格预审，采购机构组织PPP项目采购时，应严格依照政府采购相关法律法规规定的方式和程序组织实施。

一、资格预审概述

资格预审是指对大中型或复杂的土木建筑工程或设备采购，在正式组织招标前，对报名参加投标的申请人的承包能力、业绩、资格和资质、历史工程情况、财务状况和信誉等进行预先审查，并确定合格的投标人名单的过程。它是招投标程序的一个重要环节，是招标工作的起始，既是贯彻建设工程必须由相应资质队伍承包的政策的体现，也是保护业主和广大消费者利益的举措，同时是减少不合格潜在投标人进入投标阶段，减少评标工作量，保证合格投标人利益的有效措施。

资格预审也是国际上通行的做法。资格预审最早出现在我国政府采购法条里是1999年8月30日中华人民共和国主席令（第21号）公布自2000年1月1日起施行的《中华人民共和国招标投标法》，该法第十八条提出：招标人可以根据招标项目本身的要求，在招标公告或者投标邀请书中，要求潜在投标人提供有关资质证明文件和业绩情况，并对潜在投标人进行资格审查；国家对投标人的资格条件有规定的，依照其规定。

一般的政府采购项目，资格预审并非必经程序，只有特大型采购项目或者对资质要求特殊的项目才会采用资格预审。而PPP模式的项目采购则必须依法强制执行资格预审。

（一）PPP项目采购强制资格预审的原因

《办法》第五条规定：PPP项目采购应当实行资格预审，来验证项目能否获得社会资本的充分响应和实现充分竞争。一般的政府采购项目，资格预审并非必经程序，然而PPP项目中无论采取何种采购方式，均应进行资格预审。其原因在于PPP项目作为一种新型的政府采购服务，政府需要与企业建立长期的合作关系，因而希望通过资格预审程序，邀请更多的社会资本参与采购，由项目实施机构对参与投标的社会资本进行更为严格的筛选和把控，实现充分竞争，保障后期项目安全运行。

（二）PPP项目进行资格预审的目的

资格预审的目的是检查、衡量社会资本是否有能力执行合同。资格预审能够为招投标工作的开展把好第一关。在《指南》第十三条中，对资格预审的目的进行了明确约定：项目实施机构应根据项目需要准备资格预审文件，发布资格预审公告，邀请社会资本和与其合作的金融机构参与资格预审，验证项目能否获得社会资本响应和实现充分竞争。验证后，项目有3家以上社会资本通过资格预审的，项目实施机构可以继续开展采购文件准备工作；通过资格预审的社会资本不足3家的，项目实施机构应在实施方案调整后重新组织资格预审；项目经重新资格预审合格的社会资本仍不够3家的，可依法调整实施方案选择的采购方式。

所以，资格预审目的就是验证项目是否具有充分的竞争力，能否为后续开展的采购活动把控源头，并促进其顺利开展。

对施工企业来说，通过采购项目发布的信息，了解项目情况，不够资质的企业不必浪费时间与精力，可以节约投标费用。资格预审体现了择优原则，促使社会资源优化配置，从而促进社会生产力的发展。对项目实施方来说，首先可以了解社会资本的财务能力、技术状况及类似本项目的施工经验，可选择在财务、技术、施工经验等方面优秀的社会资本参加投标；其次，可以淘汰不合格或资质不符的社会资本，减少评审阶段的工作时间，减少评审费用；资格预审还能排除将合同授予没有经过资格预审的社会资本的风险，为业主选择一个优秀的社会资本打下良好的基础，使建设项目的工期、质量、造价各方面都获得良好的社会效益和经济效益。

二、资格预审的政策依据

资格预审在我国的法律层面尚无明确的强制性规定，但是财政部等部门有关的文件，对PPP项目的招标采购工作中的资格预审问题做了明确的规定。

（一）《政府和社会资本合作模式操作指南（试行）》

为保证PPP项目的实施质量，规范项目识别、准备、采购、执行、移交各环节操作流程，财政部于2014年11月29日根据《财政部关于推广运用政府和社会资本合作模式有关问题的通知》（财金〔2014〕76号），发布了《关于印发政府和社会资本合作模式操作指南（试行）的通知》（财金〔2014〕113号），明确了相关问题。

《指南》第十条规定：政府或其指定的有关职能部门或事业单位可作为项目实施机构，负责项目准备、采购、监管和移交等工作。第十三条规定：项目实施机构应根据项目需要准备资格预审文件，发布资格预审公告，邀请社会资本和与其合作的金融机构参与资格预审，验证项目能否获得社会资本响应和实现充分竞争，并将资格预审的评审报告提交财政部门（政府和社会资本合作中心）备案。

（二）《政府和社会资本合作项目政府采购管理办法》

为了贯彻落实《国务院关于创新重点领域投融资机制　鼓励社会投资的指导意见》（国发〔2014〕60号），推广PPP模式，规范PPP项目政府采购行为，根据《中华人民共和国政府采购法》和有关法律法规，财政部于2014年12月31日发布了《财政部关于印发〈政府和社会资本合作项目政府采购管理办法〉的通知》（财库〔2014〕215号）。

《办法》第五条规定："PPP项目采购应当实行资格预审。项目实施机构应当根据项目需要准备资格预审文件，发布资格预审公告，邀请社会资本和与其合作的金融机构参与资格预审，验证项目能否获得社会资本响应和实现充分竞争。"第八条规定："资格预审结果应当告知所有参与资格预审的社会资本，并将资格预审的评审报告提交财政部门（政府和社会资本合作中心）备案。"

三、采购资格预审流程

《指南》和《办法》均明确规定PPP项目采购应当实行资格预审，也就是说，PPP项目不管采取何种方式进行采购，都必须实施资格预审。具体说来，《指南》和《办法》明确，PPP项目采购资格预审主要包括编制资格预审文件、发布资格预审公告、邀请社会资本参与、进行资格预审、提交资格预审结果报告等环节。PPP项目资格预审的具体流程如图7-1所示。

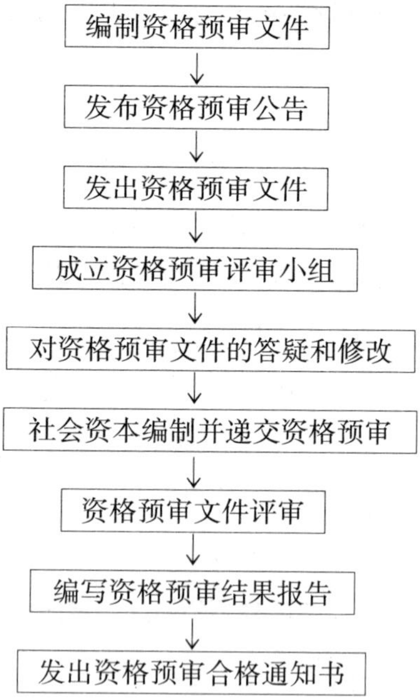

图7-1　资格预审的程序

（一）编制资格预审文件

集中采购机构开展资格预审，需要编制资格预审文件，明确资格预审的程序和办法。资格预审文件是由采购人组织有关专业人员或委托采购代理机构进行编制的，文件需明确PPP项目名称、内容、需求、采购方案以及对社会资本的资格要求、社会资本申请资格预审须知、是否允许联合体参与采购活动、资格预审申请响应文件的格式和编制、提交要求和资格预审程序及办法，以及拟确定参与竞争的合格社会资本的家数和确定方法等。资格预审文件编制完成后，须经项目实施机构审核同意。

（二）发布资格预审公告

资格预审文件经项目实施机构审核同意后，集中采购机构应编写并发布资格预审公告。资格预审公告包括项目授权主体、项目实施机构和项目名称、采购需求、对社会资本资格的要求、社会资本提交资格预审申请文件的地点和截止时间。资格预审公告应在省级及以上财政部门指定的政府采购信息公告媒体上发布。提交资格预审申请文件的时间自公告发布之日起不得少于15个工作日。

（三）发出资格预审文件

在资格预审公告发布后，集中采购机构向申请参加资格预审的社会资本发放或者出售资格审查文件，资格预审文件的售价以收取工本费为宜。

（四）成立资格预审评审小组

集中采购机构应当成立资格预审评审小组，负责PPP项目采购的资格预审评审工作。资格预审评审小组由项目实施机构代表和评审专家共5人以上的单数组成，其中评审专家人数不得少于评审小组成员总数的2/3。评审专家可在政府采购评审专家库中随机抽取，如专家库专家不足，可由项目实施机构推荐选定，但评审专家中至少应当包含1名财务专家和1名法律专家。项目实施机构代表不得以评审专家身份参加资格预审的评审。

（五）对资格预审文件的答疑和修改

在资格预审文件发售之后，购买资格预审文件的社会资本可能会对资格预审文件提出各种疑问，这种疑问可能是由于社会资本对资格预审文件理解困难，也可能是资格预审文件中存在疏漏或需进一步说明的问题。社会资本应将这些疑问以书面形式（如信函、传真、电报等）提交集中采购机构；集中采购机构应以书面形式回答，并同时通知所有购买资格预审文件的社会资本。

（六）社会资本编制并递交资格预审申请文件

社会资本应当按照资格预审文件的要求，编制资格预审申请文件，并在提交资格预审申请文件截止时间之前，向集中采购机构提交书面资格预审申请文件以及能证明其资格、资质的文件资料。资格预审申请文件按要求送达后，在规定的递交截止时间前，社会资本如需修改资格预审申请文件，应当以正式函件提出并做出说明。修改资格预审申请文件的正式函件是资格预审申请文件的组成部分，其形式要求、密封方式、送达时间，都应符合资格预审申请文件的要求。

对于按时送达并符合密封要求的资格预审申请文件，集中采购机构应当向社会资本出具签收证明并妥善保管，在规定的截止时间前不得开启。在规定的截止时间后送达的及未按要求密封的资格预审申请文件为无效的资格预审申请文件。

（七）资格预审文件评审

资格预审文件评审工作由集中采购机构组建的资格预审评审小组负责。资格预审评审小组按照资格预审文件规定的评审办法，对社会资本提交的资格申请文件及证明文件进行审查，判定其是否具备资格。资格预审评审小组对资格预审申请文件中不明确之处或缺乏证明材料的，可通过集中采购机构要求社会资本进行澄清，澄清应以书面材料为主，但不应作为资格审查不通过的理由。如该社会资本不按照集中采购机构的要求进行澄清，其资格审查可不予通过。

资格预审分为基本资格审查和专业资格审查。其中，基本资格审查主要审查社会资本成立及开展经营活动所具备的资格条件是否合法有效，如法人营业执照等证照是否合法有效；专业资格审查主要审查社会资本是否具有完成项目建设、运营所要求的专业资质条件，以及是否具有完成项目建设、运营所需的能力和业绩等。经过评审，有3家以上社会资本通过资格预审的，集中采购机构可继续开展采购活动。通过资格预审的社会资本不足3家的，应在调整资格预审文件、公告内容后重新组织资格预审。经重新进行资格预审后合格的社会资本仍不够3家的，可以依法变更采购方式。经批准采用竞争性磋商方式的，通过资格预审的社会资本只有2家的，可继续开展采购；只有1家的，则采购应予以终止。经批准采用单一来源方式的，参与竞争的社会资本可以是1家。

（八）编写资格预审结果报告

在资格预审结束后，资格预审评审小组应汇总资格预审评审情况，编写资格预审结果报告。资格预审结果报告应说明资格预审的程序、方法，参与申请的社会资本数量、通过资格预审合格的社会资本名单、不合格的社会资本名单及不合格的原因等。评审小组成员应在资格预审结果报告上签字，对预审结果有异议的应在报告上注明；既不签字又不注明的，视为同意资格预审结果。资格预审结果应告知所有参与资格预审的社会资本，并将资格预审的评审报告提交财政部门备案。

（九）发出资格预审合格通知书

经资格预审后，集中采购机构应当向资格预审合格的社会资本发出资格预审合格通知书。资格预审合格通知书是集中采购机构向通过资格预审的社会资本发出的允许其进行投标的许可证，告知获取采购文件的时间、地点和方法，并同时向资格预审不合格的社会资本告知其资格预审的结果。有时也通过发出投标邀请函来代替社会资本资格预审合格通知书。资格预审合格通知书示例如下所示。

资格预审合格通知书（或投标邀请函）

致（预审合格的投标申请人名称）：

鉴于你方参加了我方组织的编号为________________的（招标工程项目名称）工程（施工、设计、监理、材料、设备）投标资格预审，并经我方审定，资格预审合格，现通知你方作为资格预审合格的投标人就上述工程施工进行密封投标。并将其他有关事宜告知如下。

1．凭本通知书于__年__月__日至__年__月__日，每天上午__时__分至__时__分，下午__时__分至__时__分（公休日、节假日除外）到____（地址）____购买招标文件，每份招标文件的购买费用为人民币___元，无论是否中标，该费用不予退还。另需交纳图纸押金___元人民币，当投标人退回图纸时，该押金将同时退还给投标人（缺损另计，不计利息）。上述资料如需邮寄，可以书面形式通知招标人，并加邮费每份___元人民币，招标人将立即以航空挂号方式向投档人寄送上述资料，但在任何情况下，如寄送的文件迟到或丢失，招标人均不对此负责。

2．投标人应按照招标文件规定的截止时间前提交___元人民币的投标保证金。

3．投标文件递交的截止时间为__年__月__日__时__分，提交地点为____（地址）____，逾期送达的或不符合规定的投标恕不接受。

4．本招标工程项目的开标会将于上述的投标截止时间的同一时间在____（地址）____公开进行，投标人的法定代表人或其委托代理人应准时参加开标会议。

5．有关本项目投标的其他事宜，请与招标人或招标代理机构联系。

6．收到此通知后请以书面形式予以确认。如果你方不准备参加该投标，请尽快通知我方，谢谢合作。

招 标 人：__（盖章）__　　招标代理机构：__（盖章）__

办公地址：________　　办公地址：________

邮政编码：________　　邮政编码：________

联系电话：________　　联系电话：________

传　　真：________　　传　　真：________

联 系 人：________　　联 系 人：________

__年__月__日

四、资格预审文件的编制

资格预审文件重点反映投标申请人的承包资质和履约能力。招标人可以针对投标申请人的资质等级、注册资本金、财务状况、技术装备、质量体系认证、环保体系认证、安全体系认证、同类工程施工经验，拟派项目经理与主要技术人员的简历、业绩等方面提出资格预审的条件和标准。

资格预审文件通常包括资格预审公告（代招标公告）、申请人须知、资格审查办法、资格预审申请文件格式、建设项目概况等内容。详细内容参见《中华人民共和国标准施工招标资格预审文件》（2007年版）或有关行业部委颁布的其他标准资格预审文件，如我国住房和城乡建设部的《房屋建筑和市政工程标准施工招标资格预审文件》（2010年版）等。

（一）资格预审公告（代招标公告）

1.资格预审公告的概念

资格预审公告是指采用招标方式的招标人（或其招标代理机构）向所有潜在的投标人发出的通告，其主要目的是发布招标信息，使有兴趣的供应商或承包商可以通过一定渠道获取招标文件，从而进一步编制投标文件，参加投标。资格预审公告属于邀约邀请的性质。

2.资格预审公告的内容

由资格预审公告的概念可知，资格预审公告的内容对潜在的投标人来说是至关重要的。一般而言，资格预审公告应对招标人和招标项目进行概要描述，使潜在投标人在掌握这些信息的基础上，根据其自身情况，做出是否购买招标文件及是否参与投标。

《中华人民共和国招标投标法》第十六条规定，招标公告应当载明招标人的名称和地址，招标项目的性质、数量、实施地点和时间以及获取招标文件的办法等事项。

对于工程施工项目的招标，当未进行资格预审时，招标公告应包括项目名称、招标条件、项目概况与招标范围、投标人资格要求、招标文件的获取、投标文件的递交、发布公告的媒介和联系方式等内容。招标公告示例如下所示。

______（项目名称）______标段施工招标

资格预审公告（代招标公告）

招标编号：_____

1.招标条件

本招标项目_____（项目名称）已由_____（项目审批、核准或备案机关名称）以_____（批文名称及编号）批准建设，项目业主为______，建设资金来自____（资金来源），项目出资比例为____，招标人为____，招标代理机构为_______。项目已具备招标条件，现进行公开招标，特邀请有兴趣的潜在投标人（以下简称申请人）提出资格预审申请。

2.项目概况与招标范围

_____［说明本次招标项目的建设地点、规模、计划工期、合同估算价、招标范围、标段划分（如果有）、质量标准等］。

3.申请人资格要求

3.1本次资格预审要求申请人具备_____资质，_____（类似项目描述）业绩，并在人员、设备、资金等方面具备相应的施工能力，其中，申请人拟派项目经理须具备_____专业_____级注册建造师执业资格和有效的安全生产考核合格证书，且未担任其他在施建设工程项目的项目经理。

3.2本次资格预审________（接受或不接受）联合体资格预审申请。联合体申请资格预审的，应满足下列要求：____________。

3.3各申请人可就本项目上述标段中的_____（具体数量）个标段提出资格预审申请，但最多允许中标_____（具体数量）个标段（适用于分标段的招标项目）。

4.资格预审方法

本次资格预审采用_____（合格制/有限数量制）。采用有限数量制的，当通过详细审查的申请人多于____家时，通过资格预审的申请人限定为____家。

5.申请报名

凡有意申请资格预审者，请于___年___月___日至___年___月___日（法定公休日，法定节假日除外），每日上午___时至___时，下午___时至___时（北京时间，下同），在________________________（有形建筑市场/交易中心名称及地址）报名。

6.资格预审文件的获取

6.1凡通过上述报名者，请于___年___月___日至___年___月___日（法定公休日、法定节假日除外），每日上午___时至___时，下午___时至___时，在________________（详细地址）持单位介绍信购买资格预审文件。

6.2资格预审文件每套售价____元，售后不退。

6.3邮购资格预审文件的，需另加手续费（含邮费）_____元。招标人在收到单位介绍信和邮购款（含手续费）后___日内寄送。

7.资格预审申请文件的递交

7.1递交资格预审申请文件截止时间（申请截止时间，下同）为___年___月___日___时___分，地点为________________（有形建筑市场/交易中心名称及地址)。

7.2逾期送达或者未送达指定地点的资格预审申请文件，招标人不予受理。

8.发布公告的媒介

本次资格预审公告同时在________________(发布公告的媒介名称)上发布。

9.联系方式

招标人:________________	招标代理机构:________________
地址:________________	地址:________________
邮编:________________	邮编:________________
联系人:________________	联系人:________________
电话:________________	电话:________________
传真:________________	传真:________________
电子邮件:________________	电子邮件:________________
网址:________________	网址:________________
开户银行:________________	开户银行:________________
账号:________________	账号:________________

___年___月___日

(二)申请人须知

资格预审申请人须知是招标人为资格预审申请人填写资格预审申请书所提供的指导性文件，应对资格预审申请的合格条件、投标报名截止时间、地点以及资格预审评审办法等内容进行说明。申请人须知一般包括申请人须知前附表和申请人须知正文两部分。

1. 申请人须知前附表

申请人须知前附表，如表7–1所示。其主要作用有两个方面：一是将申请人须知中的关键内容和数据摘要列表，起到强调和提醒作用，为申请人迅速掌握申请人须知内容提供方便，但必须与资格预审文件相关章节内容衔接一致；二是对申请人须知正文中交由前附表明确的内容给予具体约定。

表7–1　申请人须知前附表

条款号	条 款 名 称	编 列 内 容
1.1.1	招标人	名　　称： 地　　址： 联 系 人： 电　　话： 电子邮件：
1.1.2	招标代理机构	名　　称： 地　　址： 联 系 人： 电　　话： 电子邮件：
1.1.3	项目名称	
1.1.4	建设地点	
1.2.1	资金来源	
1.2.2	出资比例	
1.2.3	资金落实情况	
1.3.1	招标范围	
1.3.2	计划工期	计划工期：____日历天 计划开工日期：____年____月____日 计划竣工日期：____年____月____日
1.3.3	质量要求	质量标准：

（续表）

条款号	条款名称	编列内容
1.4.1	申请人资质条件、能力和信誉	资质条件： 财务要求： 业绩要求：（与资格预审公告要求一致） 信誉要求： （1）诉讼及仲裁情况； （2）不良行为记录； （3）合同履约率。 项目经理资格：____专业____级（含以上级）注册建造师执业资格和有效的安全生产考核合格证书，且未担任其他在施建设工程项目的项目经理。 其他要求： （1）拟投入主要施工机械设备情况； （2）拟投入项目管理人员； （3）……
1.4.2	是否接受联合体资格预审申请	□不接受 □接受，应满足下列要求：______________ 其中：联合体资质按照联合体协议约定的分工认定，其他审查标准按联合体协议中约定的各成员分工所占合同工作量的比例，进行加权折算
2.1.1	申请人要求澄清资格预审文件的截止时间	
2.1.2	招标人澄清资格预审文件的截止时间	
2.1.3	申请人确认收到资格预审文件澄清的时间	
2.2.1	招标人修改资格预审文件的截止时间	
2.2.2	申请人确认收到资格预审文件修改的时间	
3.1.1	申请人需补充的其他材料	（1）其他企业信誉情况表； （2）拟投入主要施工机械设备情况； （3）拟投入项目管理人员情况； ……

（续表）

条款号	条 款 名 称	编 列 内 容
3.2.1	近年财务状况的年份要求	___年，指___年___月___日起至___年___月___日止
3.2.2	近年完成的类似项目的年份要求	___年，指___年___月___日起至___年___月___日止
3.2.3	近年发生的诉讼及仲裁情况的年份要求	___年，指___年___月___日起至___年___月___日止
3.3.1	签字和（或）盖章要求	
3.3.2	资格预审申请文件副本份数	___份
3.3.3	资格预审申请文件的装订要求	□不分册装订 □分册装订，共分___册，分别为： ____________________________ ____________________________ 每册采用___方式装订，装订应牢固、不易拆散和换页，不得采用活页装订
4.1.1	封套上写明	招标人地址：____________________ 招标人全称：____________________ ___（项目名称）___标段施工招标资格预审申请文件在___年___月___日___时___分前不得开启
4.2.1	申请截止时间	___年___月___日___时___分
4.2.2	递交资格预审申请文件的地点	
4.2.3	是否退还资格预审申请文件	□否　　□是，退还安排：________________
5.1.1	审查委员会人数	审查委员会构成：___人，其中招标人代表___人（限招标人在职人员，且应当具备评标专家的相应的或者类似的条件），专家___人；审查专家确定方式：________________
5.1.2	资格审查方法	□合格制　□有限数量制
6.1	资格预审结果的通知时间	
6.2	资格预审结果的确认时间	

（续表）

条款号	条款名称	编列内容
7	需要补充的其他内容	
7.1	词语定义	
7.1.1	类似项目	类似项目是指：____________________
7.1.2	不良行为记录	不良行为记录是指：____________________
7.2	资格预审申请文件编制的补充要求	
7.2.1	其他企业信誉情况表	应说明企业不良行为记录、履约率等相关情况，并附相关证明材料，年份要求同本表第3.2.3项
7.2.2	拟投入主要施工机械设备情况	应说明设备来源（包括租赁意向）、目前状况、停放地点等情况，并附相关证明材料
7.2.3	拟投入项目管理人员情况	应说明项目管理人员的学历、职称、注册执业资格、拟任岗位等基本情况，项目经理和主要项目管理人员应附简历，并附相关证明材料
7.3	通过资格预审的申请人（适用于有限数量制）	
7.3.1	通过资格预审申请人分为“正选”和“候补”两类	资格审查委员会应当根据本表第5.1.2项“资格审查办法（有限数量制）”的排序，对通过详细审查的情况人按得分由高到低顺序，将不超过“资格审查办法（有限数量制）”规定数量的申请人列为通过资格预审申请人（正选），其余的申请人依次列为通过资格预审的申请人（候补）
7.3.2	招标人应当向通过资格预审申请人（正选）发出投标邀请书	
7.3.3	投标人数量不足的递补办法	通过资格预审申请人项目经理不能到位或者利益冲突等导致潜在投标人数量少于“资格审查办法（有限数量制）”规定数量的，招标人应当按照通过资格预审申请人（候补）的排名次序，由高到低依次递补
7.4	监督	本项目资格预审活动及其相关当事人应当接受有管辖权的建设工程招标投标行政监督部门依法实施的监督
7.5	解释权	本资格预审文件由招标人负责解释
7.6	招标人补充的内容	

2. 申请人须知正文

申请人须知正文由下列内容组成：

- 总则；
- 资格预审文件；
- 资格预审申请文件的编制；
- 资格预审申请文件的递交；
- 资格预审申请文件的审查；
- 通知和确认；
- 申请人的资格改变；
- 纪律与监督；
- 需要补充的其他内容等。

以上部分的详细内容可以参见国家《中华人民共和国标准施工招标资格预审文件》（2007年版）或《房屋建筑和市政工程标准施工招标资格预审文件》（2010年版），此处不再赘述，也可根据工程实际和业主要求酌情增减。

（三）资格审查办法

资格审查的办法应在资格预审文件中载明审查的方法、标准和程序等以便申请人按照相应的要求提交佐证材料。资格审查的办法可采用合格制或有限数量制。资格预审采用合格制的，凡是符合有关审查标准规定的申请人均通过资格预审，没有数量的上限（但不应少于3家）。而采用有限数量制的，审查委员会依据有关规定的审查标准和程序，对通过初步审查和详细审查的资格预审申请文件进行量化打分，按得分由高到低的顺序确定通过资格预审的申请人。通过资格预审的申请人不超过资格审查办法前附表规定的数量，一般为5~7家。

（四）资格预审申请书格式

投标申请人资格预审申请书格式是招标人为方便评审和比较，向投标人发出的申请书填写统一格式。按照《中华人民共和国标准施工招标资格预审文件》（2007年版）的规定，资格预审申请书一般应包括以下内容：

- 资格预审申请函；
- 法定代表人身份证明或附有法定代表人身份证明的授权委托书；
- 联合体协议书；
- 申请人基本情况表，含项目经理简历表；
- 近年财务状况表；
- 近年完成的类似项目情况表；
- 正在施工的和新承接的项目情况表；
- 近年发生的诉讼及仲裁情况；
- 其他材料（见申请人须知前附表）。

其他材料项目业主可根据项目特点和业主的要求编制，通常可以有如下一些内容的要求：

- 公司人员及拟派往本招标工程项目的人员情况及简历表；
- 拟派往本招标工程项目负责人与主要技术人员情况及其简历表；
- 拟用于本招标工程项目的主要施工设备情况；
- 现场组织机构情况；
- 拟分包企业情况（如果有的话）等。

（五）项目概况

工程建设项目概况的内容应包括项目说明、建设条件、建设要求和其他需要说明的情况。各部分具体编写要求如下。

- 项目说明：首先，应概要介绍工程建设项目的建设任务、工程规模标准和预期效益；其次，说明项目的批准或核准情况；再次，介绍该工程的项目业主，项目投资人出资比例，以及资金来源；最后概要介绍项目的建设地点、计划工期、招标范围和标段划分情况。
- 建设条件：主要是描述建设项目所处位置的水文气象条件、工程地质条件、地理位置及交通条件等。
- 建设要求：概要介绍工程施工技术规范、标准要求，工程建设质量、进度、安全和环境管理等要求。
- 其他需要说明的情况：需结合项目的工程特点和项目业主的具体管理要求提出。

以上内容仅供参考，可根据工程实际和业主要求酌情增减。

五、编制资格预审文件的注意事项

（一）程序要合规

1.公告发布媒介明确

《关于印发政府和社会资本合作模式操作指南（试行）的通知》（财金〔2014〕113号）明确规定，资格预审公告应在省级以上人民政府财政部门指定的媒体上发布。

根据2017年10月1日施行的《政府采购货物和服务招标投标管理办法》（财政部令第87号）第十六条规定，资格预审公告内容应当以省级以上财政部门指定媒体发布的公告为准，而且公告期限自省级以上财政部门指定媒体最先发布公告之日起算。

明确的公告媒介，有利于潜在的社会资本关注PPP项目的开展，把握PPP项目资格预审的进程。

2.申请文件提交时间准确

《中华人民共和国政府采购法实施条例》第二十一条规定，提交资格预审申请文件的时间自公告发布之日起不得少于5个工作日。

“财政部令第87号”第十六条规定，招标公告、资格预审公告的公告期限为5个工作日。

《中华人民共和国招标投标法实施条例》第十六条规定，招标人应当按照资格预审公告、招标公告或者投标邀请书规定的时间、地点发售资格预审文件或者招标文件。资格预审文件或者招标文件的发售期不得少于5日。

而PPP项目的资格预审，不同于上述政府采购或一般工程项目的资格预审，其资格预审文件响应期相对较长，在财金〔2014〕113号文中规定，提交资格预审申请文件的时间自公告发布之日起不得少于15个工作日。如此规定，是因为PPP项目投资规模大，涉及融资、建设、运营、维护等多方面内容。

3.结果及时告知和备案

根据第八条规定，资格预审无论是采取有限数量制还是合格制，项目有3家以上社会资本通过资格预审的，项目实施机构可以继续开展采购文件准备工作；同时，在资格预审结束后，资格预审结果应当告知所有参与资格预审的社会资本，并将资格预审的评审报告提交财政部门（或PPP中心）备案。

（二）门槛设置要合理

1.杜绝不合理的条件设置

根据《政府和社会资本合作项目政府采购管理办法》第六条规定："资格预审公告应当包括项目授权主体、项目实施机构和项目名称、采购需求、对社会资本的资格要求、是否允许联合体参与采购活动、是否限定参与竞争的合格社会资本的数量及限定的方法和标准，以及社会资本提交资格预审申请文件的时间和地点。"尤其是对规定中的社会资本的资格要求，需要合理设置。目前存在的不合理设置条件，主要有如下几种情形。

（1）任意提高融资额度。一些资格预审文件，针对申请人资格条件要求社会资本具有投融资能力，能够提供合法有效的金融机构授信证明或银行资金证明，且额度远远高于该项目总投资额的数倍，此要求明显扩大了社会资本的融资能力，同时排除了一些民营企业投标的资格。

（2）限定具体项目。个别资格预审文件，针对申请人资格条件要求社会资本方具有在当地某个范围内投资不低于一定数额的项目。无论是对地域、项目范围、数额、项目等都进行了限制约定，明显存在以不合理条件排斥其他社会资本的嫌疑。

（3）承诺引入外资的数额。有的资格预审文件，针对申请人资格条件明确要求社会资本具有引入外资的实力，承诺引入不低于一定数额的外资。笔者认为，该条件的设置作为申请人的资格条件不合理，有锁定社会资本的嫌疑，更容易导致竞争不充分，从而造成流标的风险。

（4）文件编制不清晰、不合理。针对资格预审文件团队成员的资质要求，对项目负责人是否属于团队成员没有明确约定，导致当团队成员的资质文件份数缺少时，评审专家对能否采用项目负责人的资质文件存在不同意见。另外，对社会资本的团队成员要求具有比较冷门的专业资质。这些规定均不利于资格预审工作的顺利开展。

2. 合理设置门槛

（1）不得存在差别待遇或者歧视待遇。根据“财政部令第87号”的规定，编制资格预审文件时，不得将投标人的注册资本、资产总额、营业收入、从业人员、利润、纳税额等规模条件作为资格要求或者评审因素，也不得通过将除进口货物以外的生产厂家授权、承诺、证明、背书等作为资格要求，对投标人实行差别待遇或者歧视待遇。尤其是注册资本、资产总额、营业收入，在编制资格文件时，防范将它们作为申请人资格条件进行设置。但是，此处需要注意的一点是，不得将从业人员的规模条件作为资格要求或者评审因素，并不是说不得将相关从业人员的资质条件作为资格要求进行设置，换句话说，依然可以对项目负责人或者团队负责人的资格条件进行设置。

（2）合理设置最高限价。“财政部令第87号”要求，不仅在公开招标公告中，而且在资格预审公告中，都必须包括“采购项目的名称、预算金额，设定最高限价的，还应当公开最高限价”。但是，需要在此提及的是，可以在采购预算额度内合理设定最高限价，但不得设定最低限价。

（3）关注“两标变一标”的规定。PPP项目目前招标多数采用“两标变一标”，在《关于在公共服务领域深入推进政府和社会资本合作工作的通知》（财金〔2016〕90号）中，也明确提出：“对于涉及工程建设、设备采购或服务外包的PPP项目，已经依据政府采购法选定社会资本合作方的，合作方依法能够自行建设、生产或者提供服务的，按照《招标投标法实施条例》第九条规定，合作方可以不再进行招标。”一些资格预审文件在“拟纳入招标合作的工程范围”中，往往只规定了工程范围，却忽视是否采取“两标变一标”，后期对选择何种采购方式很容易陷入被动。

为此，在设置资格预审文件时，如果意向采取“两标变一标”，一般会在“拟纳入招标合作的工程范围”中明确规定：“本项目拟纳入招标合作范围的工程施工可不再另行招标，由履行了项目出资义务的社会资本直接实施。”

（4）明确设置合格社会资本的限定方法。PPP项目一般不对通过资格审查的社会资本进行数量限制，即采取合格制。但是，如果通过市场测试，发现该PPP项目存在大量的潜在社会资本，即便设置了合理的门槛，也将会有较多的社会资本来投标，在实践中一般会通过设置有限数量制的方式，如选择排名前8名的社会资本通过资格审查，以此来减轻后期的采购工作量。

（5）事无巨细，减少失误。如关于联合体的约定，如果不接受联合体，一定要在资格预审文件中明确约定不接受，不要回避或者不予以说明。否则，根据“财政部令第87号”规定，在资格预审公告中，如未载明是否接受联合体投标，则不得拒绝联合体投标。

又如，资格预审文件应当免费提供，不得在资格预审文件中出现“资格预审文件费用××元人民币，售后一概不退”的表述。

总之，实施机构对资格预审文件的编制要设置合理，否则，门槛设置过低易于造成大量的社会资本投标，不仅加大资格预审评审工作量，而且不利于选择出优质的社会资本；门槛设置过高，又会造成以不合理条件排斥潜在社会资本，引起不公平竞争。

（三）资格预审文件与采购文件要分开编制

实施机构在编制资格预审文件时，除了上述问题，还要注意与采购文件是否分开编制的问题。原则上只有参与资格预审并通过资格审查的社会资本才能参与投标（也允许未进行资格预审的社会资本参与投标，这就需要实施机构在资格预审公告和磋商文件中明确），才能获得采购信息。

同时，“财政部令第87号”规定：“公开招标进行资格预审的，招标公告和资格预审公告可以合并发布，招标文件应当向所有通过资格预审的供应商提供。”言外之意，招标公告和资格预审公告可以合并发布，但是招标文件依然是向通过资格预审的投标人提供。所以，从审慎、合理、提高效率等角度出发，建议将资格预审文件与采购文件分开编制，不要合在一起。

六、社会资本响应资格预审文件的注意事项

PPP项目动辄上亿元，甚至几十亿元，具有如此庞大的投资规模，在资格预审文件的编制上，作为采购人的实施机构，可以说是经过几番周折、几番磨炼，最终才定稿公告。然而，很多社会资本往往因为匆忙草率，不细致研究资格预审公告内容，而错失机会。

（一）关于投标文件的密封问题

资格预审文件公告中，一般都会规定：“逾期送达、未送达指定地点或密封不合格的资格预审申请文件不予受理。”如此重大的PPP项目，

很少有社会资本出现逾期送达或者未送达指定地点的问题，但是出现过因为密封不合格而被拒收的情形。如一些资格预审文件要求投标文件分为正副本，并要求正副本包装在一个密封袋中，即社会资本去投标时，仅有一个包装袋或者包装箱。但是个别社会资本在投标现场提交了独立的两个包装袋，其实是将正本和副本分开包装了，仅此一项，因密封不合格而不被受理。

（二）关于《检察机关行贿犯罪档案查询结果告知函》的出具问题

在资格预审文件公告中，一般都会要求社会资本所在地或者是项目所在地的检察机关开具社会资本行贿犯罪档案查询的《检察机关行贿犯罪档案查询结果告知函》（以下简称《告知函》），并要求该社会资本"提交资格预审申请文件的时间"在《告知函》有效期内。很多社会资本往往了为了尽快投标，及时出具了《告知函》，却忽略了"提交资格预审申请文件的时间"在《告知函》有效期内。

言外之意，社会资本在提交资格预审申请文件之前，就出具了《告知函》。当然，也有可能是多个PPP项目先后进入资格预审阶段，先出具的《告知函》用在了后开展的PPP项目资格预审中。无论如何，如果是因为时间节点问题导致该资格预审无法通过，令人遗憾。

（三）关于法定代表人授权委托书的填充问题

PPP项目资格预审文件，一般都会对资格条件有明确的要求，有时候还会附上明确的格式，如法定代表人授权委托书。即便如此，也会有个别社会资本在准备标书时，将委托人和受托人都写成了受托人的名字。对此，将会造成评审专家对其委托书的效力持异议。

所以，为了顺利地通过资格预审，笔者建议社会资本应当细致研究资格预审文件，切莫因小失大。

七、PPP项目资格预审实例分析

某棚户区综合整治PPP项目资格预审公告主要内容如下。

本项目授权主体为贵州省六盘水市钟山区人民政府，项目实施机构为六盘水市钟山区住房和城乡建设局（采购人），社会资本（申请人）依照资格预审公告提出申请。本项目覆盖三个社区及周边片区，整治内容包括建筑施工、公共服务设施、基础设施、环境卫生整治及相关配套设施等，计划总投资14.88亿元。运作模式为建设—经营—转让（BOT），合作期限20年（建设期3年，运营期17年），由社会资本与政府方出资代表按照9∶1的比例，政府以购买服务、特许经营为条件，引入社会资本参与项目设计、投融资、建设、运营和维护。

采购人对申请人的资格有如下要求。

- 申请主体：在中国境内依法注册的企业法人，且合法续存，没有处于被吊销营业执照、责令关闭或者被撤销等不良状态；商业信誉良好，在经济活动中无重大违法违规行为，近三年内财务会计资料无虚假记载，银行和税务信用评价系统或企业信用系统中无不良记录；符合《中华人民共和国政府采购法》第二十二条关于供应商的条件要求；接受联合体竞争，组成联合体成员均须为独立法人，资格预审申请文件中须提交联合体协议书。
- 财务实力：申请人的注册资本≥2.5亿元，2015年净资产不少于

4亿元，资产负债率≤80%，以具有法定资格的中介机构出具的财务审计报告为准；近三年连续盈利，且年度财务报告应当经具有法定资格的中介机构审计；财务状况良好，没有处于财产被接管、冻结、破产或者其他不良状态，无重大不良资产或不良投资项目。

- 资格要求：出具营业执照副本、税务登记证、组织机构代码证；检察机关出具的投标人近三年内无行贿犯罪记录告知函；出具法定代表人资格证明或法定代表人授权委托书。
- 特定要求：具有城市园林绿化工程施工一级资质、房屋建筑工程总承包一级资质、市政公用工程总承包一级资质之一；施工企业具有建设行政主管部门核发的安全生产许可证；施工或设计技术负责人需具备园林或市政工程或房屋建筑相关专业高级职称；联合体按照较低资质等级确认，联合体投标不能超过3家。
- 业绩经验：独立投标人或联合体牵头人近三年内（2013年1月1日至今），至少有1个4亿元以上的PPP投资业绩（以PPP合同为准）。
- 资格预审公告时间：2016年10月24日，在中国政府采购网、贵州省政府采购网、贵州省公共资源交易中心网发布。
- 资格预审申请文件提交截止时间及地点：2016年11月15日，贵州省公共资源交易中心（贵州省贵阳市遵义路65号）。
- 若项目通过资格预审的社会资本不足3家的，依法重新组织资格预审。

下面对该PPP项目资格预审的内容做梳理分析。

第一，该项目经主管预算单位同意，依法得到市人民政府财政部门的批准，资格预审公告在省级以上人民政府财政部门指定的政府采购信息发布媒体上发布。资格预审公告内容明确了项目授权主体、项目实施机构、对社会资本的资格要求（合法营业执照、企业信用好、注册资本≥2.5亿元、工程一级资质和业绩经验等）、允许联合体参与采购活动以及提交资格预审申请文件的时间自公告发布之日起大于15个工作日，体现了公开、公平和公正的原则，使所有潜在的供应商能够尽可能地获得采购信息，给供应商较为充足的时间做资格预审申请文件的准备工作。PPP项目采购是在一个较大范围内进行的，供应商又比较分散，获得采购信息有一个时间过程，如果公告发布时间和提交申请时间不足，不利于供应商及时提交资格预审申请文件，而且还容易带有歧视倾向，客观上造成机会的不均等和不公平；反之时间也不能过长，因为时间较长容易影响采购效率。总之，资格预审公告内容要完整准确，采购需求要详细，资格要求要具体明确，要符合有关法律法规的规定。

第二，从实际操作来看，资格预审文件未发现有限制或排斥申请人或潜在申请人的行为。没有以特定行政区域和特定行业的业绩、奖项作为加分条件或者中标条件来实行地方保护和行业封锁，没有限定或指定所有制形式、专利、商标、品牌、原产地等条件；重申资格预审的社会资本不足3家的应重新审定，特别是强制实行资格预审后，排除了不合格供应商，对降低政府采购成本和提高招标工作效率起到了重要作用。

第三，资格预审公告在发布前，应当邀请社会资本和与其合作的金融机构参与资格预审，验证项目能否获得社会资本响应和实现充分竞争。如果通过资格预审的社会资本不足3家继续招标，不能达到在同等条件下的充分竞争，一旦在隐瞒的情况下中标或成交，既对采购人不公，也容易引起供应商的质疑和投诉，严重影响政府采购的公信力。如果资格预审条件发生变化又未通知供应商的，一经发现，立即取消已经取得的中标、成交资格；导致实质性响应的供应商不足3家的，应当重新组织采购活动。

第四，PPP项目一般是全生命周期管理，包括设计、建设、运营、维护全过程。合作双方通过长期合同明确权利和义务，包括定性评估

（可行性、合理性、可完成性）和定量评估（公共部门比较值）中的物有所值和风险分担，一方面要执行国家强制性标准（包括工程质量、安全、卫生及环境保护等），另一方面要严格遵守国家有关招投标法律法规，确保项目的长期稳定、高效运行、效益显著和安全可靠。

第八章

PPP 项目采购文件法律法规与文本编制

PPP项目在完成项目识别和项目准备后，能否顺利实施，关键在于采购环节。适用于PPP项目的采购方式有公开招标、邀请招标、竞争性谈判、竞争性磋商和单一来源采购共五种，采购人分别编制公开招标采购文件、邀请招标采购文件、竞争性谈判采购文件、竞争性磋商采购文件以及单一来源采购文件。

一、PPP项目采购概述

（一）采购

采购是指个人或单位在一定的条件下从供应市场获取货物或服务作为自己的资源，为满足自身需要或保证生产、经营活动正常开展的一项经营活动。采购方一般都把它们所采购的货物或服务的工作当成一个项目来管理。在采购过程一般应遵循以下四个原则。

- 成本效益原则。采购方采购时应注意节约和效率，争取用最少的钱办最多的事。
- 质量原则。采购的产品应质量良好，符合项目的要求。
- 时间原则。采购的产品应及时到达，采购时间应与整个项目实施进度相适应。
- 公平原则。采购方应给予符合条件的承包商均等的机会。

（二）政府采购

政府采购是指国家各级政府为从事日常的政务活动或为了满足公共服务的目的，利用国家财政性资金和政府借款购买货物、工程和服务的行为。

《中华人民共和国政府采购法》第二条规定：本法所称政府采购，是指各级国家机关、事业单位和团体组织，使用财政性资金采购依法制定的集中采购目录以内的或者采购限额标准以上的货物、工程和服务的行为。《中华人民共和国政府采购法实施条例》第二条规定：政府采购法第二条所称财政性资金是指纳入预算管理的资金；政府采购法第二条所称服务，包括政府自身需要的服务和政府向社会公众提供的公共服务。

政府采购的资金来源为财政拨款和需要由财政偿还的公共借款，这些资金的最终来源为纳税人缴纳的税款和政府公共收费，而企业或私人采购的资金来源于采购主体的私有资金。

（三）PPP项目采购

《财政部关于印发〈政府和社会资本合作项目政府采购管理办法〉的通知》（财库〔2014〕215号）第二条规定：PPP项目采购是指政府为达成权利义务平衡、物有所值的PPP项目合同，遵循公开、公平、公正和诚实信用原则，按照相关法规要求完成PPP项目识别和准备等前期工作后，依法选择社会资本合作者的过程。

PPP项目采购的对象是社会资本，目的之一是为政府选择合适的合作伙伴，双方达成权利与义务平衡、物有所值的PPP项目合同。政府会在多个竞争者之间综合资质、技术、资金等要素，考虑最适合该项目的社会资本。选择合适的社会资本后，政府会根据与社会资本谈定的条件，签订PPP项目合同。

PPP项目采购与政府采购均需遵循公开透明、公平竞争、公正、诚实信用、有效竞争的原则。虽然PPP项目不属于传统意义上的政府采购，但根据《财政部关于推广运用政府和社会资本合作模式有关问题的通知》（财金〔2014〕76号）“地方各级财政部门要会同行业主管部门，按照《政府采购法》及有关规定，依法选择项目合作伙伴”的规定，PPP项目可归入广义政府采购的范畴。因此政府采购适用的法律体系，同样适用于PPP项目采购。

（四）PPP项目采购与传统政府采购的差异

在PPP模式推行伊始，财政部就通过发布《关于印发政府和社会资本合作模式指南（试行）的通知》（财金〔2014〕113号）和《财政部关于印发〈政府和社会资本合作项目政府采购管理办法〉的通知》（财库〔2014〕215号）对PPP项目的采购进行了规范。相比于传统政府采购，PPP模式采购有着较为明显的差异，具体如下。

1.采购主体的差异

传统政府采购的采购主体为机关、事业单位、团体组织三类，而PPP项目采购的主体更具有局限性，是指政府或政府授权的职能部门或事业单位。

2.采购对象的差异

传统政府采购的对象主要有三大类：货物、服务、工程。PPP项目采购的对象仅为社会资本合作者。

3. 采购方式的差异

传统政府采购的方式主要有公开招标、邀请招标、竞争性谈判、单一来源采购和询价。而公开招标应作为传统政府采购的主要采购方式。PPP项目采购适用的方式有公开招标、邀请招标、竞争性谈判、竞争性磋商和单一来源采购。询价不适用于PPP项目采购。PPP项目采购采用公开招标、邀请招标、竞争性谈判、单一来源采购方式开展采购的，按照政府采购法律法规及相关规定执行。而对于竞争性磋商采购方式，财政部2014年12月31日专门印发《财政部关于印发〈政府采购竞争性磋商采购方式管理暂行办法〉的通知》（财库〔2014〕214号），以适应推进政府购买服务、推广PPP模式等的工作需要。

4. 采购流程的差异

根据《财政部关于印发〈政府和社会资本合作项目政府采购管理办法〉的通知》（财库〔2014〕215号）第五条规定，PPP项目采购应当实行资格预审，即要求PPP项目采购无论采用哪种方式，均需进行资格预审，严格筛选社会资本方。然而在传统政府采购模式下，资格预审并非采购的必需前置程序。

此外，相比于传统政府采购评审公示后直接签订合同，PPP项目采购评审结束后要求增加“谈判”环节，由项目实施机构成立专门的采购结果确认谈判工作组，负责采购结果确认前的谈判和最终的采购结果确认。

5. 资金来源的差异

传统政府采购的主要资金来源是财政性资金，而PPP项目采购的资金来源更多样化，分别为使用者付费、可行性缺口补助和政府付费。

与传统政府采购相比，PPP项目采购需求、采购合同、项目评审等都更为复杂；竞争方式、合同管理等也存在一定的特殊性；PPP项目往往采购金额较大，交易风险和采购成本更高。另外，PPP项目大多是面向社会公众提供公共服务的，采购结果的效益需要通过服务受益对象的切身感受来体现，无法像传统采购那样根据采购合同规定的每一项技术指标、服务指标进行履约验收，而是需要结合预算绩效评价、社会公众评价、第三方评价等其他方式完成履约验收。

二、PPP项目采购的政策依据

随着PPP模式的大力推广，在财政部的主导下，一系列政府采购法与PPP模式相匹配的制度体系也加快出台。PPP项目采购主要依据的政策法规为：《政府采购非招标采购方式管理办法》（财政部令第74号）、《财政部关于印发〈政府采购竞争性磋商采购方式管理暂行办法〉的通知》（财库〔2014〕214号）、《财政部关于印发〈政府和社会资本合作项目政府采购管理办法〉的通知》（财库〔2014〕215号）、《财政部关于政府采购竞争性磋商采购方式管理暂行办法有关问题的补充通知》（财库〔2015〕124号）、《关于印发政府和社会资本合作模式操作指南（试行）的通知》（财金〔2014〕113号）、《政府采购货物和服务招标投标管理办法》（财政部令第87号）等。

（一）《政府采购非招标采购方式管理办法》

为了规范政府采购行为，加强对采用竞争性谈判、单一来源采购、询价采购方式进行采购活动的监督管理，财政部发布了《政府采购非招标采购方式管理办法》（财政部令第74号），自2014年2月1日起施行。

该“办法”共七章六十二条，在政府采购法规定的原则和范围内，对三种非招标采购方式全面、系统地予以规范，主要包括以下方面。

- 在一般规定中明确了达到公开招标数额标准的采购项目采用非招标采购方式的批准程序，谈判小组、询价小组的组成，职责和义务，保证金的交纳与退还，选择符合资格条件的供应商的方式，成交结果公告等内容。
- 对三种非招标采购方式的整个流程进行了规范说明，包括：竞争性谈判采购方式的适用情形、具体程序、谈判要求、谈判文件可实质性变动的内容、确定成交供应商的标准；单一来源采购的公示要求、协商程序和情况记录；询价采购方式的具体程序和要求、确定成交供应商的标准等。
- 在《中华人民共和国政府采购法》规定的法律责任的基础上，补充和明确了政府采购当事人和相关人员在非招标采购方式活动中的法律责任。

（二）《关于印发政府和社会资本合作模式操作指南（试行）的通知》

2014年11月29日，财政部发布了《关于印发政府和社会资本合作模式操作指南（试行）的通知》，就PPP项目识别、准备、采购、执行、移交各环节操作流程做了规范。

（三）《财政部关于印发〈政府采购竞争性磋商采购方式管理暂行办法〉的通知》

2014年12月31日，财政部以财库〔2014〕214号印发《财政部关于印发〈政府采购竞争性磋商采购方式管理暂行办法〉的通知》。该“办法”分总则、磋商程序、附则三章三十八条，自发布之日起施行。

竞争性磋商采购方式是财政部首次依法创新的采购方式，核心内容是“先明确采购需求、后竞争报价”的两阶段采购模式，倡导“物有所值”的价值目标。

(四)《财政部关于印发〈政府和社会资本合作项目政府采购管理办法〉的通知》

2014年12月31日，财政部以财库〔2014〕215号印发《财政部关于印发〈政府和社会资本合作项目政府采购管理办法〉的通知》。该“办法”分总则、采购程序、争议处理和监督检查、附则四章二十五条，自发布之日起施行。该“办法”全面规范PPP项目政府采购行为，明确了适用范围、PPP项目的采购程序、争议处理和监督检查等内容，并在政府采购的整体法律框架下，对采购方式、采购程序等进行了创新。

一方面，财政部结合PPP项目的采购特点，在现行法律规定的采购方式基础上，按照法律授权创设了新的政府采购方式，即竞争性磋商。该“办法”规定，PPP项目采购方式包括公开招标、邀请招标、竞争性谈判、竞争性磋商和单一来源采购。项目实施机构应当根据PPP项目的采购需求特点，依法选择适当的采购方式。公开招标主要适用于采购需求中核心边界条件和技术经济参数明确、完整、符合国家法律法规及政府采购政策，且在采购过程中不做更改的项目。通过创新丰富采购方式，使政府采购能较好地适用于PPP项目采购的公开竞争、选择性竞争和有限竞争的情况，让PPP项目采购更具可操作性。

另一方面，该“办法”在采购程序中为PPP项目采购创新性地设置了强制资格预审、现场考察和答疑、采购结果确认谈判等环节，以保证

PPP项目采购的成功率以及项目采购的质量和效果。

该“办法”细化了PPP项目采购信息公开的相关规定，对资格预审公告、预中标与成交结果、有关补遗文件和确认谈判备忘录拟定的项目合同的公示、中标与成交结果公告、最终签订的PPP项目合同公告等做了明确的规定。

此外，该“办法”还规定，PPP项目实施机构可以委托政府采购代理机构办理PPP项目采购事宜。PPP项目咨询服务机构从事PPP项目采购业务的，应当按照政府采购代理机构管理的有关要求及时进行网上登记。

（五）《财政部关于政府采购竞争性磋商采购方式管理暂行办法有关问题的补充通知》

2015年6月30日，为深入推进政府采购制度改革和政府购买服务工作，促进实现“物有所值”的价值目标，提高政府的采购效率，财政部印发了《财政部关于政府采购竞争性磋商采购方式管理暂行办法有关问题的补充通知》（财库〔2015〕124号），就《财政部关于印发〈政府采购竞争性磋商采购方式管理暂行办法〉的通知》（财库〔2014〕214号）有关问题作了补充规定：采用竞争性磋商采购方式采购的政府购买服务项目（含政府和社会资本合作项目），在采购过程中符合要求的供应商（社会资本）只有2家的，竞争性磋商采购活动可以继续进行；采购过程中符合要求的供应商（社会资本）只有1家的，采购人（项目实施机构）或者采购代理机构应当终止竞争性磋商采购活动，发布项目终止公告并说明原因，重新开展采购活动。

（六）《政府采购货物和服务招标投标管理办法》

2004年8月11日，财政部依据《中华人民共和国政府采购法》等法律规定，发布了《政府采购货物和服务招标投标管理办法》（财政部令第18号），2017年7月11日，为了贯彻党中央、国务院有关决策部署，适应政府采购制度改革与发展需要，落实《中华人民共和国政府采购法实施条例》的有关规定，财政部以《政府采购货物和服务招标投标管理办法》（财政部令第87号）对《政府采购货物和服务招标投标管理办法》（财政部令第18号）进行了修订。修订后的“办法”，共七章八十八条，较修订前删除36条，新增34条，修订54条。修订后的“办法”已于2017年10月1日起实施。修订要点如下：

- 在政府采购活动中，针对采购人履行主体责任不严格与采购自主权发挥不充分的问题，本次修订明确了采购人在落实采购政策、加强内部控制、编制采购需求、公开采购信息、开展履约验收等重点环节职责，同时增加了采购人对采购活动的参与度与采购自主权；
- 针对价高质次、暗收回扣、效率低下等突出问题，本次修订进一步完善制度设计、规范采购行为，并重点从加强采购需求、履约验收管理、加强评审行为监督、提高政府采购透明度、强化各方当事人的法律责任等方面提出了针对性的措施；
- 为推进政府采购“放管服”改革，落实“减税降费”，支持实体经济发展等政策要求，本次修订进一步保障了供应商的合法权益，降低了供应商参与投标的经济成本和时间成本。

三、PPP项目采购方式与流程

根据《政府和社会资本合作模式操作指南（试行）》和《政府和社会资本合作项目政府采购管理办法》，PPP项目采购方式包括公开招标、邀请招标、竞争性谈判、竞争性磋商和单一来源采购。项目实施机构应当根据PPP项目的采购需求特点，依法选择适当的采购方式。根据《政府和社会资本合作模式操作指南（试行）》第十七条规定："项目采用公开招标、邀请招标、竞争性谈判、单一来源采购方式开展采购的，按照政府采购法律法规及有关规定执行。"对于竞争性磋商的采购方式，《政府和社会资本合作模式操作指南（试行）》第十七条在采购公告发布及报名、资格审查及采购文件发售、采购文件的澄清或修改及响应文件评审等几个环节进行了规定，然而，条款中并未阐述竞争性磋商采购方式的适用条件以及其他采购环节上的流程。现就以上适用于PPP项目的五种采购方式的一般流程加以阐述。

（一）公开招标和邀请招标

1.公开招标和邀请招标定义及适用项目情形

公开招标，是指招标采购单位依法以招标公告的方式邀请不特定的供应商参加投标。《政府和社会资本合作项目政府采购管理办法》在第二章第四条中明确规定了公开招标的适用情况。其规定为：公开招标主要适用于采购需求中核心边界条件和技术经济参数明确、完整、符合国家法律法规及政府采购政策，且采购过程中不作更改的项目。根据《中华人民共和国政府采购法》第二十七条、《政府采购货物和服务招标投标管理办法》第四条、《政府采购非招标采购方式管理办法》第四条和《政府采购竞争性磋商采购方式管理暂行办法》第四条等规定，就政府采购的服务项目，各级政府应当制定公开招标的数额标准。达到公开招标数额标准的服务项目，必须采用公开招标的方式进行采购；达到公开招标数额标准的服务项目，拟采用公开招标以外的采购方式的，采购人（PPP项目的实施机构）应当在采购活动开始前，报经主管预算单位同意后，依法向设区的市、自治州以上人民政府财政部门申请批准。

邀请招标，是指招标采购单位依法从符合相应资格条件的供应商中随机邀请3家以上供应商，并以投标邀请书的方式，邀请其参加投标。邀请招标，也称有限竞争招标，是一种由招标人选择若干供应商或承包商，向其发出投标邀请，由被邀请的供应商、承包商投标竞争，从而选定中标者的招标方式。邀请招标的使用情况为：具有特殊性，只能从有限范围的供应商处采购的；采用公开招标方式的费用占政府采购项目总价值比例过大的。采用邀请招标方式采购的，招标采购单位应当在省级以上人民政府财政部门指定的政府采购信息媒体发布资格预审公告，公布投标人资格条件。资格预审公告的期限不得少于7个工作日。

2. 公开招标和邀请招标操作流程

根据《中华人民共和国招标投标法》、《中华人民共和国招标投标法实施条例》、《中华人民共和国政府采购法》、《中华人民共和国政府采购法实施条例》、《政府采购货物和服务招标投标管理办法》、《政府和社会资本合作模式操作指南（试行）》、《政府和社会资本合作项目政府采购管理办法》和《工程建设项目施工招标投标办法》等规定，通过公开招标及邀请招标方式采购PPP项目的具体操作流程如下。

（1）资格审查。《工程建设项目施工招标投标办法》第十七条规定，资格审查分为资格预审和资格后审。PPP项目应该进行资格预审，《中华人民共和国招标投标法实施条例》第十六条规定资格预审文件的发售期不得少于5日。

（2）发布招标公告。向3家以上的社会资本发布招标公告。采购人采用公开招标方式的，应当发布招标公告；采用邀请招标方式的，采购人应当从符合相应资格条件的供应商中，通过随机方式选择3家以上的供应商，并向其发出投标邀请书。招标公告应当载明招标人的名称和地址，招标项目的性质、数量、实施地点和时间，投标截止日期以及获取采购文件的办法等事项。采用招标方式采购的，自采购文件开始发出之日起至投标人提交响应文件截止之日，不得少于20日。

（3）进行招标文件发售。招标文件的发售期不得少于5日，投标文件应对招标文件提出的要求和条件做出实质性的响应。

（4）提交招标文件截止及开标。投标文件由商务部分、技术部分、价格部分和其他部分组成。《中华人民共和国招标投标法实施条例》第四十四条规定，招标人应当按照招标文件规定的时间、地点开标；投标人少于3个的，不得开标，招标人应当重新招标。《政府采购货物和服务招标投标管理办法》第四十三条规定，公开招标数额标准以上的采购项目，投标截止后投标人不足3家或者通过资格审查或符合性审查的投标人不足3家的，除采购任务取消情形外，按照以下原则处理。

- 第一，招标文件存在不合理条款或者程序不符合规定的，采购人、采购代理机构改正后依法重新招标。
- 第二，招标文件没有不合理条款、招标程序符合规定，需要采用其他采购方式采购的，采购人应当依法报财政部门批准。

（5）评标。评标是指在招标投标活动中，由招标人依法组建的评审委员会，根据法律规定和采购文件确定的评标方法和具体评标标准，对开标中所有拆封并唱标的响应文件进行评审，根据评审情况出具评标报告，并向招标人推荐中标候选人，或者根据招标人的授权直接确定中标人的过程。评标是整个招标的中心环节。在评标期间，出现符合专业条件的供应商或者对采购文件做出实质响应的供应商不足3家情形的，依据《政府采购货物和服务招标投标管理办法》第四十三条的规定变更采购方式或重新招标。

（6）公示中标候选人名单。进行中标候选人公示的公示期不少于3日，公示期内无异议，即可以进行谈判工作。投标人或者其他利害关系人对依法必须进行招标的项目的评标结果有异议的，应当在中标候选人公示期间提出。招标人应当自收到异议之日起3日内做出答复，在做出答复前，应当暂停招标投标活动。

（7）谈判。采购结果确认谈判工作组依排序与候选社会资本谈判，率先达成一致者中标。《政府和社会资本合作项目政府采购管理办法》第十四条规定，PPP项目采购评审结束后，项目实施机构应当成立专门的采购结果确认谈判工作组，负责采购结果确认前的谈判和最终的采购结果确认工作。谈判的基本程序可分为成立谈判小组、制定谈判文件、确定邀请参加谈判的供应商名单、谈判以及确定成交供应商等。

（8）签署谈判备忘录。谈判备忘录是在业务磋商过程中的一种提示或记事性文书，是在商务谈判时，经过初步讨论后，记载双方的谅解与承诺，以为进一步洽谈时做参考。谈判备忘录没有约束力，只起提示备忘作用。谈判备忘录中记录的内容不一定是谈判达成的一致意见，而是为了下一次洽谈或磋商而提示的问题。

（9）发出中标通知书，公示中标结果及拟定合同文本。《政府采购货物和服务招标投标管理办法》规定，采购人或者采购代理机构应当自中标人确定之日起2个工作日内，在省级以上财政部门指定的媒体上公告中标结果，招标文件应当随中标结果同时公告。中标结果公告内容应当包括采购人及其委托的采购代理机构的名称、地址、联系方式，项目名称和项目编号，中标人的名称、地址，中标金额，主要中标标的的名称、规格型号、数量、单价、服务要求，中标公告期限以及评审专家名单。中标公告期限为1个工作日。邀请招标采购人采用书面推荐方式产生符合资格条件的潜在投标人的，还应当将所有被推荐供应商名单和推荐理由随中标结果同时公告。在公告中标结果的同时，采购人或者采购代理机构应当向中标人发出中标通知书；对未通过资格审查的投标人，应当告知其未通过的原因；采用综合评分法评审的，还应当告知未中标人本人的评审得分与排序。中标通知书发出后，采购人不得违法改变中标结果，中标人无正当理由不得放弃中标。

（10）合同签署。采购人或者采购代理机构应当自中标通知书发出之日起30日内，按照招标文件和中标供应商响应文件的约定，与中标供应商签订书面合同。

（11）验收与履约管理。采购人应当及时对采购项目进行验收。采购人可以邀请参加本项目的其他投标人或者第三方机构参与验收。参与验收的投标人或者第三方机构的意见作为验收书的参考资料一并存档。采购人应当加强对中标人的履约管理，并按照采购合同约定，及时向中标人支付采购资金。对于中标人违反采购合同约定的行为，采购人应当及时处理，依法追究其违约责任。

公开招标和邀请招标的操作流程见图8-1。

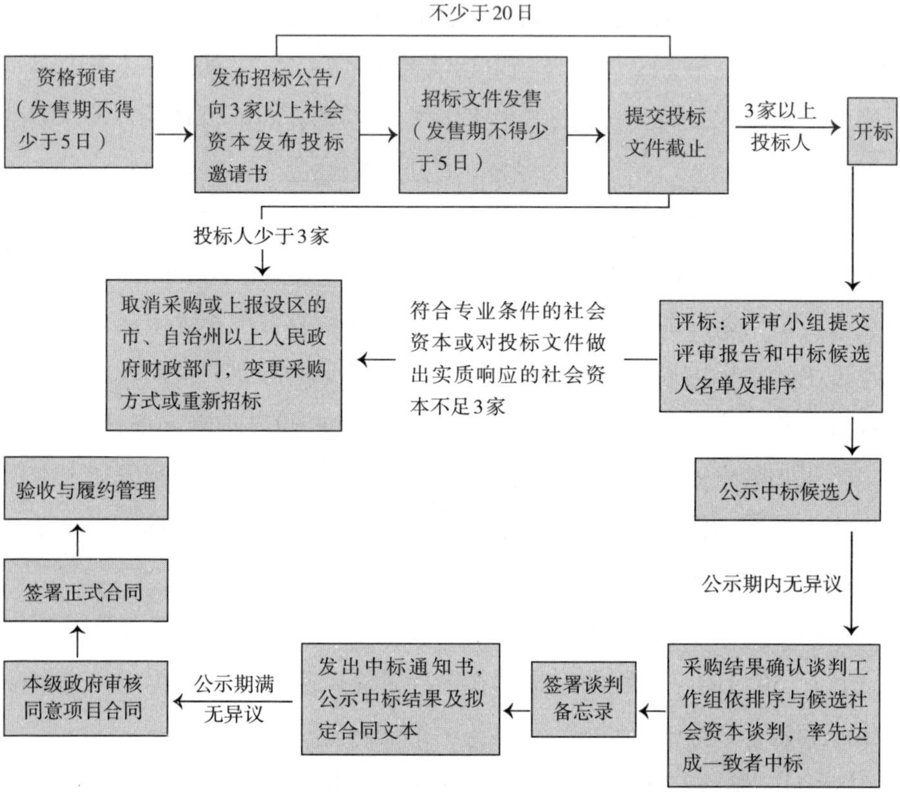

图8-1　公开招标和邀请招标的操作流程

（二）竞争性谈判

1.竞争性谈判定义及适用项目情形

2014年2月1日实施的《政府采购非招标采购方式管理办法》的第二条对竞争性谈判进行了明确定义：竞争性谈判是指谈判小组与符合资格条件的供应商就采购货物、工程和服务事宜进行谈判，供应商按照谈判文件的要求提交响应文件和最后报价，采购人从谈判小组提出的成交候选人中确定成交供应商的采购方式。《中华人民共和国政府采购法》

第三十条以及《政府采购非招标采购方式管理办法》第二十七条规定了竞争性谈判适用于以下四种情形：

- 招标后没有供应商投标或者没有合格标的，或者重新招标未能完成的；
- 技术复杂或者性质特殊，不能确定详细规格或者具体要求的；
- 采用招标所需时间不能满足用户紧急需求的；
- 不能事先计算出价格总额的。

2. 竞争性谈判的具体操作流程

（1）确定邀请参加谈判的供应商名单。在进行资格预审之后，谈判小组从符合相应资格条件的供应商名单中确定不少于三家的供应商参加谈判，并向其提供谈判文件。在下述情况下，参与采购的供应商最低数量可以为两家：公开招标的货物、服务采购项目，招标过程中提交响应文件或者经评审实质性响应采购文件要求的供应商只有两家时，采购人、采购代理机构在经财政部门批准后可以与该两家供应商进行竞争性谈判采购。

（2）提交首次响应文件截止。从谈判文件发出之日起至供应商提交首次响应文件截止之日不得少于3个工作日。提交首次响应文件截止之日前，采购人、采购代理机构或者谈判小组可以对已发出的谈判文件进行必要的澄清或者修改，澄清或者修改的内容作为谈判文件的组成部分。澄清或者修改的内容可能影响响应文件编制的，采购人、采购代理机构或者谈判小组应当在提交首次响应文件截止之日3个工作日前，以书面形式通知所有接收谈判文件的供应商，不足3个工作日的，应当顺延提交首次响应文件截止之日。

（3）谈判。谈判小组所有成员与单一供应商分别进行谈判。在谈判的过程中，谈判的任何一方不得透露与谈判有关的其他供应商的技术资料、价格和其他信息。谈判文件有实质性变动的，谈判小组应当以书面形式通知所有参加谈判的供应商。

（4）确定候选人并提交评审报告。谈判结束以后，谈判小组应当按照少数服从多数的原则投票推荐3家以上供应商的设计方案或者解决方案，并要求其在规定时间内提交最后报价。最后报价是供应商响应文件的有效组成部分。谈判小组按报价由低到高提出3家以上的候选人排序并提交评审报告。

（5）确定成交供应商。采购代理机构应当在评审结束后2个工作日内将评审报告送采购人确认。采购人应当在收到评审报告后5个工作日内，从评审报告提出的成交候选人中，根据质量和服务均能满足采购文件实质性响应要求且最后报价最低的原则确定成交供应商，也可以书面形式授权谈判小组直接确定成交供应商。采购人逾期未确定成交供应商且不提出异议的，视为确定评审报告提出的最后报价最低的供应商为成交供应商。

（6）签署合同，发出中标通知书，公示中标结果及拟定合同文本。公示的中标结果应当包括采购人和采购代理机构的名称、地址和联系方式，项目名称和项目编号，成交供应商名称、地址和成交金额，主要成交标的名称、规格型号、数量、单价、服务要求，谈判小组成员名单。公示期要不少于5 个工作日。

（7）本级政府审核，签署正式合同及合同的公告和备案。在公示期满无异议后，项目要报本级政府进行审核，本级政府审核通过后采购人和供应商签署正式合同，之后要对合同进行公告及备案。

竞争性谈判的操作流程见图8-2。

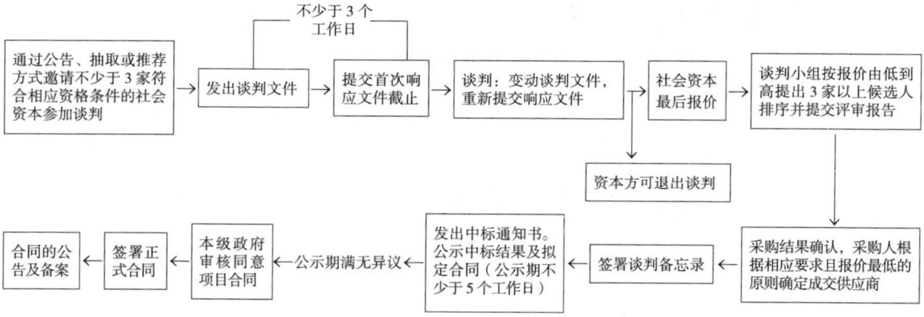

图8–2 竞争性谈判的操作流程

（三）竞争性磋商

1.竞争性磋商定义及适用项目情形

在《政府采购竞争性磋商采购方式管理暂行办法》中对竞争性磋商采购方式进行了明确定义，其中第二条规定：竞争性磋商采购方式，是指采购人、政府采购代理机构通过组建竞争性磋商小组（以下简称磋商小组）与符合条件的供应商就采购货物、工程和服务事宜进行磋商，供应商按照磋商文件的要求提交响应文件和报价，采购人从磋商小组评审后提出的候选供应商名单中确定成交供应商的采购方式。以下五种情形的项目，可以采用竞争性磋商方式开展采购：

- 政府购买服务项目；
- 技术复杂或者性质特殊，不能确定详细规格或者具体要求的；
- 因艺术品采购、专利、专有技术或者服务的时间、数量事先不能确定等问题不能事先计算出价格总额的；
- 市场竞争不充分的科研项目，以及需要扶持的科技成果转化项目；
- 按照招标投标法及其实施条例必须进行招标的工程建设项目以外的工程建设项目。

2.竞争性磋商操作流程

项目采用竞争性磋商采购方式开展采购的，按照下列基本程序进行。

（1）资格预审。在进行竞争性磋商采购之前，应对投标的供应商进行资格预审，从符合条件的供应商之中邀请3家以上的供应商进行磋商。

（2）采购公告发布及报名。竞争性磋商公告应在省级以上人民政府财政部门指定的媒体上发布。竞争性磋商公告应包括项目实施机构和项目名称、项目结构和核心边界条件、是否允许未进行资格预审的社会资本参与采购活动，以及审查原则、项目产出说明、对社会资本提供的响应文件要求，获取采购文件的时间、地点、方式，采购文件的售价、提交响应文件截止时间、开启时间及地点。提交响应文件的时间自公告发布之日起不得少于10日。

采购人、采购代理机构应当通过发布公告，从省级以上财政部门建立的供应商库中随机抽取或者以采购人和评审专家分别书面推荐的方式邀请不少于三家符合相应资格条件的供应商参与竞争性磋商采购活动。在下述情况下，参与采购的供应商最低数量可以为两家：市场竞争不充分的科研项目，以及需要扶持的科技成果转化项目；在采购过程中符合要求的供应商只有两家的，竞争性磋商采购活动可以继续进行。但是，如果符合要求的供应商只有一家，采购人、采购代理机构应当终止竞争性磋商采购活动，发布项目终止公告并说明原因，重新开展采购活动。

（3）采购文件发售。采购文件的售价应按照弥补采购文件印制成本费用的原则确定，不得以盈利为目的，不得以项目采购金额作为采购文件售价依据。采购文件的发售期限自开始之日起不得少于

5个工作日。

（4）采购文件的澄清或修改。提交首次响应文件截止之日前，项目实施机构可以对已发出的采购文件进行必要的澄清或修改，澄清或修改的内容应作为采购文件的组成部分。澄清或修改的内容可能影响响应文件编制的，项目实施机构应在提交首次响应文件截止时间至少5日前，以书面形式通知所有获取采购文件的社会资本；不足5日的，项目实施机构应顺延提交响应文件的截止时间。

（5）响应文件评审。项目实施机构应按照采购文件规定组织响应文件的接收和开启。评审小组对响应文件进行两阶段评审。

（6）签署谈判备忘录、发出中标通知书、公示中标结果及拟定合同文本，政府审核、签署合同及进行合同的公告和备案。采购人或者采购代理机构应当在成交供应商确定后两个工作日内，在省级以上财政部门指定的政府采购信息发布媒体上公告成交结果，同时向成交供应商发出成交通知书，并将磋商文件随成交结果同时公告。成交结果公告应当包括采购人和采购代理机构的名称、地址和联系方式，项目名称和项目编号，成交供应商名称、地址和成交金额，主要成交标的名称、规格型号、数量、单价、服务要求，磋商小组成员名单。

竞争性磋商的操作流程见图8–3。

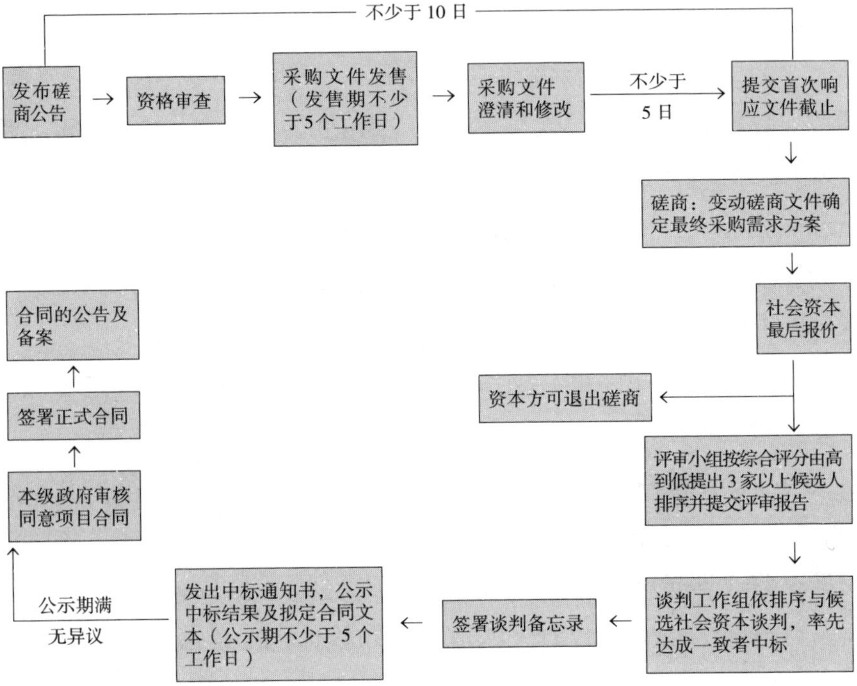

图8-3　竞争性磋商的操作流程

（四）单一来源采购

1.单一来源采购定义及适用项目情形

《政府采购非招标采购方式管理办法》第二条对单一来源采购进行了明确定义：单一来源采购是指采购人从某一特定供应商处采购货物、工程和服务的采购方式。《中华人民共和国政府采购法》第三十一条对单一来源采购的适用情形进行了规定：

- 只能从唯一供应商处采购的；
- 发生了不可预见的紧急情况不能从其他供应商处采购的；
- 必须保证原有采购项目一致性或者服务配套的要求，需要继续从原有供应商处添购，且添购资金总额不超过原合同采购金额10%的。

2.单一来源采购的具体操作流程

（1）发布单一来源采购公告。采购人、采购代理机构应当在省级以上财政部门指定媒体上公示，并将公示情况一并报财政部门。公示期不得少于5个工作日，公示内容应当包括：采购人、采购项目名称和内容；拟采购的货物或者服务的说明；采用单一来源采购方式的原因及相关说明；拟定的唯一供应商名称、地址；专业人员对相关供应商因专利、专有技术等具有唯一性的具体论证意见，以及专业人员的姓名、工作单位和职称；公示的期限；采购人、采购代理机构、财政部门的联系地址、联系人和联系电话。

任何供应商、单位或者个人对采用单一来源采购方式公示有异议的，可以在公示期内将书面意见反馈给采购人、采购代理机构，并同时抄送相关财政部门。采购人、采购代理机构收到对采用单一来源采购方式公示的异议后，应当在公示期满后5个工作日内，组织补充论证，论证后认为异议成立的，应当依法采取其他采购方式；论证后认为异议不成立的，应当将异议意见、论证意见与公示情况一并报相关财政部门。采购人、采购代理机构应当将补充论证的结论告知提出异议的供应商、单位或者个人。

（2）上报公示情况，财政部门批准单一来源采购。采购人、采购代理机构按照规定上报财政部门获得批准。

（3）商定价格并保障质量，编写协商情况记录。采用单一来源采购方式采购的，采购人、采购代理机构应当组织具有相关经验的专业人员与供应商商定合理的成交价格并保证采购项目的质量。

单一来源采购人员应当编写协商情况记录，主要内容包括：公示情况说明；协商日期和地点，采购人员名单；供应商提供的采购标的成本、同类项目合同价格以及相关专利、专有技术等情况说明；合同主要条款及价格商定情况。

协商情况记录应当由采购全体人员签字认可。对记录有异议的采购人员，应当签署不同意见并说明理由。采购人员拒绝在记录上签字又不书面说明其不同意见和理由的，视为同意。

（4）签署谈判备忘录，发布成交通知书，公示成交结果及拟定合同文本。成交结果的公示期不少于5个工作日，在公示期内无异议的情况下，本级政府对项目合同审核同意后，签署正式合同，同时合同要进行公示及备案。

单一来源采购的操作流程见图8–4。

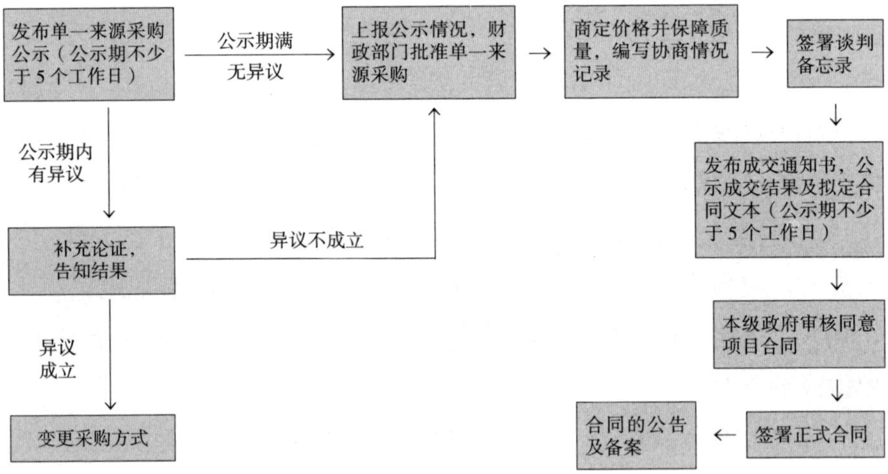

图8–4　单一来源采购的操作流程

PPP项目不同采购方式的比较见表8-1。

表8-1　PPP项目不同采购方式的比较

相关要求	PPP项目采购方式				
	公开招标	邀请招标	竞争性谈判	竞争性磋商	单一来源采购
适用条件	货物、服务采购项目达到公开招标数额标准	①只有采购项目比较特殊，如保密项目和急需或者因高度专业性等使提供产品的潜在供应商数量较少；②采用公开招标方式的费用占政府采购项目总价值的比例过大	①招标后没有供应商投标，没有合格的标的，或重新招标未能成立；②经专家认定技术复杂或者性质特殊，不能确定详细规格或具体要求；③采用招标所需时间不能满足用户紧急需要；④不能事先计算出项目的价格总额	①政府购买服务项目；②技术复杂或性质特殊，不能确定详细规格或具体要求；③因艺术品采购，专利、专有技术或者服务的时间、数量事先不能确定不能事先计算出价格总额；④市场竞争不充分的科研项目，以及需要扶持的科技成果转化项目；⑤按照《中华人民共和国招标投标法》及《中华人民共和国招标投标法实施条例》必须进行招标的工程建设项目以外的工程建设项目达到公开招标数额标准	①只能从唯一供应商处采购；②发生了不可预见的紧急情况，不能从其他供应商处采购；③必须保证原有采购项目一致或服务配套的要求，需继续从原供应商处添购，且添购资金总额不超过原合同采购金额10%
采购程序	①发布招标公告；②发出招标文件；③成立评标委员会；④开标；⑤成立谈判工作组；⑥开展谈判；⑦确定成交商；⑧签订采购合同	①发出投标邀请书；②发出招标文件；③成立评标委员会；④开标；⑤成立谈判工作组；⑥开展谈判；⑦确定成交商；⑧签订采购合同	①制定谈判文件；②发布资格公告征集供应商；③向合格供应商提供谈判文件；④报价；⑤成立谈判工作组；⑥开展谈判；⑦确定成交商；⑧签订采购合同	①发布公告；②发布竞争性磋商文件；③报价；④成立谈判工作组；⑤开展谈判；⑥确定成交商；⑦签订采购合同	①发布单一来源采购公示；②上报财政部门审批；③商定价格，签署备忘录；④公布中标结果，签订合同
参与竞争供应商数量	3家以上		最少2家	最少2家	1家
从文件发出之日起至规定的报价截止之日的时间要求	自招标文件开始发出之日起至投标人提交投标文件截止之日，不得少于20天		从谈判文件发出之日起至供应商提交首次响应文件截止之日不得少于3个工作日	从磋商文件发出之日起至供应商提交首次响应文件截止之日不得少于10日	
评标成员	依法必须进行招标的项目，其评标委员会由招标人的代表和有关技术、经济等方面的专家组成，成员人数为5人以上单数，其中技术、经济等方面的专家不得少于成员总数的2/3		竞争性谈判小组由采购人代表和评审专家共3人以上单数组成，专家人数不得少于总数的2/3。采购人不得以评审专家身份参加评审。达到公开招标数额标准的，小组应当由5人以上单数组成	竞争性磋商小组由采购人代表和评审专家共3人以上单数组成，专家人数不得少于总数的2/3。采购人不得以评审专家身份参加评审	

（续表）

相关要求	PPP项目采购方式				
	公开招标	邀请招标	竞争性谈判	竞争性磋商	单一来源采购
货物、服务采购的评定标准	采购招标评标方法分为最低评标价法和综合评分法。最低评标价法，是指投标文件满足招标文件全部实质性要求且投标报价最低的供应商为中标候选人的评标方法。综合评分法，是指投标文件满足招标文件全部实质性要求且按照评审因素的量化指标评审得分最高的供应商为中标候选人的评标方法		谈判小组应当从质量和服务均能满足采购文件实质性响应要求的供应商中，按照最后报价由低到高的顺序提出3名以上成交候选人，并编写评审报告	经磋商确定最终采购需求和提交最后报价的供应商后，由磋商小组采用综合评分法对提交最后报价的供应商的响应文件和最后报价进行综合评分	采购小组应与供应商应遵循《中华人民共和国政府采购法》规定的原则，在保证项目质量和合理价格的基础上商定有关成交事项，就拟定的政府采购合同条款达成一致，并书面通知供应商
采购需用时间	25个工作日左右		8个工作日左右	15个工作日左右	10个工作日左右

四、PPP项目采购文件的编制

项目采购文件是采购人向潜在社会资本发出的，旨在向其提供编写响应文件所需的资料并向其通报采购所依据的规则和程序等内容的书面文件。采购文件是社会资本编制响应文件的依据，也是评审专家评审投标人的依据。根据财政部的相关规定，PPP项目采购文件一般由项目实施机构编制。

（一）项目采购文件的主要内容

根据《政府和社会资本合作项目政府采购管理办法》第九条规定：采购文件应当包括采购邀请、竞争者须知（包括密封、签署、盖章要求等），竞争者应当提供的资格、资信及业绩证明文件，采购方式、政府对项目实施机构的授权、实施方案的批复和项目相关审批文件、采购程序、响应文件编制要求、提交响应文件截止时间、开启时间及地点、保证金交纳数额和形式、评审方法、评审标准、政府采购政策要求、PPP项目合同草案及其他法律文本、采购结果确认谈判中项目合同可变的细节，以及是否允许未参加资格预审的供应商参与竞争并进行资格后审等内容；项目采购文件还应当明确项目合同必须报请本级人民政府审核同意，在获得同意前项目合同不得生效。

采用竞争性谈判或者竞争性磋商采购方式的，项目采购文件除上款规定的内容外，还应明确评审小组根据与社会资本谈判情况可能实质性变动的内容，包括采购需求中的技术服务要求以及项目合同草案条款。

因此在PPP项目的实际操作过程中，采购文件编写应主要由以下文件组成。

- 采购邀请。包括招标采购单位的名称、地址和联系方式，招标项目的名称、编号、数量或者招标项目的性质、内容，供应商的资格要求，获取采购文件的时间、地点、方式及采购文件售价，递交响应文件截止日期、开标或成交的时间及地点等。
- 竞争者须知。包括采购项目概况、对响应文件内容的要求、对响应文件格式的要求、参与竞争的原则和程序、对报价的要求、评价标准和评价方法、附件和其他要求竞争者提供的材料。
- PPP项目合同草案。包括合同通用条款、合同专用条款和合同样式。合同草案是由采购人事先草拟好的，主要体现了采购人的意志，合同的实质性条款和内容要求竞争者必须响应。
- 技术条款。包括拟采购项目的技术标准、规格、使用要求及建设方案编制要点以及图纸等资料。
- 其他相关文件。在实践中，应根据具体项目类型编制其他相关文件。如针对政府付费项目或涉及政府可行性缺口补助的项目，采购文件还应包含将政府付费或政府补贴纳入跨年度财政预算和中长期财政规划的人大决议文件，以符合《中华人民共和国预算法》的相关规定。

另外，与非PPP项目不同，PPP项目在起草采购文件时，应体现采购人自己的意志，将对项目的实质性要求和条件列为采购文件的重要内容。PPP项目采购文件的编写尤其要明确规定设施项目交付期限和提供服务的时间；明确规定是否允许价格调整及调整方法；明确规定是否要求提交备选方案及备选方案的评审办法；明确规定是否允许联合体投标及相应的要求；明确规定合理的风险分配原则；对采用工程量清单招标的，应当明确规定提供工程量清单及相应的要求等。如某工业园区固废综合处置静脉产业园BOT（特许经营权）项目在当地做了大量扎实的前期准备工作，在招标投标阶段对项目的经济运行指标总投资成本的合理性、单位（吨）医疗废弃物处理费用等指标均进行了比较合理的量化，因此招投标工作推进比较顺利，提高了项目的落地率。

（二）PPP项目采购文件编制的注意事项

PPP不同于一般的政府采购行为，其涉及金融、投资、项目管理等多个领域。如何通过采购选择优秀的社会资本合作方，是摆在政府采购人员面前的一个全新课题。尤其是在采购需求提出、合同条款拟定、风险预测分析等方面，专业性、政策性很强，现有采购文件编制的内容已无法满足PPP项目招标采购的需要，必须引入相应专业人员参与编制招标采购文件。

1.文件编制必须以法律法规为依据

PPP项目体现一种契约精神，政府和社会资本必须在公开、公平、公正的基础上进行合作。采购文件的内容要有法可依、有章可循，体现公平、公正的原则，不能对潜在的社会资本造成歧视。在编制采购文件时要依据《中华人民共和国政府采购法》及《中华人民共和国政府采购法实施条例》、《中华人民共和国招标投标法》及《中华人民共和国招标投标法实施条例》、发改委等6部委发布的《基础设施和公用事业特许经营管理办法》，财政部印发的《关于印发政府和社会资本合作模式操作指南（试行）的通知》（财金〔2014〕113号）、《关于规范政府和社会资本合作合同管理工作的通知》（财金〔2014〕156号）、《外商投资产业指导目录》（2017年修订）等法律法规。这就要求编制人员非常熟悉以上的法律法规和相关政策，熟练掌握招标投标的知识和程序，具有一定的经济和技术知识，以及非常强的责任心和协调能力。

2.编制采购文件必须做到“五清楚”

（1）采购范围要清楚。关于PPP项目的建设内容、建设规模，采购文件不仅要对每个分项工程进行准确的表述，还要有明确的数量及规模。

（2）采购条件及条件的边界要清楚。采购条件包括竞争者为承接本项目所必备的资格资质等，以及其他有针对性的特殊要求。其中有些条件是采购文件发出后不可修改、不可谈判的核心条件，采购人应认真研究确定。如条件是什么、边界在哪里、技术经济参数是多少，均应有定性与定量的界定。例如某大型高速公路工程，设置的资质条件为“有公路工程施工总承包一级或以上资质”，设置的业绩条件为“有2个（含）以上总投资不低于5亿元的类似工程业绩”等。

（3）评分标准要清楚。中选候选人及排序是评审专家通过对响应文件响应采购条件的程度加以量化，再依据评分标准由高分至低分确定的。响应采购条件的程度至哪一个量级可得10分，至哪一个量级可得8分，应界线分明。其中，有选择余地且主观意识强的内容分值可设区间值，如某方案的分值设为15~20分，以便评审专家发挥独立评审能力，依据专业、经验做出判断。

（4）加分、扣分及废标条件要清楚。这类关键要素若设置不当，易导致评审专家判断不准，将原本较为理想的竞争者拒之门外，或招致质疑投诉。

（5）采购结果确认谈判的底线要清楚。谈判底线包括不可谈判的核心条件，以及项目合同中可变细节的内容与区间值。这两条底线有的已明确在采购文件中，有的则需谈判小组临场研究决定。

3.突出重点，结合PPP项目特点编制

在采购文件的编制上还要结合PPP项目的特点，有针对性地编制，应重点把握以下几个方面。

（1）资格预审重点考虑社会资本的融资能力、联合体等问题。社会资本的融资能力体现在经审计的净资产额、资产负债率、现金流等，如社会资本的融资、建设、运营某一方面的能力不足，可和有能力的社会资本组成联合体投标，但应提交联合体协议并注明牵头人（为主出资方）及各方承担的工作和责任等规定，在资格预审环节不需要提交融资文件，进入磋商或招标环节可提供；联合体投标的家数可视项目而定，最好不超过3家：融资、建设、运营各1家，以体现融资、建设、运营优势。通过资格预审的联合体，不得再变更其组织形式及成员构成。同时，资格预审程序采取合格制与有限数量制相结合，在限定的方法和标准下，在参与的社会资本较多的情况下，减少评审的工作量。

（2）报价机制重点考虑PPP项目的全生命周期。PPP项目的报价可以是项目类指标（如项目投资额、保底收费量），也可以是特许经营类指标（如特许经营期限、特许经营权利金、政府方股权分红收益线等）。

为促进社会资本参与项目的积极性，采购文件编制应重点制定实施全生命周期报价和价格调整机制。采购文件中可以列明项目全生命周期内的所有投资、建设、运营及移交费用，同时要求供应商考虑项目运营收入和回报（收费的特许经营权外的广告经营权和服务设施经营权）等。在服务价格及调整方面，确定初始定价、价格水平年及运营期间的价格调整机制，包括价格调整周期或调价触发机制（政策风险特别是税收风险，或结合绩效考评来调价）、调价方法、调价程序及各方权利和义务等。除非有特别申明，未列明的将视为包含在报价中。

（3）评分标准的设置重点围绕社会资本的实施方案。PPP项目为特殊的政府购买服务，社会资本的项目实施方案事关PPP项目能否顺利进行。因此，在确定社会资本时要重点评审其实施方案，包括项目公司组织机构、融资方案及能力、建设方案及能力、运营方案及能力、移交方案、收入和回报（经济效益分析）等，在评标因素和评审标准的设定上也重点围绕实施方案而定。在编制评标因素和评标标准时，要重点放在实施方案上，其分值的权重宜设定在70%~90%，突出其重要性。

（4）合同草案和条款的拟定重点体现采购需求、政府采购“三公”（公开、公平、公正）和平等互偿的精神。PPP项目的精神是公开、公平、公正和平等互偿的合同契约精神，也是政府采购的原则。采购结果谈判结束后形成合同草签文本，公示后，报政府及其授权的行业主管部门批准。在拟定合同文本和合同草案时重点围绕采购单位的采购需求，根据《中华人民共和国合同法》、财政部PPP项目的合同指南和发改委PPP项目的合同指南形成合同框架。合同分通用条款和专用条款，包括合同主体、合作关系、投资计划和融资方案、项目前期工作、工程建设、政府移交资产、运营和服务、社会资本主体移交项目、收入和回报、不可抗力和法律变更、项目合同的解除、争端解决、其他约定等。还应明确PPP项目退出机制，包括合同解除的事由、程序，解除的财务安排、解除的其他规定。

采取竞争性磋商的，要以合同为基础，解决磋商范围，明确采购需求，包括合同生效条件、风险划分（社会资本承担的风险、政府承担的风险等）、合理共担风险、项目融资风险、合作条件模式及范围、合作期限、投资控制责任、融资方案及监管、前期工作内容及费用划分、移交资产计划、运营服务标准、维护与修理、公共服务标准、经济技术指标、运营收入、服务价格及价格调整等。

需要为PPP项目设立专门项目公司的，待项目公司成立后，由项目公司与采购人重新签署PPP项目合同，或者签署关于继承PPP项目合同的补充合同。

（三）评审文件编制

《政府和社会资本合作项目政府采购管理办法》第七条规定："项目实施机构应当成立评审小组，负责PPP项目采购的资格预审和评审工作。评审小组由项目实施机构代表和评审专家共5人以上单数组成，其中评审专家人数不得少于评审小组成员总数的2/3。评审专家可以由实施机构自行选定，但评审专家至少应包含1名财务专家和1名法律专家。项目实施机构代表不得以评审专家身份参加项目的评审。"

因此在编制采购文件的同时应开始编制评审文件的法律文本，与采购文件一同形成最终采购文件的文本体系。编写的内容要点包括以下四个方面。

（1）评审工作纪律。根据国家法律及其他规定制定评审纪律。

（2）评审工作概述。一是评审工作时间安排：详细列明评审工作开始及结束的时间安排。二是评审办法：根据项目的具体特点制定科学合理的评审办法，采购文件已约定评审办法的通常不得随意改变。三是评审委员会：根据法律规定的要求成立评审委员会，确定评审专家的数量及各专业专家的人选。

（3）评审工作程序。一是响应文件的符合性审查：根据采购文件的要求列明响应文件符合性审查的标准。二是全面阅读采购文件和响应文件。三是要求社会资本进行澄清（如有）：为协助审查、比较和评估响应文件，可向社会资本发出书面澄清通知，要求社会资本对其响应文件进行澄清。四是分析响应文件并汇总评审专家意见：列明据采购文件规定的评审原则和方法及评审文件规定的评审细则进行分析、打分及排序的具体安排。五是起草评审报告草案：列明起草评审报告草案的具体安排。六是形成评审报告：列明形成正式评审报告的具体安排。七是采购人公布评审结果：列明采购人公布的方式及公布之后的谈判工作安排。

（4）评审细则。与非PPP项目不同，PPP项目评审细则应着重说明财务方案（含融资方案）和法律方案的评标细则。

（四）项目谈判文本编写

《政府和社会资本合作项目政府采购管理办法》第十四条规定："PPP项目采购评审结束后，项目实施机构应当成立专门的采购结果确认谈判工作组，负责采购结果确认前的谈判和最终的采购结果确认工作。"第十五条规定："采购结果确认谈判工作组应当按照评审报告推荐的候选社会资本排名，依次与候选社会资本及与其合作的金融机构就项目合同中可变的细节问题进行项目合同签署前的确认谈判，率先达成一致的候选社会资本即为预中标、成交社会资本。"

通常来讲，PPP项目的投资金额较大，社会影响较为深远，相应的合同条款也较为复杂。在实际操作中，若采购人未能与排名第一的社会资本候选人达成一致，则会转向与排名位居其次的候选人谈判，以此类推。谈判的核心内容是社会资本在响应文件中所提交的《项目合同偏差意见表》（对采购文件非实质性合同条款的修改建议）。谈判双方须针对候选人所提出的非实质性合同条款修改建议的合法性、合理性及可行性进行磋商，并形成磋商性文件（如会议纪要、备忘录等）。

（五）PPP项目合同核心内容

根据项目行业、付费机制、运作模式等具体情况的不同，PPP项目合同可能会千差万别，但一般来讲会包括以下核心条款：引言、定义和解释，项目的范围和期限，前提条件，项目的融资，项目用地，项目的建设，项目的运营，项目的维护，股权变更限制，付费机制，履约担保，政府承诺，保险，守法义务及法律变更，不可抗力，政府方的监督和介入，违约、提前终止及终止后的处理机制，项目的移交，适用法律及争议解决，合同附件等。

第九章

PPP 项目响应文件文本编制

通过资格预审的社会资本和与其合作的金融机构，需要按照项目采购文件要求，准备响应文件。响应文件是社会资本参加项目竞争的主要有效法律文书，更是决定竞争胜负的关键性文件，社会资本应对采购文件提出的要求和条件做出实质性响应，并对其提交的响应文件的真实性、合法性承担法律责任。

一、响应文件概述

响应文件是参与PPP项目采购活动的社会资本按照采购文件、谈判文件、磋商文件、单一来源采购文件等要求编制的文件。

PPP项目有公开招标、邀请招标、竞争性谈判、竞争性磋商和单一来源采购五种采购方式。依据采购方式的不同，采购人分别编制公开招标采购文件、邀请招标采购文件、竞争性谈判采购文件、竞争性磋商采购文件以及单一来源采购文件。相应地，在招标采购中，社会资本依据招标采购文件提交响应文件；在竞争性谈判和竞争性磋商采购中，社会资本依据采购文件提交报价文件；在单一来源采购中，社会资本提交响应文件。

采购文件中有对响应文件的编制、递交等内容的详细规定，社会资本和与其合作的金融机构按照项目采购文件要求，在其规定的截止之日前递交响应文件。不同的采购方式对这种响应时间进行了不同的规定。采用招标方式进行采购的项目，自招标公告发布之日起到响应文件截止之日不少于20日；采用竞争性谈判方式的，从发出谈判文件到报价文件截止之日不少于3日；采用竞争性磋商方式的，自公告之日起到截止之日不少于10日。对于迟到的响应文件，采购代理机构不予接受。

二、响应文件的主要内容

响应文件通常有标准的文本内容。根据不同的项目内容和需求，响应文件的结构会有所不同，但是通常都包含如下内容：资信文件、商务标部分、技术标部分、商务报价。

（一）资信文件

资信文件一般以企业财务指标、企业业绩情况、企业融资能力作为考核条件的较多。

1.企业财务指标

企业财务指标通常是指偿债能力指标、营运能力指标及盈利能力指标。在实际投标环节中，使用较为频繁的是总资产、净资产、自有资金及资产负债率。

2.企业业绩情况

通常将企业施工业绩和工程获奖情况作为企业业绩情况的主要限制条件。在实际操作中，往往要求投标企业近三年承接的类似项目业绩合同总额大于或等于PPP项目总投资额，且会对项目投资模式提出要求，比如是BOT、TOT、ROT等。同时，需要投标企业近期获得的奖项数量满足要求，更有甚者会指定奖项名称，比如鲁班奖、全国市政金杯示范工程等。

3. 企业融资能力

企业融资能力往往考核的是投标企业的银行授信额度、银行资信等级及是否能获取针对项目的贷款意向书。

（二）商务标部分

商务标部分是判断投标企业是否符合采购文件相关要求的重要依据，是投标的准入门槛。商务标部分一般包括以下内容：法定代表人身份证明，法人授权委托书，投标函，投标函附录，响应保证金交存凭证复印件，对采购文件及合同条款的承诺及补充意见，工程量清单计价表，投标报价说明，报价表，响应文件电子版，企业营业执照、资质证书、安全生产许可证等。

（三）技术标部分

传统的技术标部分主要指施工组织设计等为完成采购文件规定的工程所采取的各种技术措施。而PPP技术标部分不仅需要完成工程的各项技术措施，更需要投标单位从业主的角度考虑，发挥项目公司管理职能，实现项目管控和监督。

传统企业往往从传统施工技术标的角度出发编制PPP技术文件，着重描述项目的施工建设，忽略了PPP项目的投融资属性以及项目公司所承担的项目建设、运营管理角色，极不利于项目全生命周期管理。

（四）商务报价

商务报价主要包含施工下浮率、融资利率和资本金年投资回报率以及运营期费用的报价。这些数值需要结合企业的收益预期，并通过对项目收入、成本的综合测算确定。然而由于民营建筑企业投资人员的缺少，在项目测算时往往会忽视资金的时间价值，导致测算结果的错误，进而影响商务报价。

三、响应方案的编制

政府采用PPP模式，在筛选合适的社会资本共同开发建设时，更注重企业的资本运作能力、建设及运营能力。因此PPP项目响应方案与传统的施工响应方案有着本质的不同，其编制重点不再是施工部署、主要施工方案和相应的管理、保障措施，而是主要从投资及项目公司组建、建设、运营、移交共五个方面进行整体的筹划。在PPP项目响应方案中，只有项目建设方案中的一部分与传统的响应方案相似，可借鉴之处有限。

PPP 项目响应方案的评审一般是根据社会资本（投标人）提交的技术、融资、法律、业绩资质和报价等文件，采用综合评分法进行评审。其评标内容一般包括报价，投融资能力，投融资、建设、运营管理经验，项目公司组建方案，项目运营、移交方案等。综合评分法是指对投标人的上述情况进行综合评审，其中报价的得分并不是绝对的控制因素（因为综合评分法是按相对权重打分，以综合得分最高的投标人为第一中标候选人）。

（一）项目投资方案

项目投资方案主要包括资金筹措方案，收益、成本测算及财务分析，项目风险分析等。其中，资金筹措方案主要从自有资金情况、拟投入到项目公司的自有资金和其余建设资金额度、资金来源及相应的保障措施等方面来证明或响应采购单位（招标人）的实际要求，其保障措施主要是从公司的经营状况、工程款回款情况、银行存款资金活期账户余额以及各大银行的大额授信额度、股东的担保和借款等方面来证明企业有能力满足该项目的实际资金需要；收益、成本测算及财务分析是从总收入（可用性服务费、运维服务费、政府补贴等）、总成本（建设成本、运营成本）、利润、项目税后内部收益率、项目投资回收期等方面进行测算；项目风险则主要是从投资风险、拆迁延迟和超支、政府违约以及利率风险等方面进行分析。

（二）项目公司组建方案

项目公司组建方案除了需阐述如何按照公司法规定进行项目公司组建外，尚需明确项目公司的组织框架和相应的分工、职责等，并确定公司章程。

（三）项目建设方案

项目建设方案基本涵盖了从勘察设计、监理、施工、设备、试验检测，到明确施工质量和运营目标、移交时的主要工程量和状态以及建设期保险等一系列方案的制订。其中保险方案中一般包括建筑工程一切险、第三者责任险、人员意外伤害险及其他保险的保险金额、保险期设定及被保险人等内容。

项目建设方案不仅要明确建设工作的内容和总体时间安排，包括核准项目申请报告、图纸报批、办理各项批复手续、取得施工许可、征地拆迁、组建项目部和划分施工工区、大型临时设施的建设、技术准备等具体实施方案和时间节点的控制，同时也需明确包括项目建设阶段详细的工作内容及重大时间节点控制，包括施工总体部署、主要分部分项工程及季节性施工方案等。

从方案设计到各阶段的工期、质量、安全、绿色施工等都需要进行目标设定，同时还需确定相应的实施计划和保障措施。这些保障措施要从目标设计到体系建设、从计划安排到组织保障、从权责划分到责任追究、从工艺控制到过程把关等各方面有针对性地加以详细制定，以便于落地实施。

投资控制目标的实现主要是运用人机料法环[①]定量分析和量价分别控制的方法，将时间节点控制与资金合理配置相结合，共同组成项目投资的评价体系，并制定切实可行的保证措施，分阶段进行控制。

（四）项目运营方案

运营方案主要包括运营管理原则、管理制度、保障措施、维护方案等内容。基础设施建设项目都是民生工程，因此其运营管理的基本原则除了需要满足采购单位的要求外，还应让人民群众满意，并最终实现社会效益最大化。为此，运营管理机构应从适用性出发，根据行业特点，以满足运营期内的管理需求为前提，制订全面有效的运营方案，优

① 人机料法环是对全面质量管理理论中的五个影响产品质量的主要因素的简称。人，制造产品的人员；机，制造产品所用的设备；料，制造产品所用的原材料；法，制造产品所用的方法；环，产品制造过程中所处的环境。

质高效地处理各种突发事件，确保运营质量。

运营方案中还需要确定人员编制、制定管理制度、编制维护技术方案、明确作业标准、制订各项有针对性的应急预案和制定保障措施。

（五）项目移交方案

移交方案是指在运营末期，特许经营期满后，由项目公司按照与采购单位签订的协议要求，向政府或其指定机构无偿地移交和转让项目的实施方案。

该方案要明确具体的移交内容，包括项目本身及其附属设施，与项目的建设、运营、管理和维护有关的文件、手册和记录，与项目有关的所有未到期的担保、保证和保险的受益，与项目运营和养护有关的所有技术和知识产权以及所有与项目及其资产有关的乙方的其他权利。同时，项目移交前还需确定第三方检测的时间和相关指标，并明确移交标准。

移交过渡期一般设置为特许经营期满前12个月，由双方联合组成移交委员会，研究制订项目移交方案，并在特许经营期满之日，按审定的移交方案组织资产转移，办理项目公司名下的应移交资产、资料的过户、变更及登记手续。

项目移交时，项目公司应分类建立并向接收人提供项目所有固定资产的清单，包括但不限于其内部的所有设备设施、材料、专业工具、器材、改建设施、车辆、办公用品、生活设施等。其固定资产清单须经接收方确认，且移交后双方应办理明确的移交手续并详细记录。

移交方案要明确移交程序，特别是对运营期内涉及项目的对外投资、资产处置、资金调度等重大经营、财务决策，应规范其权限，同时还要确定移交前的过程检查和全面审计。接收单位原则上无须承担项目公司在项目建设及运营期内形成的任何债务、担保及应向任何第三方负有的责任；对项目公司未被接收单位继续聘用的人员，也应由项目公司负责妥善安置，接收方无须承担任何责任。

四、响应文件的编制步骤

编制PPP项目采购响应文件，则需遵循一读、二研、三知、四要、五检查的五个步骤。

一读，即读懂采购文件，对疑点务必通过询问或质疑求得澄清，对重点、难点则要在撰写响应文件或资料准备时特别注意。

二研，即对采购文件讲了什么、要做什么、怎么做有深度的了解。如，要区分是“和”还是“或”，是“、”还是“；”，是“原件”还是“复印件”等。否则可能与中标失之交臂。

三知，即知彼、知己、知风险。知彼，要知道政府对本项目的授权、批文等文件，知道合作双方的权利与义务、风险分配、回报机制以及主要经济技术参数等。知己，要知道自己有什么资质、资信、证书、业绩等能满足采购文件要求的资料。知风险，要判断PPP项目建设与运营中的风险源，以及应对与化解风险的思路。通过“三知”，可真实评估自己的承接能力，确定是否投标。

四要，即编制PPP项目响应文件的四项基本要求。一要依据采购文件的要求编制项目的投融资方案、组织管理方案、施工管理方案、运营维护方案、项目移交方案、合同响应方案等，测算相关经济数据。二要文字表述有层次，对采购文件的要求逐一作答响应。三要按采购文件要求提供必要的附件资料。四要熟悉响应文件的全部内容，以便回答评审专家的询问。

五检查，即响应文件投送前的五项检查。一查投标内容是否完整，有无未响应采购文件要求的地方。二查复制资料。三查附件资料及其法律效力。附件资料包括资质、资信、证照、业绩、奖项、企业内部专业人员证书证明等；法律效力为附件的颁发单位、印鉴、签名、有效期等的合法性。四查响应文件组成、文内页码、标题、签字、盖章。五查响应文件投送份数、项目名称、单位名称、文件清单、投送日期、密封、盖章等。

编制一份高水平的投标文件或报价文件，是在政府采购活动的竞争中取得成功的关键步骤。编好响应文件要有清楚的工作思路，要对编制响应文件的关键问题进行认真的思考。

（一）树立认真解读采购文件的意识

采购文件是指在政府采购活动中采购单位向社会资本提供的为进行投标工作所必需的文件。按照采购方式可以分为：招标采购文件、竞争性谈判采购文件、竞争性磋商采购文件等。这些采购文件都阐明了采购人对社会资本各方面的要求，通报采购程序、评审办法，并告知订立合同的条件等内容。

采购文件既是社会资本编制响应文件的依据，又是采购人与中选人签订合同的基础。因此，认真解读采购文件对社会资本参与政府采购活动至关重要，是社会资本编制响应文件的基础中的基础。在解读采购文件时，应把握以下要点。

1.仔细阅读，全面理解吃透文件

解读采购文件应把握：看采购文件要认真细致、一字不漏。采购文件一般包括公告或采购邀请、竞争者须知、合同条款、合同格式、响应文件格式和项目需求等项内容，对这些内容要全部了解和掌握。切忌只注意重点而忽略一般，出现对采购文件要求上的缺项漏项；切忌理解上的错误，出现答非所问；切忌不具备资格资质投标，出现投标即无效。

2.认真研究文件，摸清要求及意图

例如：从技术指标和服务等项目需求方面，了解采购人想要实现什么目标，从资格资质条件的要求方面，分析采购人追求的提供建设者和运营供应者的实力、信誉等方面的层次；在采用的“评审办法”方面，窥测采购人对采购货物和服务的需求档次；在保证金的数量上，找寻采购项目规模的线索等。这些对社会资本在确定投标策略和响应方案时，都十分有意义。

3.及时发现问题，保护自己的合法权益

如果采购文件中出现表述不清楚、容易引起歧义、漏洞等问题时，投标人应及时要求采购单位对采购文件做出解答、澄清和修改，防止出现自己对采购文件的错误理解造成投标失误；发现采购文件中出现“不合理的条件对社会资本实行差别待遇或者歧视待遇”及其他违反国家有关规定的问题，投标人要在法定的时间内，及时向采购单位提出书面质疑或者向政府采购监督管理部门提出投诉，保护自己的合法权益。这样做，也有利于政府采购的规范化运行。

4.研究评审办法，确定投标策略

一个政府采购项目所采用的“评审办法”往往反映出采购人所要采购的产品的档次定位、采购人的意图。这对社会资本研究投标策略，

制订自己的响应方案很重要。

采取“最低评标价法”时，采购人更注重最大程度地节约资金，提高资金使用效率；采取综合评分法时，采购单位引入权重分值的方法，使评审结果更具科学性，采购结果更具综合性；采取“性价比法”时，采购人对购买的货物更注重其使用价值，体现“物有所值”。

5.响应文件编制不能遗漏要点

那些未能做出实质性响应而被定为无效的响应文件，大部分是对采购文件的商务标部分未做出实质性响应。现就响应文件的实质性响应问题进行讨论，希望能明确对采购文件中哪些内容要做出实质性的响应，供社会资本参考。

（1）是否具备参与竞争的基本条件。《中华人民共和国政府采购法》第二十二条规定：“供应商参加政府采购活动应当具备下列条件：（一）具有独立承担民事责任的能力；（二）具有良好的商业信誉和健全的财务会计制度；（三）具有履行合同所必需的设备和专业技术能力；（四）有依法缴纳税收和社会保障资金的良好记录；（五）参加政府采购活动前三年内，在经营活动中没有重大违法记录；（六）法律、行政法规规定的其他条件。”应该说，《中华人民共和国政府采购法》对投标供应商的基本条件已做出明确规定，但在实际操作过程中，还是经常会遇到供应商因不符合这些基本条件而被判处无效。如供应商是不具有独立法人资格的分公司、办事处，不具有独立承担民事责任的能力；或是竞争内容不在公司经营范围之内；还有某些供应商明知本公司在三年内曾有重大违法记录仍参与竞争，等等。

（2）是否满足针对性的特定资格条件。参与竞争的社会资本除了应满足基本条件外，还应满足特定项目的特定条件。社会资本一定要搞清楚，采购单位到底要求哪个资质，自身是否具有这个资质；此外，社会资本所提供的各种资质证书必须是本身所有的，名称保持一致（母公司使用子公司或子公司使用母公司的证书都不会被认可）。

（3）是否接受提出的合同条款。采购单位在采购文件中一般都会把合同条款告知社会资本，要求社会资本接受该要约，以免中标后双方就合同条款“扯皮”。社会资本在投标前应仔细研究，如果觉得某些条款不合理，不能接受，应在规定时间前提出质疑，要求采购单位进行修改，千万不能既不提出质疑又不接受条款，这样做的结果只能是社会资本吃亏。社会资本不提出异议，只能视同社会资本已接受了采购单位提出的条件，自说自话地在响应文件中提供自己的合同条款要采购单位接受，显然是不现实的。

（4）质量保证期是否满足要求。质量保证期是一个很重要的指标，也是与报价密切相关的一个指标。一般情况下，社会资本应满足采购单位对质量保证期的要求，如果社会资本能提供大于采购单位要求的质量保证期，那当然是好事，而且也有利于社会资本建立自身的竞争优势。但须注意的是：增加质量保证期一般会增加成本，如果因此而提高报价，可能效果适得其反。因为按照《财政部关于加强政府采购货物和服务项目价格评审管理的通知》（财库〔2007〕2号）：“综合评分法中的价格分统一采用低价优先法计算，即满足采购文件要求且投标价格最低的报价为评标基准价，其价格分为满分。”如果报价高了，报价得分就低，竞争力反而下降。

（5）响应保证金是否准备妥当。通常情况下，对响应保证金本地企业只需带支票即可，非本地企业则要了解采购单位公布的账号、开户行等信息，并将响应保证金提前汇出以使保证金在投标截止前到账（要考虑到不同银行间转账时间的耽误），或开好汇票、银行保函，响应时当场交给采购人。

有一种情况将导致已经递交的响应保证金无效：社会资本是A公

司，而递交其总公司的支票，又没有办妥相关法律手续，最终被采购单位拒绝。总公司和子公司有两个不同的法人，很多社会资本认为只要交了响应保证金就行，不管是谁交的。根据《中华人民共和国公司法》的规定，两个公司是两个独立的主体，有两个法人，即使法定代表人是同一人。实际上，社会资本从购买采购文件开始，与响应相关的所有材料均应保持一致。在组织采购的过程中，经常看到响应文件中莫名其妙地出现其他企业的材料，让采购单位摸不着头脑。

（6）明确是否组建联合体共同参与。《中华人民共和国政府采购法》第二十四条规定："两个以上的自然人、法人或者其他组织可以组成一个联合体，以一个供应商的身份共同参加政府采购。"一般而言，除非该项目的采购文件明确规定不接受联合体共同参与，否则可以视为采购单位接受联合体共同参与。但社会资本在组成联合体时应注意两个问题：第一，联合体各方是否均符合法律规定和采购人所要求的资格条件；第二，是否已按采购文件要求签署联合体共同参与协议，明确各方责任，并且联合体各方均已在响应文件中盖章。有些响应文件中会出现两个公司的介绍和其他内容，但没有联合体共同参与协议，又未说明它们之间是总包和分包关系，这样的响应文件只能被排除在外。

（7）报价是否合乎规范。报价的重要性是毋庸置疑的，在此，笔者主要提醒社会资本：报价应按采购文件规定的格式进行，报价内容不能有重大缺漏；如采用报价函格式，开标一览表中所要求的价格、工期、质保期等内容是否均已填写，报价明细表中的公开报价、折扣、汇率等是否按要求提供；如果社会资本是投多个包件的，则应分别列明总价，明确所投包件。此外，如果能提供优惠条件，则优惠条件也应在开标一览表中明确。

（8）响应有效期是否满足要求。响应有效期是采购单位保证项目能正常签约、履约的一个时间限制。也就是说，社会资本在响应时必须满足采购单位的响应有效期要求，在响应有效期内，对双方均具有约束力。当然，如果在投标后，响应有效期期满前，采购人要求延长响应有效期的，社会资本可以拒绝采购单位的延期要求，但其投标的有效性也将在未延期的响应有效期期满时被终止。如果社会资本同意采购单位的延期要求，一般来说，这样处理对双方都是有利的。当然，决定权在社会资本方。

（9）在响应文件递交截止时间前递交。在响应文件递交截止时间后递交的响应文件肯定会被采购单位拒绝，因为“投标人应当在采购文件要求提交响应文件的截止时间前，将响应文件送达投标地点”“在采购文件要求提交响应文件的截止时间后送达的响应文件，采购单位应当拒收”。在操作过程中，笔者经常会遇到社会资本因看错响应文件递交截止时间而没有及时递交响应文件，或因交通阻塞而迟到的社会资本，相当可惜。

（10）按要求对响应文件密封。对响应文件进行密封既是保护社会资本权利又是保护采购单位的基本要求。因为在开标前，无论是报价还是技术方案都是保密的，采购单位为了避免不必要的麻烦，肯定不会接受未密封的响应文件的；对社会资本而言，为了保护自身权益，更应将响应文件密封好。

（11）对某些产品的特定要求。如对通信产品需有信息产业部颁发的入网许可证；对安全产品需要有公安部的《计算机信息系统安全专用产品销售许可证》、中国信息安全测评中心的《国家信息安全认证产品型号证书》；对软件产品可能会要求社会资本具有国家版权局的《计算机软件著作权登记证书》等一些特定要求。还有，采购单位有时也会要求社会资本对某些重要产品提供原制造厂商的产品授权等。

（12）其他有关无效标条款。除了上面列出的一些会被采购人认定为非实质性响应条款外（主要是商务标部分），社会资本还应仔细审阅采购文件中关于无效标的其他规定（采购单位一般都会在采购文件中用专门章节明确“合格供应商”的各项条款）。因技术方案不满足而被判无效标的主要表现是：对技术指标负偏离过多。例如采购文件中规定，某些产品不能对打“*”号的技术指标有3个以上的负偏离。

除此之外，社会资本还应了解潜在竞争对手的相关情况。在此基础上，从技术、商务等方面确定竞争策略。

（二）响应文件要体现企业的实力和形象

1.高水平的响应文件是竞争能否获胜的关键

响应文件是描述社会资本实力、信誉状况、报价竞争力及社会资本对采购文件响应程度的重要文件，也是评审委员会和采购人评价社会资本的主要依据。社会资本在产品、服务和实力能够满足采购文件要求的前提下，编制出高水平的响应文件，在竞争中起着至关重要的作用，决定着投标活动的成败。

2.响应文件内容要完整

响应文件一般包括：投标函、开标一览表、报价表、投标产品的方案及详细介绍、技术和商务方面与采购文件的偏离表、社会资本的资信证明和采购文件要求的其他资料。响应文件对采购文件提出的要求应做出相应的回答，对采购文件中提出的实质性响应要求必须做出符合要求的回答。特别是“评审办法”中提出的对响应文件初审的“资格性证明文件”“符合性证明文件”一个也不能少，且都要符合要求。

3.多提供说明自己优势的证明

例如：能说明社会资本的技术优于采购单位的要求和其他竞争对手，提供可提前交货的保证和承诺等；社会资本还可将自身的业绩、在其他项目中中标的情况、各方面的评价、产品样本等有关材料充实到响应文件中，并分别配上详细介绍，以便向评委和采购单位充分展示自己的实力。

4.科学的投标报价

拟定合理的投标价格，既不能低于成本也不能高于项目预算。确定投标价格要根据国内、国际市场行情和自己产品成本等因素综合分析。投标实际上就是社会资本按照自己的采购文件提出的各项交易条件，按期提出自己最优惠的报价来进行竞卖。其中，各项费用一定要精确计算。

这里要强调的一点是，不一定价格最低的社会资本就是中标者。特别是采用“综合评分法”“性价比法”评标时，价格最低的社会资本往往不是中标者。采购单位通常会依据采购文件的要求从技术、价格、实力三个方面来综合评审，进行考核打分后才决定中标者。

5.防止双重报价引起歧义

社会资本在编制响应文件时，不要忽略“双重报价”问题。在采购文件中，经常是这样描述的“每个社会资本对每种货物只允许提供一个方案，该方案只允许一个报价。任何有选择的方案或报价将不被接受，其文件将被拒绝”。

报价外的优惠、折扣都会损害社会资本的利益，都不能作为评标的实质性依据。一个响应文件出现两个响应方案（两个报价）将被作为无效文件处理。

6. 响应文件也要注意小节

一是注意语言规范和格式。采购文件一般对投标资料都提供固定格式或有明确的要求，社会资本应准备清晰明确的文件。

二是响应文件要严谨周密。资料齐全、编码完整，不掉页、缺页、错页。

三是文本要落落大方。不做不起任何作用的“豪华型”标书，不搞奢侈浪费增加投标成本的行为。

7. 积累投标经验，编制“响应文件范本”

采购文件的格式、资格条件要求通常是大同小异、相差不多的。经常参加政府采购的社会资本，应该编制本单位的“响应文件范本”，针对各投标项目要求的不同，修改变的部分，保留不变的部分，这样既可以省时省力，又可以少犯低级错误，避免因文本上的一两个错误导致无效投标。

总之，科学的思考是成功的前提。编好响应文件，才能把握政府采购提供的时机。

五、社会资本避免废标需注意的事项

为提高社会资本投标质量，避免投标废标（无效），减少经济损失，维护社会资本自身的合法权益，结合工程招投标工作实际，现整理了一些社会资本需注意的事项，供社会资本参加投标活动参考。

（一）形式评审方面

响应文件的社会资本名称、投标函、投标函附录、响应文件格式、工程量清单编制中的各类表格的格式和要求等须按采购文件要求编制，特别是关于签字、盖章的要求。否则，会因不符合形式评审标准而废标。

（二）资格评审及响应性评审方面

提交的资格评审材料应保证其针对性、真实性、完整性。

1.人员劳动合同的有效性

如投标企业名称变更，而劳动合同中单位名称未变更，在响应文件中一定要附工商管理部门或其他部门出具的有效变更相关证明材料。否则，评委会会因非本单位人员参与投标而给予废标。

2.响应保证金从基本账户转出

在响应文件中，不论采购文件有无要求，一定要附本单位的基本账户许可证。否则，评委会会因无法判定是否从基本账户转出而给予废标。

3.诉讼及仲裁情况要按照采购文件要求如实填写

如社会资本有诉讼及仲裁情况，须附法院判决书或仲裁结果等相关材料。否则，被发现或受到质疑、投诉，会被视为自身承诺不真实、弄虚作假，从而被取消中标候选人资格。

4.项目经理不得担任其他在施建设工程项目的项目经理

社会资本拟派项目经理未担任其他在施建设工程的项目经理，如原有在施建设工程现已变更的，应在响应文件中附有效的变更证明材料。否则，受到质疑或投诉，社会资本会被视为不符合资格要求，将被取消中标候选人资格。

5.财务状况须附经会计师事务所审计过的财务会计报表

按要求的年份提供财务会计报表，且有效（两名注册会计师签名盖章及盖审计机构公章），同时须注意年初与年末数据的连续性（特殊情况应附相关证明材料）。否则，社会资本会被认定不符合资格要求而废标。

6.项目类似业绩资料提供须完整

采购单位要求社会资本提供中标通知书或合同、竣工报告或竣工验收报告等，如果社会资本缺少一项就会导致无法证明其有效性而废标。

7.响应文件应对采购文件中实质性要求做出响应

社会资本要对有关工期、质量、响应有效期、技术标准、招标范围等采购文件中实质性要求做出响应。否则，会因不响应实质性要求被废标。

8.相关材料须完整，字迹须清晰

响应文件中所附的相关材料，一定要完整、清晰。否则，会因资料不完整、字迹模糊而被认定为无效投标。

9. 工程量清单须保持一致

投标报价中填写的工程量清单的项目编码、项目名称、项目特征、计量单位、工程量，必须与招标工程量清单一致。否则，会因不符合响应性评审要求被认定为废标。

10. 其他要求

响应文件中的农民工工资支付、承诺条款等要与采购文件保持一致。承诺条款、用词要确切，不允许有保留或留有其他余地。否则，会因不响应实质性要求被废标。

以上只是社会资本在投标活动中由于自身的疏忽而导致的常见废标、无效标的情形，类似的情形还有许多，特别是国家在推广电子招投标，电子清标环节将更为严格。社会资本要确保有效投标，第一，响应文件编制人员要提高业务素质，认真学习、熟悉采购文件的各项规定和要求；第二，社会资本要严格按照采购文件的各项要求编制响应文件和准备资格审查材料，做到严谨细致，不得有丝毫疏漏和懈怠；第三，社会资本要善于运用法律法规赋予的提出异议的权利，维护切身利益，对采购文件规定的条款有异议或需要澄清的，按法定时限提出，如逾期再反映，则会因时效性导致其异议权灭失。总之，希望社会资本强化响应文件编制人员的管理和业务培训，围绕采购文件规定的要求精心编制响应文件，特别是形式评审、资格审查、响应性评审涉及的条款以及重大偏离的情形都要认真、全面地把握，避免投标无效或废标，提高投标的成功率。

第十章

PPP 项目合同法律法规与文本编制

在PPP项目的全生命周期内，除了政府与社会资本双方当事人外，还会涉及多个主体，比如融资方、承包商、分包商、原料供应商、运营商、保险公司以及专业机构等。项目从前期的投融资到中期的项目公司设立、项目建设，再到后期的运营，在各主体之间会产生一系列的合同，构成PPP项目合同体系。

一、PPP项目合同体系

在PPP项目中，项目参与方通过签订一系列合同来确立和调整彼此之间的权利与义务关系，由此构成了PPP项目合同体系。PPP项目合同体系通常包括PPP项目合同、股东协议、履约合同（包括工程承包合同、运营服务合同、原料供应合同、产品或服务购买合同等）、融资合同和保险合同等，见图10–1。其中，PPP项目合同是整个合同体系的基础和核心。在PPP项目合同体系中，各个合同之间并非完全独立、互不影响，而是紧密衔接、相互贯通的。

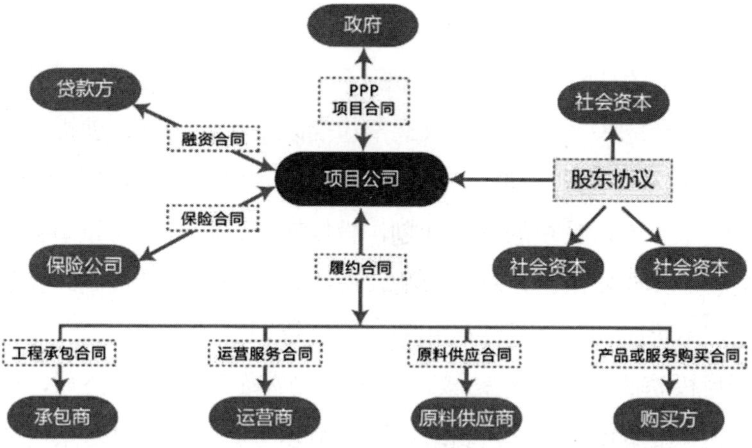

图10-1　PPP项目合同体系

（一）PPP项目合同

PPP项目合同是政府与社会资本签订的约定项目合作主要内容和双方基本权利与义务的协议。其目的是在政府和社会资本之间合理分配项目风险，明确双方的权利与义务，保障双方能够依据合同约定合理主张权利，妥善履行义务，确保项目在全生命周期内顺利实施。PPP项目合同是其他合同的基础，也是PPP项目合同体系的核心。

在项目初期，当项目公司尚未成立时，政府先与社会资本（项目投资人）签订意向书、备忘录或者框架协议，以明确双方的合作意向，详细约定双方有关项目开发的关键权利和义务。待项目公司成立后，由项目公司与政府重新签署正式的PPP项目合同或者签署关于承继上述约定的补充合同。PPP项目合同通常也会对PPP项目合同生效后政府与项目公司及其母公司之前就本项目所达成的协议是否存续进行约定。

（二）股东协议

股东协议由项目公司的股东签订，用以在股东之间建立长期的、有约束力的合约关系。股东协议通常包括以下主要条款：前提条件，项目公司的设立和融资，项目公司的经营范围，股东权利，履行PPP项目合同的股东承诺，股东的商业计划，股权转让，股东会、董事会、监事会的组成及其职权范围，股息分配，违约、合同终止及合同终止后的处理机制，不可抗力，适用法律和争议解决等。

项目投资人订立股东协议的主要目的在于设立项目公司，由项目公司负责项目的建设、运营和管理。因此，项目公司的股东可能会包括参与项目建设和运营的承包商、原料供应商、运营商、融资方等主体。在政府直接参股项目公司的情况下，政府与其他股东相同，享有股东的基本权益，同时也需要履行股东的相关义务并承担项目风险。股东协议除了规定股东之间权利与义务的一般条款外，还可能包括与项目实施相关的特殊规定。例如，承包商作为项目公司股东，其双重身份可能会导致股东之间一定程度的利益冲突。这种利益冲突会在股东协议中予以反映，进而在一定程度上限制承包商的股东权利。

（三）履约合同

1. 工程承包合同

项目公司一般只作为融资主体和项目管理者而存在，本身不一定具备自行设计、采购、建设项目的条件，因此可能会将部分或全部设计、采购、建设工作委托给工程承包商并签订工程承包合同。项目公司既可以与单一承包商签订总承包合同，也可以分别与不同承包商签订合同。当然，对于承包商的选择要遵循相关法律法规的规定。由于工程承包合同的履行情况往往直接影响PPP项目合同的履行，进而影响项目的贷款偿还和收益情况，因此，为了有效地转移项目建设期间的风险，项目公司通常会与承包商签订一个固定价格、固定工期的“交钥匙”合同，将工程费用超支、工期延误、工程质量不合格等风险全部转移给承包商。此外，工程承包合同中通常还会包括履约担保和违约金条款，进一步督促承包商妥善履行合同义务。

2.运营服务合同

根据PPP项目运营内容和项目公司管理能力的不同，项目公司有时会考虑将项目全部或部分的运营和维护事务外包给有经验的运营商，并与其签订运营服务合同。在个案中，运营维护事务的外包可能需要事先取得政府的同意。但是，PPP项目合同中约定的项目公司的运营和维护义务并不因项目公司将全部或部分运营维护事务分包给其他运营商实施而得到豁免或解除。

3.原料供应合同

有些PPP项目在运营阶段对原料的需求量很大，而且原料成本在整个项目运营成本中的占比较大，同时受到价格波动、市场供给不足等因素影响，无法保证能够随时在公开市场上以平稳价格获取，继而可能会影响整个项目的持续稳定运营。因此，为了防控原料供应风险，项目公司通常会与原料的主要供应商签订长期的原料供应合同，并且约定一个相对稳定的原料价格。原料供应合同通常包括以下条款：交货地点和供货期限、供货要求和价格、质量标准和验收、结算和支付、合同双方的权利与义务、违约责任、不可抗力、争议解决等。除此之外，原料供应合同通常还会包括“照供不误条款”，即要求供应商以稳定的价格、稳定的质量及品质为项目提供长期稳定的原料。

4.产品或服务购买合同

在PPP项目中，项目公司的主要投资收益来源于项目提供的产品或服务的销售收入，因此保证项目产品或服务有稳定的销售对象对于项目公司十分重要。根据PPP项目付费机制的不同，项目产品或服务的购买者可能是政府，也可能是最终使用者。在一些产品购买合同中会包括“照付不议”条款，即项目公司与产品的购买者约定一个最低采购量。只要项目公司按照最低采购量供应产品，不论购买者是否需要采购该产品，均应按照最低采购量支付相应价款。

（四）融资合同

从广义上讲，融资合同可能包括项目公司与贷款方签订的项目贷款合同、担保人就项目贷款与贷款方签订的担保合同、政府与贷款方和项目公司签订的直接介入协议等多个合同。其中，项目贷款合同是最主要的融资合同。

项目贷款合同通常包括以下条款：陈述与保证、前提条件、偿还贷款、担保与保障、抵销、违约、适用法律与争议解决等。同时，出于贷款安全性的考虑，贷款方往往要求项目公司以其财产或其他权益作为抵押或质押，或由其母公司提供某种形式的担保或由政府做出某种承诺。这些融资保障措施通常会在担保合同、直接介入协议以及PPP项目合同中具体体现。

（五）保险合同

由于PPP项目通常资产规模大、生命周期长，负责项目实施的项目公司及其他相关参与方通常需要对项目融资、建设、运营等不同阶段的不同类型风险分别进行投保。通常来说，PPP项目可能涉及的保险种类包括货物运输险、建筑工程险、针对设计或其他专业服务的专业保障险、针对间接损失的保险、第三者责任险、政治风险保险、运营期保险等。

（六）其他合同

在PPP项目中可能还会涉及其他合同，比如与专业中介机构签署的投资、法律、技术、财务、税务等方面的咨询服务合同。

二、PPP项目合同的法律依据

对于PPP合同指南，财政部和国家发展和改革委员会分别发布了各自的版本，财政部发布的为《PPP项目合同指南（试行）》，国家发展和改革委员会发布的为《政府和社会资本合作项目通用合同指南（2014年版）》。

（一）《政府和社会资本合作项目通用合同指南（2014年版）》

为规范PPP项目合同的编制工作，鼓励和引导社会资本投资，增强公共产品供给能力，2014年12月2日，国家发展和改革委员会根据《国务院关于创新重点领域投融资机制鼓励社会投资的指导意见》（国发〔2014〕60号）有关要求，印发了《国家发改委关于开展政府和社会资本合作的指导意见》（发改投资〔2014〕2724号），同时以附件形式公布了《政府和社会资本合作项目通用合同指南（2014年版）》。

《政府和社会资本合作项目通用合同指南（2014年版）》主要反映合同的一般要求，采用模块化的编写框架，共设置十五章、86条，适用于不同模式合作项目的投融资、建设、运营和服务、移交等阶段，具有较强的通用性。原则上，所有模式项目合同的正文都应包含10个通用模块：总则、合同主体、合作关系、项目前期工作、收入和回报、不可抗力和法律变更、合同解除、违约处理、争议解决，以及其他约定。其他模块可根据实际需要灵活选用，例如，采用BOT模式的项目，其项目合同除了10个通用模块之外，还需选用投资计划及融资、工程建设、运营和服务、社会资本主体移交项目等模块。

（二）《PPP项目合同指南（试行）》

2014年12月30日，财政部根据《财政部关于推广运用政府和社会资本合作模式有关问题的通知》（财金〔2014〕76号）和《关于印发政府和社会资本合作模式操作指南（试行）的通知》（财金〔2014〕113号），为科学规范推广运用PPP模式，印发了《关于规范政府和社会资本合作合同管理工作的通知》（财金〔2014〕156号），同时以附件形式公布了《PPP项目合同指南（试行）》。

《PPP项目合同指南（试行）》全篇61 000余字，不仅规定了PPP项目合同的内容要素，同时对各内容要素进行了法律及商务层面的分析，并提出各方权利义务分配及风险分担的指导原则，甚至就部分重点内容列出了示范性条款。PPP项目各参与方在研究PPP项目及拟定PPP项目合同过程中，可将其作为一份极具指导性和可操作性的材料。

《PPP项目合同指南（试行）》不仅关注PPP项目合同本身的结构内容，还介绍了广义上的PPP项目各主要参与方，包括政府、社会资本、融资方、承包商和分包商、原材料供应商、专业运营商、保险公司、产品或服务购买方以及专业机构在PPP项目中的角色和作用，并介绍了在PPP项目各主要参与方之间形成的整个PPP项目合同体系，以使政府和社会资本对PPP项目和PPP项目合同有更加全面准确的把握。

（三）《政府和社会资本合作项目通用合同指南（2014年版）》与《PPP项目合同指南（试行）》的区别和联系

1.两份PPP项目合同指南的相同点

（1）两者均作为指导性的文件，可供参考使用。《PPP项目合同指南（试行）》在其“编制说明”中明确指出：“编制本指南，以帮助PPP项目各参与方全面系统地认识PPP项目合同，指导合同的订立和履行。”《政府和社会资本合作项目通用合同指南（2014年版）》也在其“使用说明”中明确指出：“在项目招标或招商之前，政府应参考《合同指南》组织编制合同文本，并将其作为招标或招商文件的组成部分。”以及“各行业管理部门可参考《合同指南》，分别研究制定相应行业的标准合同范本”。两份PPP项目合同指南与国家发展和改革委员会会同有关部门制定的施工类合同不同，该类施工合同具有强制性，比如国家发展和改革委员会、财政部等九部委局共同制定并公布的《中华人民共和国标准施工招标文件》（2007年版）中的施工合同，而两份PPP项目合同指南均作为指导性的文件，不具有强制性。

（2）均强调政府与社会资本的民事平等主体地位。《PPP项目合同指南（试行）》在其“编制说明”中明确指出：“PPP从行为性质上属于政府向社会资本采购公共服务的民事法律行为，构成民事主体之间的民事法律关系。”且在其第二十节“适用法律及争议解决”中将“仲裁”列为争议解决的方式之一。而众所周知的是，只有特定的民事合同可以采用仲裁的争议解决方式，行政纠纷只能通过行政复议、行政诉讼的方式解决。《政府和社会资本合作项目通用合同指南（2014年版）》也在其“使用说明”中明确指出：“强调合同各方的平等主体地位。合同各方均是平等主体，以市场机制为基础建立互惠合作关系，通过合同条款约定并保障权利义务。”

（3）均有完整严密的合同体系架构。《PPP项目合同指南（试行）》共四章、二十九节，全面系统介绍PPP项目合同体系，说明各主要参与方在PPP项目中的角色及订立相关合同的目的，阐述PPP项目合同的主要内容和核心条款，具体分析合同条款中的风险分配原则、基本内容和权利义务安排。《政府和社会资本合作项目通用合同指南（2014年版）》由合同正文和合同附件组成，主要反映合同的一般要求，采用模块化的编写框架，共设置十五章、86项条款，适用于不同模式合作项目的投融资、建设、运营和服务、移交等阶段，具有较强的通用性。

（4）均为原则性的指南而非合同。不管是《PPP项目合同指南（试行）》，还是《政府和社会资本合作项目通用合同指南（2014年版）》，它们均是指南，而不是合同。与我们通常看到的《中华人民共和国标准施工招标文件》（2007年版）中的施工合同文本、《中华人民共和国标准设计施工总承包招标文件》（2012年版）中的合同文本、《商品房买卖合同示范文本》、《建设工程设计合同示范文本（专业建设工程）》（GF-2015-0210）、《城镇供热特许经营协议示范文本》（GF-2006-2503）、《建设项目工程总承包合同示范文本（试行）》（GF-2011-0216）等均有重大区别，后面的这些示范合同文本或合同，是标准的合同条款与格式，是可以直接拿来使用的。但是，《PPP项目合同指南（试行）》和《政府和社会资本合作项目通用合同指南（2014年版）》，它们不是合同，仅仅只是制定或拟定PPP项目合同的指引、参考，PPP项目合同需要由政府和社会资本共同制定或商讨。迄今为止，PPP项目合同在我国，没有示范合同文本，也没有标准文本。

2.两份PPP项目合同指南的不同点

（1）篇幅内容不尽相同。《PPP项目合同指南（试行）》全文61 000余字，《政府和社会资本合作项目通用合同指南（2014年版）》全文12 000余字。《PPP项目合同指南（试行）》的全篇字数是《政府和社会资本合作项目通用合同指南（2014年版）》的5倍多。篇幅多了，内容相应就会更多。

（2）可操作度不尽相同。财政部公布的《PPP项目合同指南（试行）》与国家发展和改革委员会公布的《政府和社会资本合作项目通用合同指南（2014年版）》所阐述的PPP项目合同的主要内容和核心条款基本相同，可以看出两部委对PPP项目合同的主要内容认识是比较一致的，但国家发展和改革委员会是大纲式地提出PPP项目合同所需具备的要点内容，而财政部则是对各项要点内容进一步细化和补充，从战略层面进一步细化到战术层面，操作性更强一些。

（3）结构体系不尽相同。《PPP项目合同指南（试行）》除了对“PPP项目合同的主要内容”进行专章共21节予以规定外，还另外分三章分别对“PPP项目主要参与方”“PPP项目合同体系”“不同付费机制下的核心要素”“不同行业下的特定条款”予以规定。《政府和社会资本合作项目通用合同指南（2014年版）》仅对PPP项目合同的主要内容进行大纲性的规定。《PPP项目合同指南（试行）》还图文并茂，用了两张图，分别清晰地显示出PPP的项目合同体系和分层级的使用量付费机制，更能让人理解其内容。

（4）对项目参与方的规定不尽相同。《PPP项目合同指南（试行）》除了对政府方和社会资本予以规定外，还对PPP项目的其他参与方如融资方、承包商和分包商、原料供应商、专业运营商、保险公司以及专业机构等予以规定。并特别指出："在PPP项目中，除项目合同外，项目公司的股东之间，项目公司与项目的融资方、承包商、专业运营商、原料供应商、产品或服务购买方、保险公司等其他参与方之间，还会围绕PPP项目合作订立一系列合同来确立和调整彼此之间的权利义务关系，共同构成PPP项目的合同体系。PPP项目合同是整个合同体系的基础和核心。"在《政府和社会资本合作项目通用合同指南（2014年版）》中，在其第二章"合同主体"中仅规定政府方和社会资本方。

（5）对通用性与特殊性的兼顾不尽相同。《PPP项目合同指南（试行）》除了在其第二章"PPP项目合同的主要内容"对PPP项目合同的通用性做了规定外，还分两章，即第三章"不同付费机制下的核心要素"和第四章"不同行业下的特定条款"从政府付费、使用者付费和可行性缺口补助三种付费机制及公共交通项目、公用设施项目、社会公共服务项目三类行业项目，详细地剖析了不同类型PPP项目的核心要素和特定条款，同时兼顾通用性与特殊性。但是《政府和社会资本合作项目通用合同指南（2014年版）》，在兼顾特殊性上，稍弱一些，且强调"原则上，所有模式项目合同的正文都应包含10个通用模块：总则、合同主体、合作关系、项目前期工作、收入和回报、不可抗力和法律变更、合同解除、违约处理、争议解决，以及其他约定"。

以上是对《PPP项目合同指南（试行）》和《政府和社会资本合作项目通用合同指南（2014年版）》对比分析，当然此两份合同指南还有其他很多相同点和不同点。总体来说，两份合同指南，效力相当，互为指引，相互补充。

三、PPP项目合同的主要内容

不同行业、不同付费机制、不同运作模式的PPP项目合同可能千差万别，但它们包括一些共性的条款和机制。下面介绍PPP项目合同中具有共性的主要内容。

（一）总则部分

总则部分应具体包括合同相关术语的定义和解释、合同签订的背景和目的、声明和保证、合同生效条件、合同体系构成等。

（二）合同主体

合同主体重点明确项目合同各主体资格，并概括性地约定各主体的主要权利和义务。合同主体一般包括政府主体、社会资本主体。合同主体的界定主要是通过主体资格界定、权利界定以及义务界定等方法来进行。

（三）合作关系

合作关系应主要约定政府和社会资本合作关系的重要事项，包括合作内容、项目合同期限、排他性约定、合作的履约保证、风险分配等。

1.关于项目合同期限

项目合同期限规定有两种方式：自合同生效之日起一个固定的期

限；分别设置独立的设计建设期间和运营期间，并规定运营期间为自项目开始运营之日起的一个固定期限。这里面最容易产生纠纷的地方在于在采用分别设置设计建设期间和运营期间的情况下，当出现工期延误，需要判断是否属于合同约定的延长期限情形（采用这种方式规定合同期限，应同时规定属于延长期限的情形）。

2.关于履约保证

一般由投资竞争保函、建设履约保函、运营维护保函和移交维修保函组成履约保函体系，但并不是所有的项目都需要履约保函，因为社会资本成立项目公司的目的之一就是通过项目责任的有限追索来实现风险剥离（项目公司的投资人仅以其在项目公司中的出资为限对项目承担责任），多数情况下，项目公司的母公司本身可能并不愿意为项目提供额外的担保。另外，PPP 项目本身通常已经设置了一些保证项目公司按合同履约的机制（例如付费机制和项目期限机制等），足以激励和约束项目公司妥善履约。因此，为了更好地实现物有所值，在具体项目中是否需要项目公司提供履约担保，需要提供何种形式的担保以及担保额度，均需要具体地分析和评估。

3.关于风险分配

在财政部《PPP项目合同指南（试行）》中明确了风险分配原则：项目设计、建造、财务和运营维护等商业风险由社会资本承担，法律、政策和最低需求等风险由政府承担，不可抗力等风险由政府和社会资本合理共担。风险分配的边界很清晰，但很多项目合同具体条款有悖于风险分配的原则，如一些污水处理项目的建造和运营维护等商业风险，社会资本方通过“政府兜底”方式将其转移给了政府方。

（四）投资计划及融资方案

投资计划及融资方案重点约定项目投资规模、投资计划、投资控制、资金筹措、融资条件、投融资监管及违约责任等事项。

（五）项目前期工作

项目前期工作重点约定合作项目的前期工作内容、任务分工、经费承担及违约责任等事项。

（六）工程建设

工程建设重点约定合作项目的工程建设条件，进度、质量、安全要求，变更管理，实际投资认定，工程验收，工程保险及违约责任等事项。

（七）移交资产

移交资产重点约定项目资产权属，社会资本主体向政府移交资产的准备工作、移交范围、履约标准、移交程序及违约责任等。

关于项目资产权属。在财政部《PPP项目合同指南（试行）》中对此没有明确的概念描述，在发改委《政府和社会资本合作项目通用合同指南（2014年版）》中出现在第8条第5项：项目资产权属是指明确合作各阶段项目有形及无形资产的所有权、使用权、收益权、处置权的归属。PPP项目用地一般都是划拨土地，不管是划拨还是出让，通常应明确未经政府批准，项目公司不得将该项目涉及的土地使用权转让给第三方或用于该项目以外的其他用途。项目土地附着物、建（构）筑物、污水处理设施及设备等产权（所有权）属于政府方，在特许经营期内由项目公司使用，期满后即由项目公司无偿地移交给政府或政府指定的单位。同时，在项目经营期间获得的各类知识产权通常也明确随整体项目移交给政府方。

（八）运营和服务

运营和服务重点约定合作项目运营的外部条件、运营服务标准和要求、更新改造及追加投资、服务计量、产出说明、履约保证、政府监管、政府支付方式、运营支出及社会资本方公共责任等事项。

1.关于产出说明

产出说明应明确产出规模（服务能力）和产出技术标准，如在污水处理项目中，产出说明很多都是列举几项水质指标。产出说明要站在维护公共利益、提高运营效率的基础上，既考虑眼前要求，也考虑未来变化，既照顾到国内标准，也借鉴国外行规，充分意识到经济社会的发展性，为充分实现项目的效益最大化定好标准。

2.关于政府支付方式

该项内容通常涵盖了支付通知、付款、异议处理、违约金计算方式等广义的支付方式。一般项目合同中都约定将付费纳入本级财政预算，有的也要求政府方提供约3个月的支付保函。

3.关于社会资本方公共责任

对该项内容的约定大致如下：政府方本着尊重社会公众的知情权，鼓励公众参与监督的原则，有权及时将项目公司的产品和服务质量检查、监测、评估结果和整改情况以适当的方式向社会公布；项目公司受理公众对项目公司的投诉，并进行核实处理；遇紧急情况，在可能严重影响公众利益的情况下，项目公司可依法对项目进行临时接管；项目公司接受政府部门的行业监管，服从社会公共利益，履行对社会公益性事业应尽的义务和服务。但如果能够约定得更具操作性，即可以避免纠纷，如在财政部《PPP项目合同指南（试行）》中，明确了公众监督的具体内容。在实践中，项目公司在运营期间需要公开披露的信息主要包括项目产出标准、运营绩效等。

（九）社会资本主体移交项目

该项内容重点约定社会资本主体向政府移交项目的过渡期、移交范围和标准、移交程序、质量保证及违约责任等。

（十）收入和回报

该项内容重点约定合作项目收入、项目回报机制、价格确定和调整方式、财务监管及违约责任等事项。

1.关于项目回报机制

项目回报机制指的是项目收入的来源方式，主要包括使用者付费、可行性缺口补助和政府付费三种方式，由项目自身经营属性所决定具体采用何种方式。目前的一些PPP项目合同中的回报机制还不完善，双方的权利义务还不平衡，需要不断地探索适合具体项目的回报机制，从而对社会资本产生吸引力，避免产生超额利润，避免增加财政负担。

2.关于价格调整机制

价格调整机制有公式调整机制和协商调整机制两种。目前采用比较多的是公式调整机制，如污水处理项目，通常会以电费、人工费、化学药剂费、企业税收等指数作为主要的调价因子，当上述因子变动达到约定的幅度时即可触发调价程序，按调价公式自动调整定价。这里需要关注的有两点。一是各调价因子在总调价公示中的比重目前没有统一的标准，同样是污水处理项目，有的地方人工费因子占比较大，有的地方电费因子占比较大。所以合理确定权重是一项重要工作，目前尚缺乏权威部门的指导意见。二是调价频率，目前有的地方是一年一次，有的地方是两年或者三年一次。

（十一）不可抗力和法律变更

该项内容重点约定不可抗力事件范围以及法律变更的处理原则。

（十二）项目应急处置、临时接管和提前终止

该项内容实质上是出于维护社会公共利益的需要而实施的一种政府介入机制。在项目合同中约定介入机制，应区分在项目公司违约和未违约两种情形下的具体情况，并特别明确政府介入后的法律后果，以便给项目公司明确的交代，让其心里有底。

（十三）项目合同变更、展期、改建扩建

该项内容实质上是合同的变更，在具体设置时应详细明确以下几个方面。

- 触发条件：如因政策或外部环境发生重大变化，需要变更运营服务标准等。
- 变更程序：包括变更提出、评估、批准、认定等。
- 新增投资和运营费用的承担责任。
- 各方利益调整方法或处理措施。

这几个方面在财政部《PPP项目合同指南（试行）》中都有较明确的指引条款。

（十四）合同解除

该项内容重点约定合同的退出机制，即明确合同解除事由、解除程序以及合同解除后的结算、项目移交等事项。

（十五）违约处理

该项内容对于合同中涉及违约的各种情形予以集中约定，并对相应的违约责任进行明确和细化。

（十六）争议解决

该项内容重点约定争议解决方式，如协商、调解、仲裁或诉讼。

（十七）其他约定

约定项目合同的其他未尽事项，包括：合同变更与修订、合同的转让、保密条款、信息披露、廉政和反腐，合同适用的法律、语言、货币等事项。

需要说明的是，在实际操作中，PPP项目合同可能还会包括一系列附件，包括合同签订时形成的附件，也包括合同履行过程中针对特定事项双方达成的补充协议，这些文件对于双方均有相应的约束力。

四、PPP项目合同核心条款设计

PPP项目合同是PPP项目合同体系的核心所在，是政府实施机构与中选社会资本／项目公司确定PPP项目合作的核心边界条件、经济技术指标等权责关系的重要文件。如何合理设置协议条款是PPP项目合作方均应关注的问题。下文对于PPP项目合同的要点进行了分析，并就重要事项给出了示范条款。就具体PPP项目而言，协议要点还应有所侧重。

（一）项目的合作范围及合作期限

1.项目的合作范围

PPP项目的合作范围属于PPP项目合同的核心条款，主要明确PPP项目合作各方针对具体的PPP项目在哪些事项上即将开展合作、建立合作关系。根据具体的PPP项目运作模式和实际情况，项目的合作范围可包括设计、投融资、建设、运营、维护、移交中的一项或多项。

在实践操作中，PPP项目的合作范围应当具有排他性，应当明确合作项目的边界，防止在项目合作期限、特定区域内，出现相同或者类似项目。

如涉及投资的，应明确投资标的物的范围；涉及工程建设的，应明确项目建设内容；涉及提供服务的，应明确服务对象及内容等。

示范条款：

由中选社会资本或PPP项目公司负责本项目的投融资、设计、建设、运营维护、移交等工作。具体的合作范围如下：

- 项目的投融资范围；
- 项目的设计范围；
- 项目的建设范围；
- 项目的运营维护范围；
- 项目的移交范围；
- 其他。

2.项目的合作期限

（1）如何设定项目合作期限。在PPP项目的实际操作层面，针对项目合作期限条款的设置，存在两种做法：单时段合作期限、双时段合作期限。

单时段合作期限：自双方签署的PPP项目合同生效之日起，至特定时间段终止。在PPP项目的实际操作中，项目合作期限通常与中选社会资本或者项目公司获得政府方授予的经营权期限是相对应的。

示范条款：

本项目合作期限自PPP项目合同生效之日起至___年___月___日止，共计___年。

双时段合作期限：将项目合作期限分为两个阶段（建设期间和运营期间），对建设期间和运营期间分别计算合作期限，一般是自PPP项目合同生效之日起算，至特定时段终止。在该模式下，如果建设期出现任何延误，不论该延误是否属于可延长期限情形，对运营期间不产生任何影响（PPP项目合作各方另行约定的除外），PPP项目公司／中选社会资本仍以协议约定的运营期间进行项目的运营。而采用单时段合作期限模式的PPP项目，如果出现不属于可延长期限的情形，运营期限缩短将直接影响项目公司的运营收益。

示范条款：

本项目合作期限自PPP项目合同生效之日起至___年___月___日止，其中建设期自本协议生效之日起至___年___月___日止，共计___年／天；运营期自正式运营日至___年___月___日止，共计___年／天。

（2）设定PPP项目合作期限应考虑的因素。

- 项目投资人的投入资金，重点关注项目自有资金与债务性资金的比例以及债务性资金的还款来源；
- 项目投资的回报机制，重点考虑PPP项目属于何种付费机制；
- 政府及项目投资人的财政可承受能力；
- 项目的设计、建设、维护期限；
- 项目资产的技术、经济生命周期；
- 法律规范对于项目合作期的规定；
- 项目的风险分配方案；
- 项目的运作模式；
- 其他影响因素。

（3）合作期限的延长。在PPP项目实际操作中，由于采用的项目运作模式不同，项目的合作期限长短各异。由于项目风险分担的责任主体不同，应当在项目开始执行前考虑项目合作期限延长情形及相应的应对措施。通常认为，PPP项目合作期限延长及处理，属于政府与中选社会资本或者项目公司自由约定的范畴。

示范条款：

在本项目合作期限内出现以下情况的，项目合作期限相应顺延：

- 因不可抗力导致合作期限顺延的；
- 政府方违约导致中选社会资本/项目公司延误履行其合同义务的；
- 发生政府方应承担的风险导致项目公司延误履行其合同义务的；
- 双方约定的其他顺延事由。

（二）项目的用地条款

基础设施和公共服务领域的PPP项目，尤其是新建项目，要解决的重大问题就是项目用地问题。由于我国土地所有权属于国家及集体所有，国家允许就土地所有权进行流转。在PPP项目合同中，项目用地条款通常涉及项目土地使用权的取得方式、取得费用等事项。

1.土地使用权的取得

（1）基本原则："效率、优势"原则。在实际操作中，PPP项目取得土地使用权普遍遵循"效率、优势"原则，即由合作双方中取得土地更有能力、更有优势的一方负责取得项目用地。这种"效率、优势"原则符合PPP模式制度设计所要实现的效果——依法、规范、高效实施PPP项目。

（2）土地使用权取得方式。在实践中存在两种模式：由政府方负责提供土地使用权、由政府方协助项目公司获得土地使用权。根据是否有偿取得，项目用地取得方式分为无偿划拨和有偿取得两种。

- 符合《划拨用地目录》（中华人民共和国国土资源部令第9号）

的PPP项目用地可通过划拨方式取得项目用地。根据《中华人民共和国土地管理法》第五十四条和2010年10月22日起施行的《划拨用地目录》(中华人民共和国国土资源部第9号令)规定,城市基础设施用地、公益事业用地,国家重点扶持的能源、交通、水利等基础设施用地,可以以划拨方式取得,但应当经县级以上人民政府依法批准。

- 不符合《划拨用地目录》(中华人民共和国国土资源部令第9号)的PPP项目,应当以招标、拍卖、挂牌、租赁以及作价出资或入股等有偿方式取得项目用地,具体方式取决于项目本身的特点以及项目所在地的土地管理实践。

第一,若项目用地被国土部门认定为经营性用地的,则需要通过招标、拍卖或者挂牌等方式取得;若项目用地被国土部门认定为非经营性用地的,则一般可通过协议出让方式取得。在实践中,经营性PPP项目和准经营性PPP项目往往因其有对外经营收费的特点导致项目用地在部分地区被国土部门认定为经营性用地。根据《招标拍卖挂牌出让国有土地使用权规定》和《协议出让国有土地使用权规定》,经营性用地应当通过招标、拍卖和挂牌三种出让方式出让;非经营性用地仅有一个意向用地者的方可采用协议出让,若有两个或两个以上意向用地者的则亦应通过招标、拍卖或挂牌方式进行出让。

第二,不符合《划拨用地目录》(中华人民共和国国土资源部令第9号)的项目,除了招标、拍卖、挂牌方式外,亦可通过租赁方式取得项目用地。租赁方式取得项目用地的,需要注意PPP合作期限与土地使用权租赁期限不一致的风险处理。根据《中华人民共和国合同法》的规定,租赁合同最长不超过20年。目前,除了养老服务设施用地有例外规定,其他基础设施领域尚未有例外规定。若是PPP合作期限长于租赁年限的,尚有租赁期限到期后的续租风险问题,PPP项目合同对此风险应当做出防范安排。

第三，政府还可通过以项目所占用的土地使用权作价出资或者入股方式为项目用地提供支持。以作价出资或者入股方式取得土地使用权的，原则上应当以市、县人民政府作为出资人，制订作价出资或者入股方案，经市、县人民政府批准后实施。

2.项目土地使用权的用途及限制

由于PPP项目合作范围内的土地使用权是专门用于PPP项目的建设及运营等实施事项，不能从事其他任何的经营性活动。如《国务院关于加快发展养老服务业的若干意见》（国发〔2013〕35号）规定：严禁养老设施建设用地改变用途、容积率等土地使用条件搞房地产开发；以PPP模式建设运营的公益性项目中，公园内不得修建与其性质无关的、单纯以盈利为目的的餐厅、旅馆和舞厅等建筑。公园中方便游人使用的餐厅、小卖店等服务设施的规模应与游人容量相适应；违反该项目用地特定用途的，将面临由城市人民政府城市绿化行政主管部门或者其授权的单位责令限期迁出或者拆除，可以并处罚款，造成损失的，应当负赔偿责任。

示范条款：

中选社会资本/PPP项目公司仅能将本项目项下的土地使用权用于本项目的建设，未经政府方的书面同意不得将该土地使用权的全部或部分用于本项目之外的其他任何目的和用途。

（1）土地使用权的抵押。在PPP项目的实际操作领域，由于项目在全生命周期内需要大量资金投入，而融资风险通常由社会资本或其设立的项目公司承担，为降低融资风险和融资成本，社会资本或项目公司在对外融资过程中，往往都希望利用项目的自身资产（包括设定土地使用权抵押等方式）融取更多资金，降低融资成本。

但无论是无偿取得还是有偿取得项目用地的，基于PPP项目的公益属性，PPP项目合同中往往对土地使用权的抵押都会有所限制。较为合理的做法是，在PPP项目合同中将包括土地使用权在内的项目资产抵押或者质押权仅设定以本项目融资为目的，排除其他用途。

示范条款：

除为本项目的融资之目的且经项目实施机构书面批准同意外，乙方不得以其他目的对本项目的资产、设施和设备、预期收益以及其他收费权（如有）进行转让或设置担保权益。

需要注意的是，若是以划拨用地使用权抵押融资的，在进行划拨土地使用权抵押登记前，应评估土地使用权价值，抵押权人在行使抵押权时应按规定补缴土地使用权出让金。

（2）政府方的场地出入权。项目公司在项目合作期间，作为项目用地的实际使用人，对项目用地享有独占使用的排他性权力。但是，政府方为保障其对项目进展拥有一定的监督权，会在PPP项目合同中明确其享有出入项目设施场地的权力，此种权力属于合同权力而非行政监管的行政权力。

示范条款：

政府方的场地出入权：

- 在遵守一般的安全保卫规定，不影响本项目的正常建设和运营情况下的场地出入；
- 经合理的通知后出入项目场地；
- 以检查建设进度、监督中选社会资本/PPP项目公司履约情况为目的出入场地。

社会资本或PPP项目公司在取得项目用地时，可能涉及的土地费用包括土地出让金、土地补偿费、安置补助费、地上附着物和青苗补偿费、土地恢复平整费以及临时使用土地补偿费等。对于上述费用的承担责任及承担比例，应当在PPP项目合同中予以明确，若约定由社会资本或项目公司承担部分或全部费用的，相应费用应纳入项目总投资，并计取合理回报。

示范条款：

本项目所用土地如涉及征地、拆迁和安置的，由政府方负责完成该土地的征用补偿、拆迁、场地平整、人员安置等工作并自行承担相应费用，向中选社会资本/PPP项目公司提供没有设定他项权利、满足开工条件的净地作为项目用地。

（三）项目融资条款

在PPP项目实际操作中，政府方一般要求由社会资本主导、项目公司负责项目融资。项目融资风险的控制对于PPP项目的成功运作非常重要。项目融资条款包括项目公司的融资权利和义务、融资方权利及项目再融资等内容，这些内容散见于PPP项目合同各条款中。

1.项目公司的融资权利和义务

（1）项目公司负责对外融资。项目公司作为PPP项目的特殊目的公司，负责项目的具体执行，包括对外融资。在实践中，为防范项目实施风险，PPP项目合同往往会约定将项目公司完成融资交割作为合同生效的前提条件之一，如果未在约定期间内完成融资交割且未被豁免的，将影响PPP项目合同的正常履行；如因项目融资不到位无法继续开展项目合作的，还可能会导致合同的终止或被没收履约保证金。

（2）PPP项目资产归属。以项目公司为主体对外融资时，项目公司的资产状况等财务指标会影响其主体信用评级，对于项目融资成本会产生直接的影响。所以，项目资产归属是PPP项目合同的重要条款之一。

PPP项目资产能否约定由中选社会资本/PPP项目公司所有，尚需结合现行法律法规加以分析。根据《中华人民共和国物权法》第五十二条的规定：铁路、公路、电信设施和油气管道等基础设施，依照法律规定为国家所有的，属于国家所有。以公路项目为例，《中华人民共和国公路法》第七条规定：公路受国家保护，任何单位和个人不得破坏、损坏或者非法占用公路、公路用地及公路附属设施。从立法本意理解，公路设施属国家所有。而对于法律没有明文规定的基础设施项目，则可根据"谁投资，谁拥有"的原则约定在合作期内由中选社会资本/PPP项目公司所有。

示范条款：

在本项目合作期内所形成的资产及其所有权归中选社会资本/PPP项目公司所有。合作期限到期或提前移交的，中选社会资本/PPP项目公司按照合同约定获得合理收益或合理补偿后，项目资产及其所有权移交给政府指定的接收机构，并依法办理相应的资产及其所有权转移手续，由此产生的费用依法分担。

2.融资方的权利

在通常的PPP项目合同中，项目公司负责对外融资及进行资产交割。提供资金的融资方在对项目提供资金时都会设定一些先决条件，以保障其对项目公司享有的主债权。

（1）融资方权利基础：融资文件。融资方及项目公司围绕PPP项目提供资金而签署的系列文件，明确各方的权利和义务，统称为融资文件。在PPP项目中，融资文件通常包括：基本融资协议，担保文件，信托或共同贷款人协议，发行债券、商业票据、股票承销报价等文件，掉期、期权、封顶和利率空间等可能涉及一个或几个贷款人或涉及第三方的附加融资文件。其中，基本融资协议是融资文件的核心，也是在PPP

项目合同中需要明确、具体化的条款。

（2）融资方的主债权。项目公司利用项目资产或权益对外融资，或者社会资本以其在项目公司中的股权等权利为担保进行对外融资的，在融资文件有效成立的前提下，融资方对项目公司或者社会资本方依约享有主债权。通常情况下，融资方需要项目公司针对其贷款提供担保，并将其作为发放贷款的先决条件。

在实现融资方主债权或者融资方行使担保物权时，可能会导致项目公司股权、资产或者权益的权属发生变更。因此，融资方会要求项目公司在PPP项目合同中明确：融资方有权处分项目资产或者权益，并且政府方同意由此产生的权属变动的法律效果。如前所述，融资方亦将该要求作为其发放贷款的先决条件。

（3）融资方的介入权。由于PPP项目具有较长的全生命周期，当发生项目公司或者政府方违约事件导致PPP项目合同终止且无法在约定期间内采取补救措施时，融资方通常要求在PPP项目合同中明确一旦出现该等情形其享有介入权。因此，对于融资方在PPP项目合同中的介入权情形、介入途径、介入措施等事项，应当通过介入协议或条款进行明确约定。

示范条款：

当中选社会资本/PPP项目公司发生违约事件且无法在约定期限内补救时，融资方有权根据项目实际情况自行或委托第三方在项目提前终止前对项目进行补救。

3.项目再融资

（1）以项目再融资获取稳定现金流。PPP项目需要有充足的现金流以保障项目的正常运转。在项目实施期间，需要对项目各阶段现金流需求及实际风险做出准确预测，一旦出现项目实际融资需求与原计划存在差异，特别是项目出现提标改造、投资人退出投资、新融资方式出现降低融资成本等情况，就需要考虑项目再融资的问题。

（2）项目再融资条件。在PPP项目合同中明确规定项目再融资情形，需要满足一定条件方能开展再融资。在实践中，项目再融资的条件包括：不影响项目正常实施且能够增加项目收益；经过政府批准程序；特殊情形下，政府方还可能要求对再融资所节省的费用享有一定比例的分成。

（3）再融资方式。目前，在PPP项目实际操作层面，再融资方式包括民间借贷、银行贷款、资产证券化、资产支持票据等方式。

（四）项目的建设条款

项目设施的建设条款并非所有PPP项目合同的必备条款，但是对于新建类（BOT）或者改建类（ROT）的PPP项目，项目设施的建设条款则属于项目协议的核心条款。项目设施的建设包含两部分：项目设计和项目建设。

1.项目设计

（1）项目设计的责任主体。项目设计根据项目类型不同，可能会分为方案设计、初步设计和施工图设计。项目设计的责任主体，通常属于合同双方在PPP项目合同内约定的范畴。常见分工为：方案设计由项目发起人负责；初步设计和施工图设计由项目公司负责。

（2）项目设计标准。在不违背强制性技术标准、技术规范的前提下，项目设计标准属于双方当事人自由约定的范畴，在PPP项目合同的项目建设条款中具体列明。

（3）设计审查。项目设计工作多由项目公司负责，政府方享有一定期限内审查设计文件并提出修改意见的权力。但是，项目公司对其设计不因政府方的审查行为而减轻或免除其应承担的设计责任。对于项目设计的审查约定，应当注重政府方审查设计范围、约定审查时间、提出修改意见程序、审查争议的解决程序。

示范条款：

- 项目设计的责任主体：在PPP项目合同生效后，中选社会资本／PPP项目公司应当按照法律、法规和工程建设强制性标准负责编制本项目的初步设计和施工图设计，完成全部设计工作。
- 项目设计的审查：设计文件完成后，中选社会资本／PPP项目公司应当组织有关专家或者委托有相应工程咨询或者设计资质的单位，对设计文件进行审查并出具审查意见；由中选社会资本／PPP项目公司将设计文件及审查意见报请政府主管部门审查批准或备案，在政府主管部门未完成审查及批准或备案前，中选社会资本／PPP项目公司不得进行项目的施工建设。

2.项目建设

（1）项目建设的责任主体。项目公司负责PPP项目的具体实施，项目建设作为项目公司在项目执行阶段的重要合同义务，由项目公司按照PPP项目合同约定的工期、质量标准等要求进行新建PPP项目的建设。

（2）项目建设标准及要求。在不违背强制性技术标准、技术规范的前提下，项目的建设标准及要求属于双方当事人自由约定的范畴，应当在PPP项目合同的项目建设条款中具体列明。通常而言，项目建设标准包含设计标准（可在项目设计条款中予以约定）、施工标准、竣工验收标准、安全及环境保护标准等。

3.政府方的介入权

PPP项目合同是政府和中选社会资本 / PPP项目公司就基础设施或公用服务领域，在合理分配风险的基础上设定彼此权利义务的合同。这种合作关系，决定了政府方对项目的执行阶段具有一定的介入权。但是，项目公司是PPP项目的具体实施单位，政府方对于项目的介入应当保持在一定限度内，并且政府方介入的事由、采取措施等均应当在PPP项目合同中明确约定。

（五）项目设施的运营与维护条款

1.项目设施的运营维护主体

（1）项目公司负责项目设施的运营维护。项目公司是PPP项目运营、维护的责任主体，但是，项目公司基于自身管理能力以及运营可能需要的资质等因素考虑，往往会通过与运营商签署《委托运营维护协议》，将项目的全部或者部分运营事务和维护事务委托给具备专业资质、管理经验丰富的运营商。需要强调的是，项目公司对政府负有的运营、维护责任不因对外委托给运营商而得以免除。

（2）政府方的协助。尽管项目设施的运营和维护由项目公司承担，但在某些PPP项目中，项目设施的运营、维护需要政府方的配合和协助，如需要政府方提供连接设施与项目建设设施相配套，以实现PPP项目的正常运转，更好地保障项目公司提供公共产品或服务的质量。

2.项目运营维护的内容

由于PPP项目所涉及的行业、项目运作模式的特点，不同项目具有不同的运营维护内容，具体如下。

- 公共交通项目：运营维护有关的机场、港口、公路、铁路、桥梁和城市轨道交通等公共交通设施。如轨道交通PPP项目中，PPP项目公司负责运营维护线网、轨道、车站、车辆、通信信号、自动售检票系统等机电设备以及洞体等主体设施。
- 公用设施项目：运营维护有关的供水、供热、供气、污水处理、垃圾处理、地下综合管廊，有时也包括通信服务设施等项目设施。如地下综合管廊PPP项目中，PPP项目公司负责运营维护管廊本体及其附属设施。
- 社会公共服务项目：运营维护有关的医疗服务设施、学校、监狱、养老院、保障性住房等公共服务设施。如学校PPP项目中，PPP项目公司负责校区及配建设施、餐厅等设施的运营维护事项。

3.项目运营维护的标准及要求

（1）项目运营维护的标准。PPP项目合同中应当明确运营、维护项目设施应达到的技术标准、环境标准、安全标准和产品（如有）标准以及其他适用的质量标准。合同双方协商一致确认的项目运营维护标准，应当作为PPP项目合同的附件。另外，应当根据项目的基本情况，在合同中还应明确项目公司提供产品或服务的数量要求。

（2）项目运营维护的要求。项目具备开始运营的条件：项目开始运营时间是政府方和项目公司均非常关注的关键时间点，在签订PPP项目合同时，双方会根据项目的技术特点和商业特性约定开始运营的条件，以确定开始运营及付费的时间点。常见的运营开始条件包括：建设项目通过竣工验收、完成运营所需的审批手续、项目试运营结束等。因此，在PPP项目合同中应当明确项目开始运营的条件、标志事件、逾期运营的后果、暂停服务等具体安排。

编制项目维护方案提交审核：在PPP项目实际操作中，在合同生效后、开始运营之前，项目公司需要负责编制项目维护方案（维护方案通常包括项目运营期间的维护、修理、更换的时间和费用，以及上述维护、修理和更换可能对项目运营产生的影响等内容），并提交政府方审核，政府方有权对该方案提出意见，最终由项目公司与政府方共同确定项目的维护方案。

在双方共同确定维护方案后，项目公司需要做出重大变更的，均须提交政府方审核确认。与此同时，政府方通常还会要求项目公司提供项目维护手册，明确日常维护和设备检修的内容、程序及频率等。因此，PPP项目合同应当明确约定编制维护方案的审批程序、定期检查制度、维修和大修的制度及程序、项目维护标准及时间等。

4.政府方的监督权及介入权

为保障公众利益，PPP项目合同通常会约定政府方对于项目的运营维护享有一定的监督权和介入权。但项目公司是项目的具体实施单位，对项目的运营管理具有自主权，政府方不应当过度干预。因此，在不影响项目正常运营和维护的前提下，政府方可按约定行使监督权和介入权，包括临场检查权、定期获取运营维护报告及资料权、审阅运营维护方案并提出意见的权力、委托第三方机构开展中期评估和后评价及特定情况的介入权等。

5.未履行运营维护义务的事前保障和事后救济

（1）运营与维护保函。政府方可要求项目公司在履约保函到期或解除之前提交运营与维护保函，作为其履行PPP项目合同项下之运营维护义务和其他相关义务的保证。

运营与维护保函通常应由政府方可接受的银行出具，一般会以附件的形式在PPP项目合同中提前约定保函的格式。政府方与中选社会资本／PPP项目公司应在协议中明确保函数额、有效期、保函索赔的程序及要求、保函原始数额的补足等事项。

（2）未履行运营维护义务的事后救济。PPP项目合同应当明确项目公司违反其运营维护义务时的处理措施。处理措施包括但不限于：项目公司在接到政府方通知后的一定期间内应当自行或者要求对项目设施进行纠正性运行或者维护；如项目公司或运营维护商未能在指定期间内进行纠正的，政府方可自行或指定第三方进行运行维护，与运行和维护有关的风险和费用由项目公司承担。

（六）项目付费机制

1.付费机制的分类

项目付费机制关系到项目的风险分配及收益回报，是PPP项目合同的核心条款。根据PPP项目的直接付费主体不同，项目付费机制分为：政府付费机制、使用者付费机制、可行性缺口补助机制。在PPP项目合同中，应当根据项目性质、回款来源、合作周期、各方的合作预期及承受能力、运作模式等设置合理的项目付费机制。

- 政府付费机制：政府方依据项目设施的可用性、产品或服务的使用量以及质量直接向项目公司付费。该付费机制在公用设施类和公共服务类项目中较为常用。
- 使用者付费机制：在高速公路、桥梁、地铁等公共交通项目以及供水、供热等公用设施项目中，由最终消费用户直接向项目公司付费，以保证项目建设和运营维护的成本回收及合理收益的取得。

- 可行性缺口补助机制：当使用者付费不足以满足项目公司收回投资成本及获取合理回报时，政府给予项目公司一定的经济补助，以弥补使用者付费之外的缺口部分。在我国，可行性缺口补助的形式多种多样，具体包括土地划拨、投资入股、投资补助、优惠贷款、贷款贴息、放弃分红权、授予项目相关开发收益权等一种或多种形式。

2.项目的定价和调价机制

（1）项目的定价。在使用者付费机制下，项目定价是运营与维护阶段PPP项目合同的主要内容之一。产品或服务价格的确定要充分考虑项目公司能够收回投资并获取合理的投资回报，同时也要兼顾用户的公众利益，并且能够鼓励项目公司提高项目管理的效率。

在实际操作层面，项目的定价方式主要包括以下三种：第一，根据《中华人民共和国价格法》等相关法律法规及政策规定确定；第二，由双方在PPP项目合同中约定；第三，由项目公司根据项目实施时的市场价格定价。通常在制定项目产品或者服务价格时，需要考虑项目设施在符合运营负荷标准时的费用标准及项目设施在超出运营负荷标准时的费用标准。

（2）项目的调价机制。由于项目的付费机制、项目运作模式的差异，并结合项目相关法律法规的规定，可采用项目调价机制防止过高或过低付费导致中选社会资本/PPP项目公司亏损或获得超额利润。

在PPP项目实践中，政府付费机制多采用公式调整机制、基准比价机制、市场测试机制三种调价机制。公式调整机制是指通过设定价格调整公示来建立政府付费价格与某些特定系数之间的联动关系，以反映成本变动等因素对项目价格的影响，当因特定系数变动达到约定的调价条件时，将触发调价程序，按约定的幅度自动调整定价。基准比价机制是指定期将项目公司提供服务的定价与同类服务的市场价格进行对比，如发现差异，则项目公司与政府可以协商对政府付费进行调价。市场测试机制是指在PPP项目合同约定的某一时间内，对项目中某项特定服务在市场范围内重新进行采购，以更好地实现项目的物有所值。通过竞争性采购程序，政府和项目公司可能会协商更换此部分服务的运营商或调整政府付费等。

在以上三种调价机制中，基准比价机制和市场测试机制通常适用于社会公共服务类项目，而很少出现在公共交通或者公用设施项目中。在使用者付费的机制下，政府可通过参与项目定价和设置超额利润限制机制，实现对项目价格的调整，防止项目公司获取超额利润，维护社会公共利益。

因此，在PPP项目合同中，合同双方应当根据相关法律法规规定，结合项目的自身特点，设置合理的定价和调价机制，以明确项目定价的依据、标准，调价的条件、方法和程序，以及是否需要设置唯一性条款和超额利润限制机制等内容。

（七）项目的移交

项目移交通常是指在项目合作期限到期或者项目合同提前终止后，项目公司将全部项目设施及相关权益以合同约定的条件、范围和程序移交给政府或者政府指定的其他接收机构。

1.移交的方式

根据移交的时间点，移交可分为项目合作期限到期终止的移交和提前终止的移交。根据是否需要补偿，移交还可分为无偿移交和有偿移交。通常情况下，在项目合作期限到期后，项目公司会将项目设施完好地、无偿地移交给政府或其指定机构。采用有偿移交的，项目合同中应明确约定补偿方案；没有约定或约定不明的，项目实施机构应按照“恢复相同经济地位”原则拟订补偿方案，报政府审核同意后实施。

2.移交的内容

在起草合同移交条款时，应当根据项目的具体情况明确项目移交的范围，以免因项目移交范围不明确造成争议。

示范条款：

在项目合作期限到期或提前移交的，本项目的移交范围如下：

- 移交项目设施；
- 移交与项目相关的设备、装置、零部件、备品备件及其他动产；
- 移交项目所涉土地使用权及项目用地相关的权利；
- 移交项目相关的图纸、手册等文件资料（书面及电子文档）；
- 移交项目的建设、运营和维护设施所要求的技术和技术信息；
- 移交项目所需的其他权利、文件等。

为了确保回收的项目符合政府的预期，在PPP项目合同中通常会明确约定项目移交的条件和标准，特别是在项目移交后政府还将自行或者另行选择第三方继续运营该项目的情形下，移交的条件和标准更为重要。

通常的标准包含权利和技术两方面的标准，要求项目在移交时，项目设施、土地及所涉及的任何资产不存在权利瑕疵，且未设置任何担保及其他第三人的权利。但在提前终止导致移交的情形下，如移交时尚有未清偿的项目贷款，则该未清偿贷款所设置的担保允许存在。同时，项目设施应符合双方约定的技术、安全和环保标准，如政府方对项目外观质量、系统功能、安全性能等进行要求，且要求项目不应存在任何环境问题或环境遗留问题。此外，政府方可约定所移交项目设施处于良好的运营状况。

3.移交的程序

（1）过渡期准备。双方可以约定将项目合作期限到期前的某特定期间（通常为期满前12个月至36个月）作为移交的过渡期。在过渡期内，政府方和项目公司应共同成立移交工作组商定项目设施移交的详细程序，确认移交情形和补偿方式，以及制订资产评估和性能测试方案。在过渡期内，项目公司应继续负责项目的运营管理工作，并给予政府或其指定接受机构充分的配合。

（2）评估和测试。在PPP项目移交前，通常需要移交工作组对项目的资产状况进行评估，并对项目状况能否达到合同约定的移交条件和标准进行测试，同时也作为确定补偿金额的依据。项目移交工作组应严格按照性能测试方案和移交标准对移交资产进行性能测试，性能测试结果不达标的，移交工作组应要求社会资本或项目公司进行恢复性修理、更新重置或提取移交维修保函，以确保项目在移交时满足约定要求。

（3）移交手续与费用。社会资本或项目公司应将满足性能测试要求的项目资产、知识产权和技术法律文件连同资产清单移交项目实施机构或政府指定的其他机构，办妥法律过户和管理权移交手续。

关于移交费用的承担，通常取决于双方在签约之前的谈判结果，可以由项目公司承担，也可以由政府方和项目公司共同承担。如果因为一方违约导致项目终止而需要提前移交的，可以约定由违约方来承担移交费用。

（4）项目绩效评价。项目移交完成后，财政部门（或PPP中心）应组织有关部门对项目产出、成本效益、监管成效、可持续性、PPP模式应用等进行有效评价，并按相关规定公开评价结果。评价结果作为政府开展PPP管理工作及决策的参考依据。

4.部分合同权利义务的转让

在项目移交时，项目公司在项目建设和运营阶段签订的一系列重要合同可能仍需要继续履行，因此可能需要将这些尚未履行完毕的合同由项目公司转让给政府或政府指定的其他机构，特别是对于项目实施专业性要求较高的PPP项目，可能还需要使用第三方的技术（包括通过技术转让或技术许可的方式从第三方取得的技术）。因此，在PPP项目合同中通常会约定，项目公司应在移交时将项目运营和维护所需要的所有技术，全部移交给政府或政府指定的其他机构，并确保政府或政府指定的其他机构不会因使用这些技术而遭受任何侵权索赔。如果有关技术为第三方所有，项目公司应在与第三方签署技术授权合同时即与第三方明确约定，同意项目公司在项目移交时将技术授权合同转让给政府或政府指定的其他机构。此外，PPP项目合同通常还会约定，如果这些技术的使用权在移交日前已期满，项目公司有义务协助政府取得这些技术的使用权。

5.项目移交的效力

PPP项目合作各方应当在PPP项目合同中约定，自项目正式移交日起，除质保义务外，项目公司在PPP项目合同项下的权利和义务即告终止，项目实施机构或者政府指定机构应接管项目设施的运营，以及概括承受因PPP项目合同而产生的于项目移交后仍有效的任何其他权利和义务。

移交过程中通常还会明确风险转移的安排。通常情况下，在移交前，由项目公司承担项目设施的全部或部分损失或损坏的风险，除非该损失或损坏是由政府方的过错或违约所导致的；在移交后，则由政府承担项目设施的全部或部分损失或损坏的风险。

（八）政府承诺与保证条款

PPP项目的投资大、周期长、风险高，一方面，项目经营权的取得、投资政策环境的好坏源自政府在其职权范围内所做的许可或决定；另一方面，社会资本投资回报的取得又与政府管制下的项目经营市场特性密切相关。因此，基于对社会资本合理投资回报的保障，政府往往需要做出相应的承诺，提供相应的投资保障。

在《国家发展改革委关于开展政府和社会资本合作的指导意见》（发改投资〔2014〕2724号）中对政府承诺和保障涉及较为全面，摘要如下：根据各地实际，通过授予经营权、核定价费标准、给予财政补贴、明确排他性约定等，稳定社会资本收益预期；依法依规为准经营性、非经营性项目配置土地、物业、广告等经营资源，为稳定投资回报、吸引社会投资创造条件；通过投资补助、基金注资、担保补贴、贷款贴息等多种方式，优先支持引入社会资本的项目；合理分配政府投资资金，优先保障配套投入，确保PPP项目如期、高效投产运营。政府承诺和保障方面在《国务院关于创新重点领域投融资机制鼓励社会投资的指导意见》（国发〔2014〕60号）等政策性文件中也有重点涉及。考虑到目前我国没有PPP专门法律，为了确保社会资本的合理投资回报及项目的顺利实施，政企双方均应当在PPP法律框架体系下确定政府承诺条款。现就部分典型政府承诺条款分析如下。

1.限制竞争条款（唯一性条款）

在PPP项目中，社会资本往往会要求政府在项目公司经营期的一定期限或整个期限内不在同一个区域内兴建相同或相似的项目，确保社会资本或者项目公司在一定区域内的市场垄断地位，避免因市场竞争带来的销售数量的下降，以此确保项目的投资收益。

湖南省的BOT项目长潭西线高速公路的争议很有代表性。该项目的特许经营合同约定："在本项目附近甲方不得进行任何竞争性的建设规划。如果依照法律、法规确实必须另建收费公路，则应当优先考虑由乙方投资建设。"但是随着国家和湖南省高速路网建设步伐加快，长潭西线附近相继修建了长湘高速和长韶娄高速两条收费高速公路。根据长潭西线高速公路有限公司聘请的专业评估公司的评估，长韶娄高速公路开通后，因其与长潭西线高速公路相交，分流了长潭西线高速公路40%~50%的车流量与通行费，长潭西线高速公路有限公司合计损失11亿余元。针对限制竞争条款，项目公司和政府方湖南省交通厅各执一词，项目公司认为是政府方违约，而政府方则认为该限制竞争条款无效。

有鉴于此，为公平合理地设置限制竞争条款，笔者建议如下：

- 限制性规定应该具有可操作性，对需要限制的区域应当明确并加以量化约定，不应出现"附近"之类的不确定字眼；
- 政府若是违反限制竞争条款的，应该设置对企业的补偿条款，包括延长运营期限等；
- 当具备特定条件时，社会资本有权要求政府以约定方式回购，政府也有权按约定方式回购。

2.税收等优惠条款

国务院于2014年11月出台《国务院关于清理规范税收等优惠政策的通知》（国发〔2014〕62号，以下简称"国务院62号文"），对特定地区和部门制定的税收等优惠政策进行全面清理规范。文件规定，坚持税收法定原则，除依据专门税收法律法规和《中华人民共和国民族区域自治法》规定的税政管理权限外，各地区一律不得自行制定税收优惠政策；未经国务院批准，各部门起草其他法律、法规、规章、发展规划和区域政策都不得规定具体税收优惠政策。国务院62号文的出台对PPP项目的推广带来了相当大的影响，降低了社会资本的投资热情，也影响了部分项目的具体实施。为了降低该文对于PPP模式推广带来的负面影响，国务院于2015年4月底出台《国务院关于税收等优惠政策相关事项的通知》（国发〔2015〕25号，以下简称“国发25号文”）规定，对于地方政府已经出台以及地方政府与企业已经约定的优惠政策继续有效，但对于今后制定的新的优惠政策，则应符合中央和地方政府的权限分工规定。

鉴于此，针对地方的税收等优惠政策承诺，政企双方均应注意防范不当承诺风险。笔者建议如下：

- 对于国发25号文出台前的税收等优惠政策，企业应审查自身目前享受的是否属于有违上位法的税收优惠政策、是否属于地方政府未经国务院批准给予企业的优惠政策、是否属于超出实施时限的优惠政策等。
- 对于依据地方性优惠政策文件签订的合同、协议、备忘录、会议或会谈纪要以及“一事一议”形式的请示、报告和批复等文件，政企双方应当予以高度重视。如果属于合同签订后因法律变更导致原协议约定的优惠政策违反国家法律法规的，政府和社会资本合作双方应当及时协商，依法重新签订协议。如果双方的税收优惠约定一开始便无效，应当及时、充分沟通，调整合作方案或补偿方案。
- 对于违反国家法律法规的财政支出优惠政策，双方应当重新商定投资回报机制，将违规部分涉及的回报资金缺口通过合法合规的方式加以明确约定。另外，根据修订后的《中华人民共和国预算法》，凡是涉及财政性资金的收支，均应纳入地方政府预算，须经本级人大审批。

3.负责或协助获取项目相关土地权利

在一些PPP项目合同中，根据政府方的职权范围以及项目的具体情形不同，政府方有可能会承诺提供项目有关土地的使用权或者为项目公司取得相关土地使用权提供必要的协助。由于很多项目会涉及前期动拆迁，相应地，社会资本的投资费用往往也包括全部或部分前期动拆迁费用。

社会资本获得土地使用权的方式（出让、租赁或划拨等）、获得时间及其投资范围（是否包括动拆迁等前期费用）关系到社会资本的投资成本、投资控制以及项目运营，关系到PPP项目定价及合作期限的确定。社会资本能否如期获得约定的土地使用权以及PPP项目合同中对于项目及资产权属的约定还关系到社会资本的融资风险与融资成本。在实践中，有金融机构就要求社会资本在合作期内应当拥有项目资产所有权。不仅如此，社会资本能否取得约定的土地使用权可能还关系到提供的公共产品或服务的安全。2015年年初发生的河南杞县自来水厂停水案，正是由于政府未能按约定提供新水厂建设用地，致使自来水厂被迫停水。鉴于此，项目土地使用权的取得对于项目事关重大，政企双方均应高度重视。

4.提供相关配套设施和程序审批

一些PPP项目的实施，可能无法由项目公司一家独自完成，需要政府给予一定的配套支持，包括建设部分项目配套设施、完成项目与现有相关基础设施和公用事业的对接等。项目相关的基础设施不到位将直接影响到项目的投产运营，武汉市汤逊湖污水处理厂项目就是一个典型案例。2001年武汉凯迪电力股份有限公司以BOT模式承建汤逊湖污水处理厂项目，建设期2年，经营期20年，经营期满后无偿地移交给武汉高科（代表市国资委持有国有资产的产权）。但一期工程建成后，配套管网建设、排污费收取等问题迟迟未能解决，导致工厂一直闲置。

政府的承诺还包括项目相关手续审批等内容，特定项目如污水处理和垃圾处理项目中，政府可能还会承诺按时提供一定量的污水或垃圾以保证项目的运营。

值得关注的是，财政部《关于印发〈政府和社会资本合作项目财政承受能力论证指引〉的通知》（财金〔2015〕21号）规定，PPP项目全生命周期内的财政支出责任主要包括股权投资、运营补贴、风险承担和配套投入，每一年度全部PPP项目需要从预算中安排的支出责任，占一般公共预算支出比例应当不超过10%，并应按规定将项目财政支出责任纳入预算统筹安排。

政府承诺既是政府对于项目提供的支持和保障，也是基于项目特点的风险分配。合法合理的政府承诺有履行的基础，不合法、不合理的承诺不仅没有履行的基础，还可能带来项目之外的负面影响。只有合理分配风险，适当承诺，才能有助于PPP各方实现共赢。

（九）争议解决机制

由于PPP项目涉及的参与方众多、利益关系复杂且项目期限较长，因此在PPP项目所涉及的合同中，通常都会规定争议的解决条款，就如何解决各方在合同签订后可能产生的纠纷进行明确的约定。

就中央财政部、发改委等部委颁发的部门规章而言，它们采用了

“PPP”“特许经营”不同的立法用语，既凸显了各部委间调整PPP模式的规范不明确，甚至相互冲突，也由此衍生出PPP项目合同属于民事协议还是行政协约的争论。虽然，各部委间存在规范冲突问题，但PPP项目不能“因噎废食”。既为项目尽早落地，也为防控项目风险，PPP项目合同双方应当共同商定PPP项目的争议解决机制。

在PPP项目实际操作中，如按照财政部规范性文件的要求，可供选择的争议解决机制有：协商解决、专家裁决、仲裁、民事诉讼。如PPP项目涉及特许经营争议的则适用《基础设施和公用事业特许经营管理办法》，可供选择的争议解决机制有：协商解决、专家裁决、行政复议及行政诉讼。在PPP与特许经营二者之间的关系在法律或者行政法规层面得以明确前，为了避免不必要的风险，PPP项目合同中应慎用“特许经营”或者“特许权”字眼；对于需要以特许经营方式实施的PPP项目，建议政府将项目公司的特许权授予文件作为合同附件另列。

另外，在一些外国投资人参与的PPP项目中，可能会在争议解决条款中选择由相对中立的国际仲裁组织进行仲裁。《中华人民共和国合同法》已明确规定，具有涉外因素的合同可以选择国外仲裁机构仲裁，在实践中也可以依据一些国际公约（如《承认及执行外国仲裁裁决公约》）来处理国际仲裁裁决的承认和执行程序。

鉴于PPP项目通常会涉及公共安全和公共利益，为保障项目的持续稳定运营，通常会在争议解决条款中明确规定：争议发生期间，各方对于合同无争议部分应当继续履行，除法律规定或另有约定外，任何一方不得以发生争议为由停止项目运营。

示范条款：

凡因本合同引起的或与本合同有关的任何争议，均应提交北京仲裁委员会进行仲裁。

（十）其他关键性条款

在PPP项目合同中，除以上关键性条款外，还存在其他常见条款：股权变更限制、履约担保、风险分摊方式、应急机制、项目的变更、提前终止及补偿；违约责任、著作权和知识产权、环境保护、声明与保证、通知、合同可分割、合同修订等。

政府和社会资本/项目公司可以根据PPP项目所处行业类型、运作模式、投资回报机制、项目合作期间等因素，结合目前我国现行法律法规的要求，合理设置PPP项目合同的关键条款。合作双方在签约前，应当充分谋划协议条款内容，合理设置彼此的权利义务比重，主动防范项目实施过程中因协议约定不明确造成的不必要的争议，以提高项目管理的效率，真正实现PPP项目的物有所值。

参考文献

[1] 曹珊. 政府和社会资本合作（PPP）项目法律实务[M]. 北京：法律出版社，2016.

[2] 吕汉阳. PPP模式全流程指导与案例分析[M]. 北京：中国法制出版社，2016.

[3] 周兰萍. PPP项目运作[M]. 北京：法律出版社，2016.

[4] 傅宏宇，张秀. 政府与社会资本合作（PPP）法律问题国别研究[M]. 北京：中国法制出版社，2016.

[5] 易斌. PPP项目法律实务解读[M]. 北京：中国建筑工业出版社，2016.

[6] 廖睿. PPP操作指南[M]. 北京：中国人民大学出版社，2016.

[7] 李延才. PPP项目招投标中存在的问题及对策分析[J]. 北京：中国建设报，2016 .

[8] 邹军风. 浅谈PPP项目招标过程采购文件的编写要点[J]. 招标实务，2017.

[9] 付冬梅，朱静. PPP 项目操作流程五阶段中的关键问题[J]. 中国律师，2016.

[10] 郭坤. 论 PPP项目物有所值评价[J]. 商业评论，2016.

[11] 布秉秀. 浅析如何做好PPP项目财政承受能力评价[J]. 山西财税，2016.

[12] 冉双维，庄艳. PPP项目采购常见问题分析 [J]. PPP项目研究，2017.